Geschäftsmodelle und Strategien im Mittelstand

Jürgen Thömmes

Geschäftsmodelle und Strategien im Mittelstand

Mit zahlreichen aktuellen Praxisbeispielen

Jürgen Thömmes
Fachhochschule der Wirtschaft
Bergisch Gladbach, Deutschland

ISBN 978-3-658-37481-5   ISBN 978-3-658-37482-2 (eBook)
https://doi.org/10.1007/978-3-658-37482-2

Die Deutsche Nationalbibliothek verzeichnet diese Publikation in der Deutschen Nationalbibliografie; detaillierte bibliografische Daten sind im Internet über http://dnb.d-nb.de abrufbar.

Springer Gabler
© Der/die Herausgeber bzw. der/die Autor(en), exklusiv lizenziert an Springer Fachmedien Wiesbaden GmbH, ein Teil von Springer Nature 2022
Das Werk einschließlich aller seiner Teile ist urheberrechtlich geschützt. Jede Verwertung, die nicht ausdrücklich vom Urheberrechtsgesetz zugelassen ist, bedarf der vorherigen Zustimmung des Verlags. Das gilt insbesondere für Vervielfältigungen, Bearbeitungen, Übersetzungen, Mikroverfilmungen und die Einspeicherung und Verarbeitung in elektronischen Systemen.
Die Wiedergabe von allgemein beschreibenden Bezeichnungen, Marken, Unternehmensnamen etc. in diesem Werk bedeutet nicht, dass diese frei durch jedermann benutzt werden dürfen. Die Berechtigung zur Benutzung unterliegt, auch ohne gesonderten Hinweis hierzu, den Regeln des Markenrechts. Die Rechte des jeweiligen Zeicheninhabers sind zu beachten.
Der Verlag, die Autoren und die Herausgeber gehen davon aus, dass die Angaben und Informationen in diesem Werk zum Zeitpunkt der Veröffentlichung vollständig und korrekt sind. Weder der Verlag, noch die Autoren oder die Herausgeber übernehmen, ausdrücklich oder implizit, Gewähr für den Inhalt des Werkes, etwaige Fehler oder Äußerungen. Der Verlag bleibt im Hinblick auf geografische Zuordnungen und Gebietsbezeichnungen in veröffentlichten Karten und Institutionsadressen neutral.

Planung/Lektorat: Ann-Kristin Wiegmann
Springer Gabler ist ein Imprint der eingetragenen Gesellschaft Springer Fachmedien Wiesbaden GmbH und ist ein Teil von Springer Nature.
Die Anschrift der Gesellschaft ist: Abraham-Lincoln-Str. 46, 65189 Wiesbaden, Germany

Inhaltsverzeichnis

1	**Einleitung**	1
2	**Wettbewerbsstrategien und Geschäftsmodelle**	7
	2.1 Einleitende Begriffsabgrenzungen	7
	2.2 Reihenfolge und Abhängigkeiten	14
	Literatur	18
3	**Mittelstand in Deutschland**	21
	3.1 KMU und Großunternehmen	21
	3.2 Familienunternehmen	28
	3.3 Hidden Champions	30
	3.4 Gesamtüberblick Mittelstand	33
	Literatur	39
4	**Strategische Kraftfelder und Geschäftsmodelle**	41
	4.1 Herausforderungen der Digitalisierung	41
	4.2 Strategische Kraftfelder und Strategieentwicklung	52
	4.3 Spezifisches zur Unternehmensführung im Mittelstand	62
	4.4 Kraftfelder statt Determinanten	67
	4.5 Emergenz	70
	4.6 Die Rolle des Gewinns bei der Strategiewahl	71
	Literatur	73
5	**Die Wettbewerbsarena verändert sich**	77
	5.1 Software, Miniaturisierung und smarte Produkte	77
	5.2 Induktives Vorgehen in der Strategieentwicklung	82
	5.3 Praktische Strategiearbeit im Mittelstand	90
	5.4 Strategie als Denken und Handeln	93
	5.5 Die Paradoxie des Entscheidens	98
	Literatur	101

6 Geschäftsmodelle: Der Ort der Wahrheit im Markt ... 103
6.1 Geschäftsmodelle im Wandel. ... 103
6.2 Geschäftsmodelle setzen Strategien um. ... 107
6.3 Der Business Model Canvas von Osterwalder und Pigneur ... 112
6.4 Vorgehen bei der Strategie- und Geschäftsmodell-Analyse. ... 117
Literatur. ... 121

7 Die vier strategischen Kraftfelder in der Unternehmenspraxis ... 123
7.1 Simon, Kucher & Partners. ... 123
7.2 Bella Ciao. ... 130
7.3 2HMforum. ... 136
7.4 TENTE International ... 140
7.5 Sascha Wolff ... 145
7.6 Orten Electric-Trucks. ... 148
Literatur. ... 152

8 Rolex: Best Practice bei Wettbewebsstrategie und Umsetzung im Geschäftsmodell ... 155
8.1 Wirkung der der vier strategischen Kraftfelder bei Rolex ... 158
    8.1.1 Inhaberschaft ... 158
    8.1.2 Kapital ... 159
    8.1.3 Strategische Grundhaltungen. ... 160
    8.1.4 Entscheidungsautonomie ... 162
8.2 Umsetzung: Das Geschäftsmodell von Rolex ... 163
8.3 Wertkette bei Rolex ... 165
8.4 Die Marktpositionierung von Rolex ... 167
8.5 Zusammenfassung Fallstudie Rolex ... 170
Literatur. ... 171

9 Schlussbetrachtungen und Ausblick ... 173
Literatur. ... 176

Onlinequellen ... 177

Einleitung 1

Zusammenfassung

Mittelständische Unternehmen benötigen andere Vorgehensweisen bei der Strategieentwicklung als börsennotierte Großunternehmen. Persönlich haftende Eigner sind anderen Kraftfeldern ausgesetzt als die Vorstände und Aufsichtsräte von Großunternehmen. Bei Mittelständlern liegt das Eigentum am Unternehmen (mehrheitlich) in deren Hand, sie üben als Geschäftsführer und/oder Gesellschafter direkt oder indirekt die Kontrolle aus. Zuden haften sie im Zweifelsfall für ihre Entscheidungen persönlich, in jedem Fall aber mit dem Unternehmensvermögen. Insofern ist auch der Umgang mit geschäftlichen Risiken i. d. R. anders strukturiert als bei Börsenunternehmen. Dort ist häufig die Maximierung des Shareholder Value das oberste Unternehmensziel. Im Mittelstand werden regelmäßig qualitative, langfristigere Ziele wie die Fortführung in der Familie verfolgt. Die Prämissen der Strategieentwicklung sind dementsprechend differenziert zu bewerten.

Strategie und Geschäftsmodelle sind für alle Unternehmen relevant. Während es für Großunternehmen eine Fülle spezialisierter Literatur dazu gibt, findet sich wenig, was die spezifischen Herausforderungen des Mittelstands behandelt. Im Anschluss an eine Klärung des Mittelstandsbegriffs wird ein Konzept vorgestellt, welches Strategie in ökonomischer und sozialwissenschaftlicher Perspektive erläutert und praktisch handhabbar macht. Im Mittelpunkt stehen dabei die so genannten *„strategischen Kraftfelder"*. Der Begriff Kraftfeld wird in gänzlich unfachmännischer Weise, als reine Analogie, aus der Physik entlehnt. Energie und Impuls als Kräfte sind im leeren Raum übertragbar, und zwar ohne dass Körper sich berühren. Nach Einstein ist der leere Raum selbst der Träger von Kraftfeldern und er wurde zum Gegenstand physikalischer Forschung.[1] Menschen als Entscheider sind in dieser Bildersprache, vergleichbar physikalischer Körper, ebenfalls ermöglichenden und begrenzenden Beeinflussungsparametern (in beschreibbaren Kraftfeldern) ausgesetzt. Im hier verwendeten Sinne geht es also nicht um den „leeren Raum", sondern um die Impulse und Kräfte, welche auf die Konzeption von Wettbewerbsstrategien und Geschäftsmodellen Wirkungen haben.

Die methodische Inspiration für das hier dargelegte Vorgehen ist der in Abb. 1.1 skizzierte Komplementäransatz. Es ist aus meiner Sicht nicht zielführend, wesentliche Problemstellungen der Unternehmensführung einseitig fachbezogen oder aus einer reinen Prozessperspektive anzugehen. Weder ein technokratischer, unmittelbar lösungsorientierter Ansatz noch ein ausschließlich (selbst-)reflexives Vorgehen, angelehnt an sozialwissenschaftliche Perspektiven, erscheinen als angemessen zum Verständnis der Herausforderungen bei der strategischen Führung eines Unternehmens. Eine **Pluralität** von Perspektiven ist besser geeignet, um zu einem umfassenden Verständnis komplexer Aufgabenstellungen wie Strategieentwicklung und Gestaltung von Geschäftsmodellen zu gelangen. Der Strategiebegriff ist ebenso vielschichtig wie das Konzept des Geschäftsmodells. Beide Begriffe werden in Kap. 2 ausführlich erläutert und gegeneinander abgegrenzt.

Wieso ist es sinnvoll, im Mittelstand in Strategiefragen mit anderen Prämissen und Vorgehensweisen zu arbeiten als in kapitalmarktorientierten Großunternehmen? Einige

Fachansatz	Komplementär-Beratung	Prozessansatz
Vergleichbar einem „Techniktrainer" im Sport	„WAS machen wir WIE und für WEN?" = Grundsätzliche Fragen und Antworten bezüglich des Zwecks (= Geschäftsmodell) und der Mittel (=operative Führung)	Vergleichbar einem „Mental-Coach" im Sport
Orientierung: Rationalität und Fremdsteuerung		Orientierung: Innerer Antrieb und Emotionalität
Mit Expertenwissen ausgewählte Variablen beeinflussen		Mit intensiver Reflexion von Kompetenzen Selbstentwicklung forcieren
„Ich glaube an Effizienz und Leistung. Das bringt Lösungen."	„Differenzierte Rollen als Experte, Sparringspartner, Trainer, Coach und Begleiter."	„Ich verstehe mich als Entwickler, der Lösungen fördert."

Abb. 1.1 Komplementäransatz, eigene Darstellung

---

[1] Westphal 2013, (Erstausgabe 1939) S. 57, online https://www.google.de/books/edition/Physik/F1CQBwAAQBAJ?hl=de&gbpv=1&dq=kraftfelder+physik+faraday&pg=PA60&printsec=frontcover (Abruf 21.06.2021).

1 Einleitung

Antworten werden mit Hilfe des neu entwickelten Konzepts der *vier strategischen Kraftfelder* entwickelt. Entscheidend bei dessen Anwendung ist, strategische Entscheidungen von mittelständischen Unternehmern als Resultat sogenannter emergenter Prozesse zu begreifen, welche in den strategischen Kraftfeldern vorstrukturiert werden. Gemeint ist damit, dass das Ganze (die Wettbewerbsstrategie) mehr als die Summe seiner Teile (unterschiedlichste Fakten, Analysen, Interpretationen) ist. Genauere Erläuterungen dazu sind in Kap. 4 untergebracht.

Es geht um die praktischen Folgen der *(1) Inhaberschaft* in der Strategiearbeit (wem gehören welche Anteile am Unternehmen); um das tatsächlich zur Verfügung stehende *(2) Kapital* und die liquiden Mittel (Eigen-/Fremdkapital, Cashflows); um das *(3) Grundtemperament* der Entscheider in Strategiefragen (Kontinuum von defensiv bis offensiv); und um die *(4) Entscheidungsautonomie* in strategischen Angelegenheiten (Alleinentscheider, nicht verwandte Gesellschafter, Unternehmerfamilie, Fremdgeschäftsführer, usw.). In diesen vier strategischen Kraftfeldern wirken eine Reihe von mittelstandstypischen Einflüssen, die für die Strategiearbeit in kapitalmarktorientierten Großunternehmen nicht relevant sind. Dieser systematische Kontrast wird im weiteren Verlauf herausgearbeitet. Für Familienunternehmen und Mittelstandsunternehmen ganz generell (der Unterschied wird in Kap. 3 verdeutlicht) strukturieren diese vier Kraftfelder den Raum des strategisch *Denkbaren* und *Umsetzbaren* in hohem Maße. Gleichwohl handelt es sich nicht um deterministische Zusammenhänge, wie aufzuführen sein wird.

Eine geeignete *Wettbewerbsstrategie* zu durchdenken und zu formulieren ist in der Vorgehenslogik der zweite Schritt, der auf die Analyse der Kraftfelder folgt. Danach ist es sinnvoll, in einem dritten Schritt das *Geschäftsmodell* zu strukturieren und zu gestalten. Die Abfolge im Einzelnen:

(1) Systematische *Betrachtung* der vier strategischen Kraftfelder und der Möglichkeiten und Limitierungen, die sich daraus ergeben (eine neue Sichtweise, in diesem Buch erstmals veröffentlicht).
(2) Hinweise zur *Formulierung* von Wettbewerbsstrategien, die gleichzeitig pragmatisch und empirisch fundiert sind (ein Strategiethema mit sehr viel verfügbarer Literatur und Fallbeispielen).
(3) Praktische *Gestaltungsarbeit* am Geschäftsmodell als dem Ort der Strategieumsetzung (eine neue Sichtweise), angelehnt an bewährte Werkzeuge der Analyse, Gestaltung und Innovation von Geschäftsmodellen.

Für Mittelstandsunternehmen ist der Anspruch beim Thema Strategie häufig, ein hohes Maß an Praxisnähe mit einer wissenschaftlich fundierten und methodisch abgesicherten Vorgehensweise zu kombinieren. Eine je nach Unternehmertyp und Unternehmenssituation ganz individuelle *Kombination* aus rationalen und emotionalen Bestandteilen ist in der Strategieentwicklung des Mittelstands als der Normalfall anzusehen. Insofern kann man aufzeigen, dass viele mittelständische Unternehmer (implizit) den Kernideen des Komplementäransatzes in ihrer Praxis folgen. Strategiearbeit als „copy-paste" aus Lehrbüchern oder Case Studies führt ebenso wenig zum Erfolg wie eine „mechanische" Arbeit mit „Templates". Auch das Maß-Nehmen an Strategien von erfolgreichen Konzernen ist meistens unergiebig, schon allein aufgrund der Begrenzungen bei der Kapitalaufnahme und der (oft nicht gegebenen) internationalen Komponente. Zudem ist Imitation ein schlechter Ratgeber, wenn es darum geht, Wettbewerbsvorteile zu erlangen. Ein Abschnitt zu den Hidden Champions in Kap. 3 zeigt einige strategische Erfolgsmuster für kleinere und mittelgroße Unternehmen in Nischen des globalen Wettbewerbs, die jedoch nicht auf den deutschen Mittelstand in seiner Gesamtheit übertragbar sind.

Traditionelle Mittelständler haben auch keine spezialisierten Strategieabteilungen. Es sind i. d. R. die Unternehmer selbst, die mit wenigen Vertrauten die Entwicklung und Umsetzung der Strategie verantworten. Oftmals gibt es zu wenig methodische Erfahrung mit dem Thema, häufig fehlen auch valide Daten zu Wettbewerbern und Marktentwicklungen. Um dieser Ausgangssituation gerecht zu werden, wird für Unternehmer eine auf *individuellem* Denken und Vorgehen basierende, umsetzbare Vorgehensweise skizziert. Gute Strategien zu formulieren, ist genau so anspruchsvoll (und risikobehaftet) wie gute Produkte oder Dienstleistungen zu entwickeln. Im weiteren Verlauf (Kap. 4, 5 und 6) werden die o. g. drei Schritte von den Kraftfeldern über die Strategieformulierung bis hin zur Umsetzung der Wettbewerbsstrategien im Geschäftsmodell nacheinander erläutert und veranschaulicht.

Für den an der *Praxis* orientierten Leser wird in Abschn. 6.4 ein *Vorgehensmodell* in sieben Schritten vorgestellt. Ein systematisches Abarbeiten dieser Schritte führt dazu, dass unter Berücksichtigung der in diesem Buch entwickelten Methodologie ein passendes, unternehmensindividuelles Vorgehen erarbeitet werden kann: Von der Analyse der Kraftfelder zur Formulierung passender Wettbewerbsstrategien hin zur Umsetzung in einem individuell angepassten Geschäftsmodell. Ob Unternehmer dies allein tun, Führungskräfte einbinden oder Berater hinzuziehen, hat im Einzelfall sicher Auswirkungen auf der Inhalts- und Prozessebene, sollte jedoch nicht die empfohlene Abfolge der Schritte beeinflussen.

In Kap. 7 werden sechs Fallstudien mit Bezug auf die vier strategischen Kraftfelder, davon geprägte Wettbewerbsstrategien und deren Umsetzung in konkreten Geschäftsmodellen vorgelegt. Berücksichtigt werden zwei große Unternehmen (Simon, Kucher & Partners, TENTE), zwei mittelgroße (2hm Forum und Orten) und zwei kleine (Bella Ciao und Sascha Wolff) – entsprechend der in Kap. 3 entwickelten Systematik alle dem Mittelstand zugehörig.

Sogenannte „Normstrategien" können als Strukturierungshilfen genutzt werden, bieten aber in ganz spezifischen Ausgangssituationen viel zu wenig Kreativität und Inspiration für die erforderliche individuelle Ausrichtung. Modelle wie die Ansoff Matrix, die 9 Felder der McKinsey Matrix, Porters Differenzierungs- oder Kostenfokus, die BCG Matrix u. v. m. helfen möglicherweise bei der groben Orientierung, nicht aber bei der (oft entscheidenden) kreativen Synchronisierung der Einzelelemente einer Wettbewerbsstrategie mit dem Geschäftsmodell. Um im Bild zu bleiben: Schere, Nadel und Faden gehören im Mittelstand in die Hand der Inhaber. Die Bedeutung, die Dritte, etwa Familienmitglieder, führende Mitarbeiter, Berater, Beiräte oder befreundete Unternehmer in diesem Prozess einnehmen können, wird durch diese Überzeugung selbstverständlich nicht bestritten.

Im *inhabergeführten Mittelstand*, wo traditionell das Prinzip der Einheit von Eigentum und Leitung, von Risiko und Verantwortung gilt, liegt die Alleinverantwortung immer bei dem/den Unternehmer(n) selbst. In Großunternehmen ist es anders. Verantwortung diffundiert dort häufig in einem Dreieck Aufsichtsrat – Vorstand – Strategieberater. Es ist in Konzernen häufig schwer zu bestimmen, wem im Erfolgs- oder Misserfolgsfall Verantwortung zu Recht zugeschrieben wird.

Kap. 8 widmet sich dem schweizer Uhrenhersteller Rolex. Dieses Unternehmen hat sich über Jahrzehnte im Weltmarkt eine Position als unangefochtener Marktführer erarbeitet. Zahlreiche Aspekte der vier strategischen Kraftfelder und der Gestaltung des Geschäftsmodells werden abschließend als „best practice" vorgestellt. Selbstverständlich beinhaltet diese Darstellung keine Anregung, Rolex zu kopieren. Dabei erscheint es mir unerheblich, dass in der Luxusgüterindustrie zahlreiche Wettbewerbsbedingungen völlig andere sind als in klassischen Mittelstandsbranchen des produzierenden Gewerbes, des Handels oder der Dienstleistungen. Entscheidend aus der Persppktive des hier dargestellten Ansatzes ist die langjährig praktizierte Konsequenz bei den strategischen Zielsetzungen, die passende Umsetzung in einem eigenständigen Geschäftsmodell, gekoppelt mit der stetigen Flexibilität in der Umsetzung. Auch wenn dieses Unternehmen seit Langem nicht mehr zum Mittelstand gehört, ist der Grund für die Auswahl auch, dass es in seiner Governancestruktur viel näher bei den klassischen Familienunternehmen ist als bei kapitalmarktorientierten Konzernen.

Dieses Buch wendet sich an Kollegen aus den Wirtschaftswissenschaften, an Studierende der Betriebswirtschaft und des Business Managements und – ganz besonders – an mittelständische Unternehmerinnen und Unternehmer,[2] die mit ihrer Kreativität und Kraft, ihrem Mut, Gestaltungswillen und ihrem Verantwortungsbewusstsein jeden Tag neue Kapitel zum Thema Strategie, Geschäftsmodelle und Unternehmenserfolg schreiben. Gute Wettbewerbsstrategien machen den Erfolg im Markt wahrscheinlicher. Sauber durchdachte Geschäftsmodelle sind der Ort für deren Umsetzung im Markt. Sie nehmen unterschiedliche Aspekte in den Fokus, und sie ergeben nur Sinn, wenn man sie systematisch aufeinander bezieht. Deshalb ist in jedem Einzelfall ein genaues Austarieren dieser beiden unterschiedlichen Instrumente im Sinne einer ganzheitlichen Unternehmensführung so erfolgsrelevant.

---

[2] In der Folge werden ausschließlich aus Gründen der Lesefreundlichkeit Personenbezeichnungen und personenbezogene Verben im Text durchgängig in der männlichen Form verwendet. Im Sinne der Gleichbehandlung gelten entsprechende Formulierungen grundsätzlich für alle Geschlechter. Diese verkürzte Sprachverwendung beinhaltet keine Wertung, sondern ist lediglich durch die Leseökonomie begründet.

2 Wettbewerbsstrategien und Geschäftsmodelle

> **Zusammenfassung**
>
> Strategien zielen darauf ab, signifikante und nachhaltige Wettbewerbsvorteile zu erlangen, sei es durch Kostenvorteile, Differenzierung oder Fokus. Sie zielen auf Märkte und Wettbewerber. Das Konzept des Geschäftsmodells ist erst seit rund 25 Jahren relevant. Seine Entstehung war eng verknüpft mit der massenhaften Verbreitung des Internets. Neue, digitale Möglichkeiten der kommerziellen Werterzeugung und Monetarisierung konnten mit einer überschaubaren Anzahl von Bausteinen konfiguriert werden. Geschäftsmodelle repräsentieren vordringlich die Innenperspektive, die Ressourcen und Möglichkeiten des Unternehmens, welche auf die Umwelt (außen) bezogen wird. Es geht darum, Wertschöpfung, Kooperationen, Kosten und Erlöse so zu gestalten, dass möglichst viel Wert für Kunden, Partner und das Unternehmen selbst generiert wird. Der Vorrat an Geschäftsmodellen ist begrenzt, sie sind generisch. Strategien als kreative Leistung, vergleichbar mit „Erfindungen", sollten einzigartig sein.

2.1 Einleitende Begriffsabgrenzungen

Geschäftsmodelle sind seit etwa 25 Jahren zu einem wichtigen Orientierungspunkt in der Unternehmensführung geworden. Das Begriffsverständnis in der Wissenschaft ist allerdings bis heute sehr disparat.[1] In der ökonomischen Theorie kommen Geschäftsmodelle nicht vor. In der „reinen Theorie" übernehmen Märkte die Allokationsfunktionen, die in der Wirtschaftspraxis von einem Geschäftsmodell zu leisten sind. Die Praxis profitiert jedoch von den konzeptionellen Überlegungen zu „business models", da es hier nicht um

---

[1] Zott/Amit/Massa 2011, S. 1024 ff.

Gleichgewichtsmodelle („a caricature of the real world")[2] geht, sondern um Differenzierungsmöglichkeiten im echten Wettbewerb. Vielfach werden Geschäftsmodelle von Praktikern als Modelle verstanden, die wie **Kochrezepte** funktionieren: „[...] that they are practical things and have a dynamic aspect to them."[3] Sie sind bekannt, können einfach kopiert, variiert oder neu erfunden werden.[4] Und dieses Bild lässt sich so zusammenfassen: „They are used to demonstrate or give advice about how to do something *so that the results will come out right.*"[5] [Kursiv im Original] Die Entstehung des Begriffs und wesentliche Bedeutungsdimensionen werden in Kap. 6 weiter vertieft. Zunächst geht es um eine vorläufige Abgrenzung zwischen zwei wichtigen Instrumenten der Unternehmensführung: Strategien und Geschäftsmodelle.

Im wissenschaftlichen Diskurs herrscht mehr oder weniger Übereinstimmung, dass ein Geschäftsmodell als eine Art **Hypothese** des Managements verstanden werden kann. Im Mittelpunkt steht, was Kunden wollen, wie sie es bekommen und wie das Unternehmen organisiert sein muss, um diese Bedürfnisse am besten zu befriedigen. Ein weiterer elementarer Bestandteil eines Geschäftsmodells ist die Frage, wie viel für den geschaffenen Wert bezahlt wird und ob dabei ein **Gewinn** erwirtschaftet wird.[6] Im Mittelpunkt jedes Geschäftsmodells stehen also: Wertversprechen an die Kunden, Wertgenerierung durch aufeinander abgestimmte Leistungsprozesse, Werttransfer über definierte Absatzkanäle, Preismanagement und Gewinnmechanik. Geschäftsmodelle sind als **generisch** zu betrachten. Es gibt sehr viel weniger Geschäftsmodelle als Unternehmen. Teilweise arbeiten ganze Wirtschaftszweige mit demselben (oder einem ganz nah verwandten) Geschäftsmodell.[7] Ein entscheidender Faktor für die zunehmende Anwendung dieses Konzepts ist sicher, dass Veränderungen am Geschäftsmodell schneller und kostengünstiger zu handhaben sind als am Produkt oder den Prozessen.

Strategie wird seit langem als Königsdisziplin der Unternehmensführung angesehen. Das Begriffsverständnis ist einerseits „reifer", andererseits so umfassend und komplex, dass eine Art Beliebigkeit im Sprachgebrauch und der Anwendung häufig das Resultat ist. Teece erläutert den Unterschied zwischen Wettbewerbsstrategien und Geschäftsmodellen wie folgt: „Selecting a business strategy is a more granular exercise than designing a business model."[8] Das Zusammenspiel von strategischer Analyse und Gestaltung eines Geschäftsmodells setzt eine Segmentierung des Marktes voraus. Für jedes Segment wird ein spezifisches Kundennutzenversprechen benötigt. Dann, so sein Vorschlag zur Vorgehenslogik, können Vorkehrungen im Geschäftsmodell verankert werden, die Imitation durch

---

[2] Teece 2010, S. 175
[3] Baden-Fuller/Morgan 2010, S. 165
[4] Baden-Fuller/Morgan 2010, S. 157
[5] Baden-Fuller/Morgan 2010, S. 166
[6] Vgl. Teece 2010, S. 172
[7] Vgl. Teece 2010, S. 179
[8] Teece 2010, S. 180

2.1 Einleitende Begriffsabgrenzungen

Wettbewerber oder „Disintermediation" (Umgehung einer Handelsstufe des Groß- oder Einzelhandels) durch Kunden wirksam vorbeugen.[9]

Richard Rumelt, ein US-amerikanischer Strategiepraktiker und emeritierter Professor der Andersen School of Management in Los Angeles, hat sich intensiv mit dem Begriff Strategie und seiner Anwendung in der Praxis auseinandergesetzt. Er geht einen unkonventionellen, aber überzeugenden Weg in seiner Argumentation und befasst sich zunächst mit dem, was vielfach Strategie genannt wird, es seiner Überzeugung nach aber nicht ist. Als **Bad Strategy** bezeichnet Rumelt ein Potpourri von Gerede, bombastischen Worthülsen oder schlichten Mißverständnissen. Er zeigt anhand vieler Beispiele auf, dass die Zielsetzung oder die Anstrengungen, dieses Ziel zu erreichen, noch keine Strategie darstellen. Folgt man dem Autor, zeichnet sich **Good Strategy** immer aus durch eine fundierte Analyse, klare Leitlinien und konkrete Handlungen. Diese drei Elemente machen den **Kern** einer guten Strategie aus. Dabei bleibt inhaltlich offen, ob es sich um ökonomische, politische, soziale, karitative oder persönliche Strategien handelt.[10] Rumelts Verständnis erscheint mir gleichzeitig wissenschaftlich fundiert und praxistauglich. Eine vertiefte Diskussion erfolgt in Kap. 5.

Im Unterschied zu Geschäftsmodellen sind Strategien immer unternehmensspezifisch, also ganz **individuell** konzipiert. Sie können als Ergebnis einer tiefgehenden Analyse und einer kreativen Auseinandersetzung mit den Rahmenbedingungen des Wettbewerbs verstanden werden. Es ist vielleicht angemessen, eine gute Wettbewerbsstrategie als eine Art von **Erfindung** zu bezeichnen. Sie kann zwar nicht geschützt werden, ist aber für Außenstehende auch nicht unmittelbar zugänglich und nachvollziehbar. Clayton Christensen liefert eine einleuchtende und pragmatische Sicht auf diesen Aspekt von Strategie: „Real strategy – in companies and our lives – is created through hundreds of everyday decisions about where we spend our resources.[11]" Strategie ist so verstanden deutlich mehr als ein Plan zur Erreichung von Zielen. Sie reguliert auch, ganz praktisch gesprochen, die Zuteilung knapper Ressourcen.

Eine gute Strategie sollte neben einem Überraschungsmoment auch einen zeitlichen Vorsprung vor dem Wettbewerb sichern. Einen gewissen „Kopierschutz" für Wettbewerbsstrategien kann man unterstellen, weil sie in der Planungsphase möglichst lange geheim gehalten werden. Wenn es sich um Unternehmen handelt, die in Privatbesitz sind und nicht den Veröffentlichungspflichten der Kapitalmärkte unterliegen, ist diese Geheimhaltung einfacher bzw. länger möglich. Zu beachten ist dennoch: Strategien nutzen sich früher oder später ab, sie verschleißen. Dies gilt auch deshalb, weil sie durch sichtbare Entscheidungen (Ressourcenallokationen im Geschäftsmodell) für alle Interessierten beobachtbar werden. Ein Teil dieses „Abnutzungseffekts" ist darauf zurückzuführen, dass kein Überraschungsmoment mehr vorliegt, Wettbewerber also reagieren, ein anderer Teil darauf, dass viele erfolgreiche Strategien nachgeahmt werden.

---

[9] Vgl. Teece 2010, S. 180
[10] Vgl. Rumelt 2011.b, S. 32 ff.
[11] Christensen/Allworth/Dillon 2012, S. 62

Ein bekannter Fall für eine erfolgreiche Wettbewerbsstrategie nahm seinen Anfang in einer Email von Elon Musk aus dem Jahr 2006, in der er seine Strategie für Tesla skizziert hat.[12] Die wesentliche Festlegung (aus heutiger Sicht ganz „logisch" anmutend, doch 2006(!) sehr gewagt und visionär: „[…] the overarching purpose of Tesla Motors (and the reason I am funding the company) is to help expedite the move from a mine-and-burn hydrocarbon economy towards a solar electric economy."[13] An diesem Beispiel lässt sich ein wichtiger Punkt festmachen: Gute Strategien müssen nicht kompliziert sein. Eine gute Strategie ist kein zahlengetriebener Plan, auch keine bis ins letzte polierte Power Point Präsentation mit vielen Tabellen im Anhang. Sie muss „Hebelwirkungen" vorausdenken, sie muss erkennen, wo mit Widerständen zu rechnen ist und wie diese überwunden werden können. Aber auch eine gute Strategie ist kein Erfolgsgarant! Die Geschichte von Tesla zeigt dies deutlich. Sie hätte angesichts mehrerer Beinahe-Pleiten völlig anders verlaufen können.[14] Hinterher sind natürlich alle schlauer. Gemeint ist damit, dass vieles, was im Rückblick zwingend und logisch erscheint, im Moment der Strategiefestlegung mit hoher Ungewissheit einhergeht. „In the real world, given the flux of competitive dynamics, even seemingly good choices do not always lead to favorable outcomes."[15]

Strategie befasst sich mit der *ungewissen Zukunft*, ist also immer riskant. Die Qualität einer guten Strategie macht es gerade aus, dies mitzudenken und entsprechend Schwerpunkte auf eigene Stärken, mögliche Hebel, Bündelung von Kräften und angemessene Reaktionsweisen des Wettbewerbs zu legen. Auch *Timing* spielt eine sehr wichtige Rolle bei der Strategieentwicklung.[16] Wichtig ist jedoch, den Unterschied zwischen Planung und Strategie nicht zu verwischen. Beides ist sehr wichtig für die Unternehmensführung, aber es sind unterschiedliche Tätigkeiten. Die eine akribisch und von der Logik her mechanisch – die andere kreativ, intellektuell und schöpferisch.

In diesem Buch werden Geschäftsmodelle und Strategien so dargestellt und diskutiert, dass sie für Praktiker *im Mittelstand nützlich* sind. Es gibt seit Langem einiges an Beliebigkeit bei der Definition des Mittelstands. Einleitend wird lediglich darauf hingewiesen, dass mein Verständnis von Mittelstand weder identisch mit KMU (Kleine und mittlere Unternehmen) noch mit Familienunternehmen ist. Unternehmensgröße und Verwandtschaftsverhältnisse allein sind als Variablen für eine trennscharfe und der Unternehmenslandschaft in Deutschland angemessene Begriffsbestimmung zu wenig. Wie auszuführen sein wird, ist ein pragmatischer (aber nicht beliebiger) Mix aus quantitativen und qualitativen Merkmalen angemessen, um den Mittelstand in seiner Gesamtheit zu umreißen. Eine

---

[12] https://www.tesla.com/de_DE/blog/secret-tesla-motors-master-plan-just-between-you-and-me (Abruf 18.05.2021).

[13] Ebd.

[14] Vgl. https://edition.cnn.com/2020/11/04/tech/elon-musk-tesla-once-got-near-bankruptcy/index.html (Abruf 15.03.2022).

[15] Rosenzweig 2007, S. 78, online https://www.dea.univr.it/documenti/OccorrenzaIns/matdid/matdid411355.pdf (Abruf 15.06.2021).

[16] Vgl. Rothaermel 2021, S. 7 ff.

vertiefte Analyse zum Mittelstand und ein eigener Vorschlag für eine Klassifikation erfolgen in Kap. 3.

Geschäftsmodell und Strategie als elementare Konzepte der Unternehmensführung tauchen häufig in derselben Überschrift wissenschaftlicher Artikel und Bücher auf. Allerdings werden beide Begriffe selten nachvollziehbar und praxisrelevant gegeneinader abgegrenzt. Häufig wirkt es so, als fühlten sich Fachleute und Praktiker gezwungen, ihren Fokus stärker auf das eine oder das andere Konzept zu legen. Eine solche Perspektive ist aus meiner Sicht nicht zielführend. Es handelt sich bei Strategie und Geschäftsmodell vielmehr um zwei Seiten derselben Medaille. Sinnvolle Gestaltung von Geschäftsmodellen ist nur möglich, wenn man strategisch denkt und handelt. Und umgekehrt gilt auch, dass gute Wettbewerbsstrategien für ein spezifisches Unternehmen das bislang akkumulierte Wissen über generische Geschäftsmodelle berücksichtigen sollten. Im Bedarfsfall wird es dann einfacher, ein neuartiges, innovatives Geschäftsmodell zu konzipieren, wenn dies Wettbewerbsvorteile verspricht.

Der Fokus Gewinn bzw. Monetarisierung (welcher im Geschäftsmodell vorherrscht) darf bei einer guten Strategie natürlich nicht vergessen werden. Das gilt auch dann, wenn Gewinnoptimierung nicht das primäre Ziel ist, das vom Unternehmen verfolgt wird.[17] Es wäre insofern auch ganz unangemessen, Geschäftsmodell und Strategie als Synonyme zu verwenden. Es gibt wichtige Unterschiede, und es gibt Konvergenzbereiche. Präzision in der Anwendung dieser beiden Konzepte ist ratsam. Das Verhältnis beider Konzepte wird in der Folge ausführlich dikutiert und in Form einer **Hypothese** an Fallbeispielen überprüft. Sie lautet: Die Umsetzung einer Strategie (welche zuvor, durch vier Kraftfelder geprägt, dann vom Unternehmer entwickelt und formuliert worden ist) erfolgt in der Praxis durch das Geschäftsmodell.

Bei Analysen von Geschäftsmodellen und deren Weiterentwicklung geht es in erster Linie darum, die Erwartungen der Kunden in einen strategischen Prozess einzubinden, in zweiter Linie darum, wie Wert geschaffen, ausgeliefert und geteilt wird, und last but not least auch darum, wie das Unternehmen einen angemessenen Anteil an diesem Wert für sich beansprucht, also um den Aspekt der **Monetarisierung**. Zudem wird der Betrachtungsfokus der Analyse über die Grenzen des betrachteten Unternehmens hinaus erweitert. So spielen in der digitalen Ökonomie Partner eine immer wichtigere Rolle in den Geschäftsmodellen. Zott und Amit sprechen in diesem Zusammenhang von der „architecture of a firm's activity system".[18] Dieser Aspekt ist wichtig, denn Geschäftsmodelle sind als Systeme aufeinander abgestimmter Handlungen keine rein mentalen Konstrukte; und genauso wenig sind sie die ökonomische Wirklichkeit. Als Modelle nehmen sie eine Art **Sandwichposition** zwischen Theorie und Praxis ein.

Im Sinne des deutschen Soziologen Max Weber kann man Geschäftsmodelle, angelehnt an Baden-Fuller und Morgan, als **Idealtypen** verstehen, als eine Art Mittler, denn sie tun folgendes „ [ideal types] … mediate between our ideas and theories on the one hand,

---

[17] Zu Gewinn als Unternehmensziel: Simon 2020, S. 24 ff.
[18] Vgl. Zott/Amit 2010, S. 218 ff.

and the things in the world we want to describe and explain in immediately practical ways."[19] Strategiearbeit fokussiert Märkte und damit Wettbewerber, Marktkräfte[20] und strukturiert die Suche nach **Wettbewerbsvorteilen**, sei es durch Differenzierung mit überragenden Leistungsmerkmalen oder durch eine überragend niedrige Kostenposition. Auch ein Mix aus beidem kann mit sogenannten Hybridstrategien realisiert werden.[21]

Grob vereinfachend könnte man sagen: Strategiearbeit favorisiert die „Outside-in-Perspektive" (vom Wettbewerb her denken), Arbeit am Geschäftsmodell die „Inside-out-Perspektive" (von der Wertgenerierungsarchitektur des Unternehmens ausgehend). Gemeint ist in diesem Zusammenhang, einen Fokus zu setzen, nicht eine Wahl zu treffen. Aus meiner Sicht sollten beide Vorgehensweisen, Analysen des Geschäftsmodells und kreative Strategiearbeit, regelmäßig zur Anwendung kommen. Es ist **kein** Entweder-Oder, und es hilft auch Mittelständlern nicht, beides als „akademisch" abzutun.

Die Frage, ob denn in jedem Unternehmen zur Strategie etwas aufgeschrieben werden muss, drängt sich ebenfalls auf. Besser ist es bestimmt, und sei es aus Gründen der Risikominimierung im Falle des plötzlichen, unerwarteten Ausfalls des Inhabers. Wenn es keine schriftliche Fassung gibt, ist das aber kein Beweis für die Abwesenheit einer das Unternehmen leitenden strategischen Idee. Gerade kleinere Mittelständler haben oft klare strategische Leitlinien und Leitplanken, die der Unternehmer im Kopf hat und die wirken, ohne dass er ein ausgearbeitetes Dokument dazu auf den Tisch legen könnte. In diesem Zusammenhang wird oft von **impliziten** Strategien gesprochen.[22] Das Verschriftlichen einer Strategie ist definitiv keine Voraussetzung für ihren Erfolg. Oder um es mit Andy Grove zu sagen, einem der Intel-Gründer: „To understand a company's strategy, look at what they actually do rather than what they say they will do."[23]

Jeder Unternehmer hat strategische Absichten und sein Geschäft findet innerhalb eines **beschreibbaren** Geschäftsmodells statt. „Whenever a business enterprise is established, it either explicitly or implicitly employs a particular business model that describes the design or architecture of the value creation, delivery, and capture mechanisms it employs."[24] Beschreibbar bezieht sich in dieser Argumentation in erster Linie auf externe Beobachter. Sie können einiges über das Unternehmen aus der Beobachtung seines Geschäftsmodells ableiten. Auch jeder Unternehmer kann (oder könnte) sein Geschäftsmodell beschreiben; viele tun es allerdings nicht. Vielleicht auch, weil sie es für einen Modebegriff halten, der für ihr Unternehmen irrelevant ist. Oder weil ihnen ein pragmatischer Ansatz zur Beschreibung nicht bekannt ist. Ignoranz ist hinsichtlich des Geschäftsmodells keine kluge Perspektive.

---

[19] Baden-Fuller/Morgan 2010, S. 161
[20] Vgl. Porter 1980, S. 3 ff.
[21] Vgl. Fleck 1995; S. 1 ff.
[22] Nicht zu verwechseln mit *emergenten* Strategien, einem Begriff von Mintzberg, der im weiteren Verlauf wieder aufgergriffen wird.
[23] Zitiert nach Christensen 2012, S. 71
[24] Teece 2010, S. 172

2.1 Einleitende Begriffsabgrenzungen

Immer wenn sich die Struktur einer Branche ändert, sollten Anpassungen am eigenen Geschäftsmodell erfolgen. Auch an solchen, die bislang sehr erfolgreich waren. Ein kurzer Blick bspw. in die Landschaft der deutschen Sparkassen und den immensen Druck, den reine Onlinebanken und Fintechs auf deren traditionelles Geschäftsmodell ausüben, mag hier als kurzer Beleg genügen.[25] Sparkassen gehören aus meiner Sicht ebenso zum Mittelstand wie große Familienunternehmen, unabhängig von ihrer Bilanzsumme. Es ist deutlich erkennbar, was droht, wenn man sich den fälligen Anpassungen erst spät widmet.

In Vorgründungs- und Gründungsphasen stehen Geschäftsmodelle regelmäßig als Erstes im Fokus der Aufmerksamkeit. Für Gründer ist wichtig, dass eine ***Geschäftsidee*** lediglich als Vorstufe eines Geschäftsmodells zu betrachten ist. Sie deckt nur einen Teil des Geschäftsmodells ab, z. B. eine Idee für eine Produktinnovation oder eine neue Dienstleistung.[26] Eine Frage mit hoher Praxisrelevanz ist: womit beginnen, mit der Arbeit am Geschäftsmodell oder an der Strategie? Eine pauschale Antwort auf diese Frage wäre fahrlässig, weil die Ausgangslagen der Unternehmen so spezifisch, individuell und einmalig sind wie die Anzahl der Unternehmen selbst. Als Annäherung ist folgendes vielleicht hilfreich: der Vorrat an bekannten Geschäftsmodellen ist sehr viel kleiner als der Vorrat an Strategien, die in der Vergangenheit realisiert wurden.[27] Zahlreiche bewährte Geschäftsmodelle, bspw. „freemium" oder „razor-blades" werden häufig zu Standards innerhalb von Branchen.

Selbstverständlich verhalten sich nicht alle Unternehmen gleich, aber ihr Verhalten im Markt ist teilweise vorhersehbar, wenn sie standardisierte Geschäftsmodelle verfolgen. Um Wettbewerbsvorteile zu erlangen und auf Dauer zu stellen, sind dann individuelle Wettbewerbsstrategien erforderlich.[28] Diese ***Koexistenz*** von Strategiearbeit und Geschäftsmodelldesign beinhaltet keine zwangsweise Abfolge. Unternehmer können mit dem Entwurf eines neuen Geschäftsmodells beginnen (oder ein bestehendes anpassen) und sich danach den Wettbewerbsstrategien widmen, die dieses Geschäftsmodell unterstützen. Es ist ebenso gut möglich, mit der Analyse der vier strategischen Kraftfelder zu starten, eine oder mehrere Wettbewerbsstrategien zu formulieren und dann Anpassungen am Geschäftsmodell vorzunehmen.

Auch viele Wettbewerbsstrategien werden, vergleichbar mit den Geschäftsmodellen, beschrieben und sortiert – und so einem interessierten Anwenderkreis zugänglich gemacht. Dazu reicht ein Blick in eines der Handbücher des strategischen Managements[29] oder in die Curricula führender Business Schools. Sogenannte ***Normstrategien***[30] auf der

---

[25] Die Gewinne der deutschen Sparkassen sind zwischen 2009 und 2019 und rund 25 % gesunken. Vgl. https://de.statista.com/statistik/daten/studie/197229/umfrage/jahresueberschuss-der-sparkassen-in-deutschland-seit-2007/ (Abruf 28.06.2021).
[26] Vgl. Müller-Roterberg, 2020, S. 64
[27] Vgl. Teece 2010, S. 179
[28] Teece verdeutlicht dies an den Beispielen von Dell und Google.
[29] Vgl. Müller-Stewens/Lechner 2016, S. 86 ff. und S. 255 ff.
[30] Meffert u.a. 2019, S. 312 ff.

Basis der Erfahrungskurve, von Portfolioanalysen oder Lebenszylen bieten generische Hinweise, die aber im Mittelstand i. d. R. nicht anwendbar sind. Sei es, weil es gar kein Portfolio von Geschäftseinheiten gibt, die zu managen wären, sei es, weil Kostendegressionseffekte erst bei Stückzahlen und Losgrößen wirken, die nicht erreicht werden können, sei es, weil geschätzte Produkte auch am Ende des Lebenszyklus (oft aus persönlich-sentimentalen Gründen) nicht aussortiert werden, usw. Neben diesen technischen Einwänden gegen Normstrategien, soweit sie im Mittelstand angewendet werden sollen, kommt noch ein weiteres gewichtiges Gegenargument ins Spiel. Normstrategien machen Unternehmen tendenziell austauschbar, untergraben Wiedererkennbarkeit und Individualität, schränken letztlich die Differenzierungsmöglichkeiten im Wettbewerb ein. Falsch (d. h. unreflektiert) angewandt, können Normstrategien innovatives strategisches Verhalten behindern. Dies ist insbesondere in reifen Märkten kritisch, da hier Wachstum am besten durch Innovation vorangetrieben werden kann.[31]

2.2 Reihenfolge und Abhängigkeiten

Die Stellung im Lebenszyklus eines Unternehmens ist nicht unbedingt ein geeigneter Maßstab, um die Frage nach der *Reihenfolge* in der Bearbeitung von Geschäftsmodell und Strategie zu beantworten. Dennoch ist insbesondere bei technologiebasierten Gründungen eine Tendenz erkennbar, die Arbeit am Geschäftsmodell im Vergleich zur Strategiearbeit zu priorisieren. Während bei Startups über längere Zeit vieles im Fluss ist, es häufig weder ein klares Geschäftsmodell noch dezidierte Wettbewerbsstrategien gibt, zeigt die Gründungsforschung, dass die Konstruktion eines erfolgversprechenden Geschäftsmodells zu den frühesten Managementaufgaben gehört. Das ist nicht zuletzt so, weil beinahe alle professionellen Kapitalgeber etwas Überzeugendes zum Geschäftsmodell sehen und hören möchten.[32] Startups beginnen häufig von einer Geschäftsidee her mit der Konstruktion eines *viablen* Geschäftsmodells und ziehen Geschäftspläne und Strategien nach.

Bekannte Beispiele wie Facebook belegen, dass auch der umgekehrte Weg, ein Start ohne dezidiertes Geschäftsmodell, sehr gut funktionieren kann. Mark Zuckerberg hatte dafür allerdings sehr klare **strategische Prämissen** in der Aufbauphase seines Unternehmens (wer darf rein, wer nicht?). Diese hat er sehr rigoros angewendet, um nicht ein „falsches Publikum" auf seine Plattform zu ziehen. Ein strategischer Fehler, der den damaligen Facebook Wettbwebern Chatroulette oder Friendster zum Verhängnis wurde.[33] Plattformen haben den größten Erfolg, wenn sie gleichzeitig für die Anbieter- und Nachfragerseite sehr attraktiv sind. Unwillkommene Teilnehmer haben erhebliches Störpotenzial. Insofern waren in der Frühphase der Social Media Plattformen Teilnehmer das „falsche

---

[31] Vgl. Meffert u.a. 2019, S. 324
[32] Vgl. die Airbnb Gründungsstory bei Reillier/Reillier 2017; S. 1 f.
[33] Moazed/Johnson 2016, S. 164 ff.

2.2 Reihenfolge und Abhängigkeiten

Publikum", die – wie bei Chatroulette geschehen – nackt vor webcams posierten.[34] Eine wesentliche strategische Aufgabe beim Aufbau einer Plattform mit globaler Reichweite ist es nämlich, keine User zu tolerieren, die neue Interessenten potenziell abstoßen und somit von der Einschreibung abhalten.[35] Da aber schnelles Wachstum ein grundsätzliches Ziel von Plattformen ist, erscheint Zuckerbergs Strategie auf den ersten Blick kontraproduktiv.

Erst bei genauerem Hinsehen erkennt man, dass es für Facebook strategisch sehr klug war, genau so vorzugehen. ***Kontrollierter Verzicht*** (ein klassisches Strategiemuster) zu Beginn führte zunächst zu unterproportionalen Zuwächsen bei Facebook; nachdem jedoch ein Qualitätsimage aufgebaut und stabilisiert werden konnte, setzte rasantes Wachstum ein. „But, as Mark Zuckerberg repeatedly acknowledged, none oft has success would have been possible without the platform's very meticulous launch and growth startegy early on."[36] Hier sind sowohl ein Überraschungsmoment als auch eine Art „Verschleißschutz" bei der gewählten Wettbewerbsstrategie erkennbar. Der Netzwerkeffekt, und damit die Grundlage für das heutige Facebook Imperium, ist in einer entscheidenden Frühphase erheblich verstärkt worden durch das umsichtige „Kuratieren" der Plattform, also das Durchsetzen von Regeln für die Teilnahme (u. a. ein Mindestalter und eine .edu Email Adresse in der Frühphase), die eine strategische Priorität des Gründers waren. Ein durchdachtes Geschäftsmodell im Sinne einer Architektur von Aktivitäten und die dazu gehörige Logik der Monetarisierung kamen bei Facebook erst später.[37]

Reife Unternehmen kommen häufig in ***Zugzwang***, ihr altbewährtes Geschäftsmodell aufgeben oder substanziell ändern zu müssen. Genannt seien hier stellvertretend für viele betroffene Branchen die Automotive OEM,[38] Energieerzeuger wie RWE, ENBW, eon oder Vattenvall oder Mineralölkonzerne wie Shell.[39] Auch die „Streaming-Technologie" hat einige lukrative Geschäftsmodelle obsolet gemacht. Blockbuster ist Vergangenheit, Netflix ein Imperium. Ähnliches zeichnet sich bei „Kryptowährungen" ab, bei „Blockchain-Technologien" ganz allgemein.[40] Insofern ist es sicher nicht falsch zu behaupten, dass es manchmal klar identifizierbare Punkte im Lebenszyklus von Märkten und Unternehmen gibt (Dekarbonisierung des Straßenverkehrs, Energiewende, Smartphones, Streaming usw.), wo Arbeit am Geschäftsmodell mit einem Schlag zwingend wird.

---

[34] Vgl. Moazed/Johnson 2016, S. 161
[35] Vgl. Moazed/Johnson 2016, S. 163
[36] Vgl. Moazed/Johnson 2016, S. 167
[37] Vgl. Reillier/Reillier 2017, S. 107 f. sowie Moazed/Johnson 2016, S. 139
[38] Vgl. Bratzel/Thömmes 2018, S. 9 f.
[39] Vgl. Moazed/Johnson 2016, S. 1 ff.
[40] Vgl. https://www.hiscox.co.uk/broker/about-hiscox/news/adapt-or-die-eight-businesses-transformed-their-business-models-survive (Abruf 15.06.2021) Shell wurde im Mai 2021 in einem Aufsehen erregenden Prozess in den Niederlanden verurteilt, seinen CO_2 Ausstoß bis 2045 um 45 % zu senken. Ohne massive Veränderungen am Jahrzehnte alten Geschäftsmodell erscheint das völlig ausgeschlossen.

„*Disruptive* Technologien" sind global zu einem allgegenwärtigen Phänomen geworden. Echte Disruption [lat. disrumpere] „zerreißt" erfolgreiche Geschäftsmodelle. Disruptive Gefahr geht fast immer von kleineren, häufig übersehenen Wettbewerbern aus.[41] „Disrupt or be disrupted"[42] ist bislang für wenige Mittelständler eine reale Gefahr; es ist auch für ganz wenige eine strategische Option. Allerdings ist es der Trend, der unbestreitbar ist und auch bei traditionellen Mittelständlern Aufmerksamkeit bekommen sollte. Insbesondere das sich ständig verschärfende Tempo stellt ein strategisches Gefahrenmoment dar. Bereits 2015 warnte McKinsey vor trügerischen Selbstgewissheiten: „Let's face it: business models are less durable than they used to be. The basic rules of the game for creating and capturing economic value were once fixed in place for years, even decades, as companies tried to execute the same business models better than their competitors did. But now, business models are subject to rapid displacement, disruption, and, in extreme cases, outright destruction."[43]

Strategiearbeit sollte Routine für alle Unternehmensführer sein. Sie ist immer wichtig, selten wird sie als dringend erlebt.[44] Damit ist nicht gemeint, dass es einen fixen Zeitplan geben sollte, zu dem Strategiearbeit ansteht. Vielmehr sind es auch hier eher situative Auslöser, welche die **Wettbewerbsarena** verändern und Dringlichkeit erzeugen. Weitsicht und Hellhörigkeit gegenüber solchen Veränderungen im Verhalten der Kunden, gegenüber Strategien von Wettbewerbern, Lieferanten oder Partnern sind selbstverständlich auch im Mittelstand angezeigt. Die Unternehmerin, die Inhaberfamilie oder die Nachfolger in Familienunternehmen sind in aller Regel Experten in ihrer Branche und keine „Industrieschauspieler" (Hartmut Mehdorn), die in teils rasantem Tempo von einem Stuhl auf den anderen wechseln. Da im Mittelstand die Strategieverantwortung, und damit auch die Festlegungen zum Geschäftsmodell, ausschließlich bei den Inhabern liegt, ist es nicht verwunderlich, dass Fremde kaum eingebunden werden (Stichwort Einheit von Eigentum und Verantwortung). Empirisch nachweisbare Ausnahmen sind freiwillige Beiräte oder Aufsichtsräte in größeren Familienunternehmen („Nichtaktiengesellschaften"), welche fast immer mit Vertrauenspersonen des Unternehmers oder der Unternehmerfamilie besetzt sind. Die Verantwortung liegt jedoch auch bei diesen Konstellationen allein bei den Eignern; freiwillige Gremien sind ausschließlich beratend tätig. Es sei denn, ihnen wird Organstatus eingeräumt, was in der Praxis jedoch sehr selten vorkommt.[45]

---

[41] Vgl. Christensen/Raynor/McDonald 2015, S. 46: „First, a quick recap of the idea: ‚Disruption' describes a process whereby a smaller company with fewer resources is able to successfully challenge established incumbent businesses."

[42] https://www.huffpost.com/entry/disrupt-or-be-disrupted_b_8266008 (Abruf 15.06.2021).

[43] https://www.mckinsey.com/business-functions/strategy-and-corporate-finance/our-insights/disrupting-beliefs-a-new-approach-to-business-model-innovation# (Abruf 15.06.2021).

[44] Vgl. Eisenhower Matrix, bspw. https://www.projektmagazin.de/methoden/eisenhower-matrix (Abruf 28.06.2021).

[45] Vgl. Thömmes/Wallau/Siepelt 2014, S. 23 ff.

2.2 Reihenfolge und Abhängigkeiten

Das Konzept Geschäftsmodell wird zur Handhabung in den Fallstudien mit dem Business Model Canvas von Osterwalder und Pigneur konzeptualisiert.[46] Eine genaue Darstellung erfolgt in Kap. 6. Die dort verwendeten **neun Felder** (building blocks) sind bislang unerreicht in ihrer intuiutiven Zugänglichkeit und visuell einprägsamen Form. Zudem spricht für diese Beschreibungsmethode, dass viel spezialisierte Geschäftsmodell Literatur anderer Autoren diese „Leinwand" auch zu einem Standard in der Beschreibung und Diskussion von Geschäftsmodellen gemacht hat. Anschlussfähigkeit ist somit sichergestellt.

Zu Strategie gibt es eine unüberschaubare Fülle von spezialisierter Literatur. Um an dieser Stelle einige sinnvolle Einschränkungen zu machen, sei darauf hingewiesen, dass es in diesem Buch ausschließlich um **Wettbewerbsstrategien** geht. Als solche bezeichnet man die obersten strategischen Ziele einer Geschäftseinheit (Business Unit), wobei damit grundsätzlich ein gesamtes Unternehmen (1-Produkt-Unternehmen) oder ein im Markt selbständig agierender Geschäftsbereich innerhalb eines Konzerns gemeint sein kann (Business Unit).

Festgelegt wird in einer Wettbewerbsstrategie, *auf welche Weise* im Markt Wettbewerbsvorteile erzielt werden sollen (externe Ausrichtung) und *mit welcher Wertschöpfungsstruktur* – Ressourcen, Strukturen, Prozesse – diese Wettbewerbsvorteile erlangt, ausgebaut oder verteidigt werden sollen (interne Ausrichtung). Das mit Wettbewerbsstrategien verfolgte Ziel in kommerziellen Unternehmungen ist es, eine überdurchschnittlich hohe **Rendite** zu erwirtschaften. Müller-Stewens und Lechner verweisen auf vier zentrale Dimensionen, die bei der Entwicklung einer Wettbewerbsstrategie maßgeblich sind: (1) Schwerpunkt des Wettbewerbs: wie stellt sich das Unternehmen grundsätzlich dem Wettbewerb (Kostenführerschaft oder Differenzierung anstreben)? (2) Ort des Wettbewerbs: erfolgt der Marktzuschnitt auf Nischen, Segmente oder die gesamte Branche? (3) Taktiken: offensive vs. defensive Haltungen gegenüber den Wettbewerbern? (4) Regeln: Wettbewerb innerhalb der Branchenspielregeln ausfechten oder Regeln brechen/innovativ sein (bspw. im Geschäftsmodell)?[47] Die Vielzahl der Dimensionen legt es nahe, den Begriff Wettbewerbsstrategien stets im Plural zu verwenden.

Wir beschäftigen uns – im Sinne einer bewußten Abgrenzung – nicht mit den so genannten „Corporate Strategies", welche für große Industriekonglomerate, multinationale Unternehmen mit zahlreichen Business Units oder für sonstige Mehrprodukt-/Mehrmarkt-Unternehmen ausgearbeitet werden. Die Begründung ist einfach. Hier geht es um Strategien für mittelständische Unternehmer, die in den allermeisten Fällen ein Einprodukt-/Einmarktunternehmen führen. Wenn nicht mehrere voneinander unabhängig agierenden Geschäftsbereiche (sozusagen Unternehmen im Unternehmen) zu steuern sind, benötigt die Unternehmensführung keine Unternehmensstrategie im Sinne einer „Corporation", in der Mittelzuflüsse und -Abflüsse ein wesentliches strategisches Steuerungsinstrument sind. Die Messung von Cashflows in vielen unterschiedlichen Geschäftseinheiten sowie

---

[46] Osterwalder/Pigneur 2010, S. 16 ff.
[47] Müller-Stewens/Lechner 2016, S. 255 ff.

die Entscheidungen über Investitionen/Desinvestitionen zwischen selbstständigen Konzernteilen ist für Mittelständler i. d. R. ohne praktische Relevanz.

Zusammenfassend ist zu unterstreichen, dass sowohl die Wettbewerbsstrategien als auch die Ausgestaltung des Geschäftsmodells für alle Unternehmen wichtig sind. Mittelständler, die mit einer Produktlinie einen Markt bedienen (ganz gleich ob regional, national oder international zugeschnitten), benötigen zum einen durchdachte Wettbewerbsstrategien. Dem Geschäftsmodell sollten sie allerdings dieselbe akribische Aufmerksamkeit widmen. Dabei ist für reife Anbieter (Anforderungen an Startups sind getrennt dargestellt worden) stärker auf den Aspekt nötiger Anpassungen zu achten. Wann solche Änderungen sinnvoll sind und wie tief sie gehen sollten, hängt selbstverständlich von Veränderungen der Branchenstruktur und den Strategien des Wettbewerbs ab. Wettbewerbsvorteile erringt nur, wer beides richtig macht: ein erfolgreiches Geschäftsmodell (gleich wie innovativ) allein genügt nicht für einen dauerhaften Kosten- oder Differenzierungsvorteil.[48] Dazu sind zusätzlich kreative, überraschende und – weniger imitationsanfällige – Wettbewerbsstrategien erforderlich. Diese müssen in jedem Fall individueller und aktueller gestaltet werden als die sogenannten Normstrategien.

Literatur

Baden-Fuller, Charles/Morgan, Mary S.: Business Models as Models, in: Long Range Planning 43 (2010), S. 156–171

Bratzel, Stefan/Thömmes, Jürgen: Alternative Antriebe, Autonomes Fahren, Mobilitätsdienstleistungen. Neue Infrastrukturen für die Verkehrswende im Automobilsektor, Heinrich-Böll-Stiftung, Schriften zu Wirtschaft und Soziales, Band 22, Berlin 2018

Christensen, Clayton M./Allworth, James/Dillon, Karen: How Will You Measure Your Life?, Harper Collins Publisher, New York 2012

Christensen, Clayton M./Raynor, Michael/McDonald, Rory: What is Disruptive Innovation?, in: Harvard Business Review, December 2015, S. 44–53

Fleck, Andree: Hybride Wettbewerbsstrategien, Gabler, Deutscher Universitätsverlag, Wiesbaden 1995

Meffert, Heribert/Burmann, Christoph/Kirchgeorg, Manfred/Eisenbeiß, Maik: Marketing. Grundlagen marktorientierter Unternehmensführung Konzepte – Instrumente – Praxisbeispiele, Springer Gabler, Wiesbaden 2019

Moazed, Alex/Johnson, Nicolas L.: Modern Monopolies. What it takes to Dominate the 21st-Century Economy, St. Martin's Press, New York, N.Y. 2016

Müller-Roterberg, Christian: Praxishandbuch Geschäftsmodell-Innovationen, BOD Books on Demand, Norderstedt 2020

Müller-Stewens, Günter/Lechner, Christoph: Strategisches Management. Wie strategische Initiativen zum Wandel führen, Schäffer-Poeschel, 5., überarbeitete Auflage, Stuttgart 2016

Osterwalder, Alexander/Pigneur, Yves: Business Model Generation, Wiley, Hoboken, N.J. 2010, S. 14

Porter, Michael E.: Competitive Strategy, The Free Press, New York 1980

Reillier, Laure-Claire/Reillier, Benoit: Platform Strategy, Routledge, London and New York 2017

---

[48] Vergl, Teece 2010, S. 179

Rosenzweig, Phil: The Halo Effect ... and Eight Other Business Delusions That Deceive Managers, Free Press, New York 2007

Rothaermel, Frank T.: Strategic Management, 5th ed., McGraw Hill, New York 2021

Rumelt, Richard: Good Strategy, Bad Strategy, Profile Books, London 2011 [Rumelt 2011.b]

Simon, Hermann: Am Gewinn ist noch keine Firma kaputt gegangen, Campus Verlag, Frankfurt/New York 2020

Teece, David J.: Business Models, Business Strategy and Innovation, in: Long Range Planning 43 (2010), S. 172–194

Thömmes, Jürgen/Wallau, Frank/Siepelt, Stefan: Aufsichtsräte und Beiräte im Mittelstand, Bundesanzeiger Verlag, Köln 2014

Zott, Christoph/Amit, Raphael: Business Model Design: An Activity System Perspective, in: Long Range Planning 43 (2010), S. 216–226

Zott, Christoph/Amit, Raphael/Massa, Lorenzo: The Business Model: Recent Developments and Future Research, in: Journal of Management 37 (2011), S. 1019–1042

Mittelstand in Deutschland 3

> **Zusammenfassung**
>
> Der „Mittelstand" ist ein recht unscharf umrissener Teil der deutschen Unternehmenslandschaft, eher ein soziologisches als ein (exakt definierbares) ökonomisches Phänomen. Weder die Kategorie KMU (Kleine und mittlere Unternehmen) noch das Konzept des Familienunternehmens können als deckungsgleich mit dem Mittelstand betrachtet werden. In der Fachliteratur hat sich in den vergangenen Jahren eine Sichtweise durchgesetzt, die quantitative (KMU-Kriterien) mit qualitativen Variablen (u. a. eingesetzt zur Bestimmung von Familienunternehmen) kombiniert. Es gilt, sowohl Besitzstruktur und Leitungsstruktur als auch Verwandtschaftsverhältnisse zu berücksichtigen. Mit einer erweiterten Perspektive sollen auch die zahlreichen Unternehmen, die durch die genannten definitorischen Raster fallen, als Mittelstandsunternehmen betrachtet werden. Geht man so vor, ist es möglich, alle eignergeführten mittelständischen Unternehmen von börsennotierten Großunternehmen mit Streubesitz klar abzugrenzen.

3.1 KMU und Großunternehmen

In Deutschland waren im Jahr 2018 rund 3,28 Mio. Unternehmen im Markt aktiv. In dieser Zahl erfasst sind alle Unternehmen, die der Umsatzsteuerpflicht unterliegen. Die Kleinstunternehmen unterhalb dieser Schwelle spielen in dieser Untersuchung keine Rolle, weil bei diesen Wirtschaftsakteuren i. d. R. keine nennenswerte strategische Arbeit erfolgt. Wie Abb. 3.1 zeigt, gab es im Unternehmensbestand im Zehnjahresintervall 2010 bis 2019 keine gravierenden Veränderungen. Der Rückgang von 2019 auf 2020 ist „laut Statistischem Bundesamt vor allem darauf zurückzuführen, dass ab dem Berichtsjahr 2020 Un-

Abb. 3.1 Steuerpflichtige Unternehmen in Deutschland 2010 bis 2020 https://de.statista.com/statistik/daten/studie/246358/umfrage/anzahl-der-unternehmen-in-deutschland/#professional (Abruf 21.03.2022)

ternehmen erst ab einem Jahresumsatz von mehr als 22.000 Euro in der Statistik erfasst werden, bis 2019 hatte diese Grenze noch bei 17.500 Euro gelegen."[1]

Das für Kleinstunternehmen unterhalb der Umsatzsteuerschwelle Gesagte darf nicht ohne Weiteres auf die *Freiberufler* übertragen werden. In dieser Kategorie von Wirtschaftsakteuren ist die Spannweite der Umsätze und der beschäftigten Mitarbeiter sehr groß. Freiberufler werden in den Unternehmensstatistiken nicht miterfasst. Sie unterliegen nicht der Gewerbesteuer und tauchen daher nicht in den Gewerbesteuerstatistiken auf, welche die Basis für die amtliche Unternehmenszählung bilden. Die Zahl der Freiberufler wird für 2020 auf rund 1,45 Mio. geschätzt. Eine exakte statistische Ermittlung ist in dieser Berufskategorie nicht möglich, da nur ein Teil der Freiberufler in sogenannten „verkammerten Berufen" arbeiten, andere hingegen nicht. Da diese Schätzungen aber seit Jahren vom „Institut für Freie Berufe" an der Universität Erlangen Nürnberg auf wissenschaftlicher Basis erhoben werden, darf man ihnen eine hohe Validität unterstellen.[2]

---

[1] https://de.statista.com/statistik/daten/studie/246358/umfrage/anzahl-der-unternehmen-in-deutschland/#professional (Abruf 21.03.2022).
[2] http://ifb.uni-erlangen.de/wp-content/uploads/Entwicklung-der-Selbstst%C3%A4ndigen-in-Freien-Berufen-in-Deutschland-1999-2020.pdf (Abruf 18.05.2021).

Es ist nicht leicht, sich in diesem **Dickicht von Statistiken** zurecht zu finden, weil es traditionell viele Perspektiven auf den deutschen Mittelstand gibt. Wer sich bspw. für die Anzahl der Handwerksbetriebe interessiert, die ökonomisch und soziologisch zum Mittelstand zu rechnen sind, wird feststellen, dass es hierzu eigene Zahlenreihen gibt, die über die regionalen Handwerkskammern erhoben werden. Im Jahr 2020 waren ca. 557.000 Handwerksbetriebe in Deutschland aktiv.[3]

Über die Kategorie der „Kleinen und Mittleren Unternehmen" (KMU) gibt es eine lange Forschungstradition, auch weil diese Unternehmen sowohl im Zentrum zahlreicher EU-Förderprogramme als auch bundesdeutscher Mittelstandsförderung (Bund und Länder) stehen. Auf EU-Ebene gibt es eine leicht modifizierte Definition von „Small and Mediumsized Entreprises" (SME), dargestellt in Abb. 3.2. Innerhalb der Europäischen Union wird zur Kategorisierung eine Mitarbeiterzahl von maximal 250 herangezogen sowie – wahlweise – entweder ein Umsatz bis zu 50 Mio. Euro oder eine Bilanzsumme bis zu 43 Mio. Euro. Zu beachten sind dabei unterschiedliche nationale Spielräume, welche die EU-Kommission vorsieht: „Wie schon in der Empfehlung 96/280/EG handelt es sich bei den Finanz- und Mitarbeiterschwellenwerten um Obergrenzen, und die Mitgliedstaaten, die EIB sowie der EIF können unter den Gemeinschaftsschwellen liegende Schwellenwerte festsetzen, um Maßnahmen auf eine bestimmte Kategorie von KMU auszurichten. Aus Gründen der Vereinfachung der Verwaltungsverfahren können sich Letztere auch auf ein einziges Kriterium – das der Mitarbeiterzahl – beschränken, wenn es darum geht, bestimmte von ihnen verfolgte Politiken umzusetzen."[4]

What is an SME?

Small and medium-sized enterprises (SMEs) are defined in the EU recommendation 2003/361
(EN •••).

The main factors determining whether an enterprise is an SME are

1. **staff headcount**
2. either **turnover** or **balance sheet total**

Company category	Staff headcount	Turnover	or	Balance sheet total
Medium-sized	< 250	≤ € 50 m		≤ € 43 m
Small	< 50	≤ € 10 m		≤ € 10 m
Micro	< 10	≤ € 2 m		≤ € 2 m

These ceilings apply to the figures for individual firms only. A firm that is part of a larger group may need to include staff headcount/turnover/balance sheet data from that group too.

Abb. 3.2 Definition Small and Medium-sized Enterprises laut EU-Kommission https://ec.europa.eu/growth/smes/sme-definition_en (Abruf 21.03.2022)

---

[3] https://www.destatis.de/DE/Themen/Branchen-Unternehmen/Handwerk/_inhalt.html (Abruf 18.05.2021).

[4] https://eur-lex.europa.eu/legal-content/DE/TXT/PDF/?uri=CELEX:32003H0361&from=EN (Abruf 18.05.2021).

Aus diesen zahlengetriebenen Definitionen ergibt sich folgende Problematik: eine rein *quantitative Abgrenzung*, ermöglicht keine angemessene Definition des gesamten Mittelstands. Die KMU Grenzwerte, welche in Deutschland seit langem bei max. 50 Mio. Euro Jahresumsatz und 500 Mitarbeitern festgelegt sind, blenden nämlich alle *qualitativen Mittelstandskriterien* aus. Kriterien wie eine dominante Inhaberschaft, die strategischen Bedürfnisse einer in Generationen denkenden Unternehmerfamilie, Wertüberzeugungen der Inhaber, die Einheit von Eigentum und Leitung usw. sind wichtige Komponenten für ein umfassendes Mittelstandsverständnis. Es ist in der deutschen Betriebswirtschaftslehre lange Zeit zu einer Gleichsetzung von KMU und Mittelstand gekommen. Doch in einem rein quantitativenMittelstandszuschnitt geht vieles verloren, was insbesondere Familienunternehmen kennzeichnet.

Verschärft wird die Problematik dieser einseitig auf Wirtschaftsstatistik ausgerichteten Optik dadurch, dass die genannten Obergrenzen Jahrzehnte alt sind. Sie wurden nie angepasst und werden der starken Wachstumsdynamik von KMU und Mittelstand insgesamt nicht gerecht. Wenn man den Geldwert von 50 Mio. Euro Umsatz im Jahr 2020 bspw. auf das Jahr 1970 abzinst, so ergäbe sich – als grober Daumenwert – eine „zeitgemäße" Umsatzobergrenze von ca. 200 Mio. für KMU. Insofern ist eine Anpassung der alten, starren Obergrenze bei 50 Mio. Euro schon lange überfällig.[5] Ein rein quantitatives Mittelstandsverständnis mag auch heute noch als probates Kriterium für Fördermittelvergabe taugen, doch es ist für ein praxisnahes Verständnis des deutschen Mittelstands nicht geeignet.

Dieses Dilemma ist auch der Gemeinschaft der Mittelstandsforscher nicht verborgen geblieben. Das *Institut für Mittelstandsforschung* in Bonn, auf dessen volkswirtschaftliche Analysen die Mittelstandspolitik der Bundesregierung und vieler Landesregierungen regelmäßig Bezug nehmen, hat in den vergangenen Jahren sein Mittelstandsverständnis erweitert und aktualisiert. Die volkswirtschaftlichen Dimensionen von KMU stehen dort satzungsgemäß nach wie vor im Mittelpunkt, doch auch den *qualitativen Mittelstandskriterien* wird inzwischen angemessen Rechnung getragen. Diese Öffnung geschah in den vergangenen Jahren auch unter dem Druck einer breit angelegten und produktiven Forschung zu *Familienunternehmen*.[6]

Der Mittelstand ist gleichwohl eine wirtschafts- und sozialpolitische Kategorie, die wissenschaftlich sehr schwer exakt zu fassen ist. Es gibt weder bundesweite gesetzliche Normen noch eine allgemein akzeptierte wissenschaftliche Begriffsbestimmung zum Mittelstand.[7] Stattdessen gibt es einen sehr unterschiedlichen begrifflichen und praktischen Zuschnitt, bei denen sich die Facetten des Erkenntnisgegenstands stark unterscheiden. „Die wohl am häufigsten auftretende inhaltliche Verwechslung von Familienunternehmen

---

[5] Das Institut für Mittelstandsforschung wurde 1957 gegründet. Die erste Veröffentlichung eines KMU Begriffs mit den dargestellten Zahlenwerten erfolgte Ende der 1950er-Jahre. Vgl. https://www.ifm-bonn.org/ueber-uns/ifm-historie (Abruf 26.06.2021).

[6] Vgl. Lamsfuß/Wallau 2012, S. 8 ff.

[7] Vgl. Wegmann 2006, S. 13 und Thömmes/Wallau/Siepelt 2014, S. 51

ist die implizite Gleichsetzung mit dem deutschen Begriff des Mittelstands."[8] Man kann insofern von zahlreichen *Partialsichten* auf den gesamten Gegenstandsbereich sprechen, welche natürlich auch interessengeleitet sind. Empirisch die mit weitem Abstand größte Teilmenge sind die KMU. In diese Größenkategorie fielen 2020 rund 99,58 % aller Unternehmen in Deutschland.

Wie Abb. 3.3 zeigt, fallen nach dieser quantitativen Begriffsbestimmung nur gut 0,4 %, das entspricht 14.318 Unternehmen in Deutschland, in die Kategorie „Großunternehmen" mit mehr als 50 Mio. Euro Jahresumsatz und mehr als 500 Beschäftigten.

Die Top-3 Wirtschaftszweige sind, wie Abb. 3.4 zeigt, die Gesamtheit des KFZ-Gewerbes und -Handels, die Dienstleistungen und das Baugewerbe mit zusammen über 1,4 Mio. Unternehmen. Alle sonstigen Wirtschaftszweige haben weniger als 0,25 Mio. Unternehmen. Diese Grafik verdeutlicht auch, wie breit gefächert der deutsche Mittelstand ist. Zudem wird sichtbar, dass in der deutschen Wirtschaft – im Unterschied zu den USA, Großbritannien oder Frankreich – noch ein erheblicher Teil der Unternehmenslandschaft dem Verarbeitenden Gewerbe zuzurechnen ist. Deutschland hat eine intakte Basis produzierender Unternehmen.

Eine rein quantitative Abgrenzung des Mittelstands stößt jedoch nicht nur auf akademisches Unbehagen, sondern auch manche der so kategorisierten Unternehmer fühlen sich falsch eingeordnet. Nicht alle, die nach statistischen Kriterien zu den Großunternehmen zählen, fühlen sich als solche. Im Sinne einer *Selbstkategorisierung* definieren sich viele große Unternehmen gleichzeitig als Familienunternehmen und dem Mittelstand zugehörig. Der maßgebliche Unterschied für diese Unternehmer ist das qualitative Anderssein im Vergleich zu großen, börsennotierten Aktiengesellschaften mit ihrer anonymen Aktionärsstruktur und ihren auf Zeit bestellten Leitungsorganen Aufsichtsrat und Vorstand.

Die Einsicht in die Begrenzungen einer quantitativen Definition von Mittelstand führte in den vergangenen Jahren zu einer zunehmenden Öffnung für die qualitativen Dimensionen. Weitgehende Einigkeit besteht darüber, dass kleine und mittlere Unternehmen (KMU), insbesondere familiengeführte Betriebe, eine *andere Funktionslogik* als typische Großunternehmen haben. „A small business is not a little big business."[9] Neben der finanziellen Wertgenerierung gibt es häufig eine emotionale Komponente wie den Verbleib des Unternehmens in der Hand der Familie oder die Verwurzelung in einer bestimmten Region.[10] Kormann spricht in diesem Zusammenhang von *Mittelstand als Geisteshaltung*[11] und entzieht sich damit elegant den Untiefen einer rein quantitativen Begriffsbestimmung. Welter spricht in einem Aufsatz, der viele Klarstellungen erhält, von *gefühltem Mittel-*

---

[8] Berthold 2010, S. 14
[9] Vgl. Pfohl 2006, S. 2
[10] Vgl. May 2012, S. 13 ff.
[11] Kormann 2008, S. 7

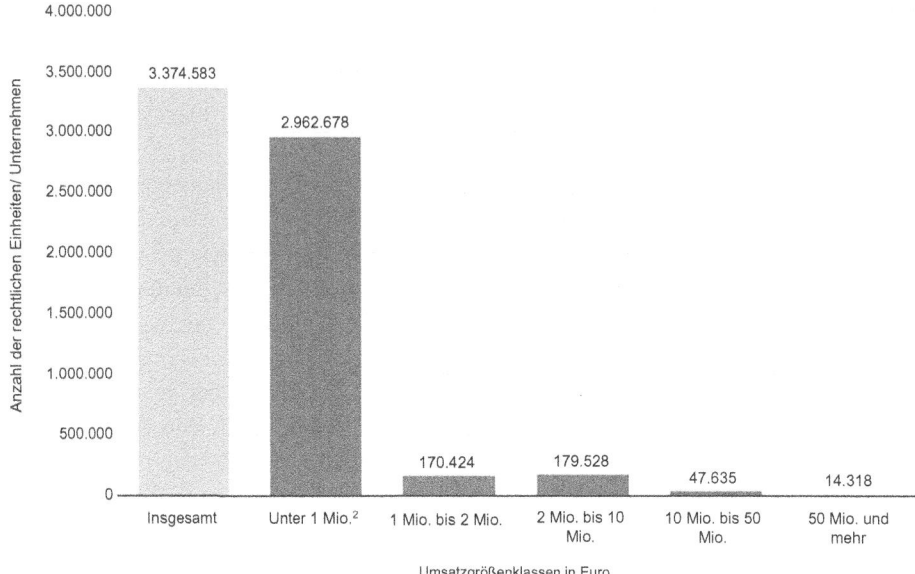

Abb. 3.3 Größenklassen von Unternehmen in Deutschland, https://de.statista.com/statistik/daten/studie/239418/umfrage/unternehmen-in-deutschland-nach-umsatzgroessenklassen (Abruf 21.03.2022)

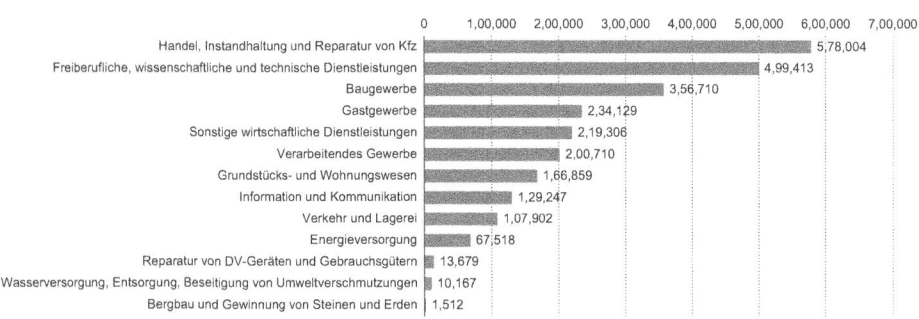

Abb. 3.4 KMU in Deutschland, sortiert nach Wirtschaftszweigen, https://de.statista.com/statistik/daten/studie/731975/umfrage/anzahl-der-kmu-in-deutschland-nach-wirtschaftszweigen/ (Abruf 21.03.2022)

stand und greift damit das erwähnte Problem des Auseinanderklaffens von Selbstkategorisierung der Unternehmer und statistischen Grenzwerten bei Umsatz und Mitarbeitern auf.[12]/[13]

---

[12] Vgl. Welter u.a. 2015, S. 50

[13] https://www.ifm-bonn.org/fileadmin/data/redaktion/ueber_uns/dokumente/Chronik-IfM-Bonn.pdf (Abruf 18.05.2021).

Das qualitative Mittelstandsverständnis umfasst sechs Merkmale, die sich nur teilweise quantifizieren lassen, die aber so etwas wie die *konzeptionelle „DNA"* des Mittelstands ausmachen:[14]

1. Einheit von Eigentum und Leitung, Kontrolle und Risiko bei einem Inhaber oder einer Inhaberfamilie,
2. Fortführungswille über eine Generation hinaus,
3. fokussierte und langfristig ausgerichtete Strategie,
4. emotionales Zugehörigkeitsgefühl, patriarchale Kultur,
5. Unabhängigkeit – in gesellschaftsrechtlicher, finanzieller und emotionaler Hinsicht,
6. flache Hierarchien und eher informelle Organisationsstrukturen, gekoppelt mit einer scharfen Abneigung gegen „Bürokratie".

Reinemann hat 2011 eine pragmatische, auch wissenschaftlich überzeugende Mittelstandsdefinition vorgelegt, in der sowohl die quantitativen als auch qualitativen Konstitutionsmerkmale in einer *Matrix* dargestellt werden.[15] Er verbindet drei unterschiedliche *Partialsichten* zu einem neuen Mittelstandskonzept: Unternehmensgröße, Verwandtschaft bzw. Verbundenheit zwischen den Gesellschaftern und Kontrolle des Unternehmens über Stimmrechtsanteile.

Damit lag in der betriebswirtschaftlichen Forschung erstmals ein konzises Konzept vor, das Trennschärfe mit graduellen Übergängen koppelt und somit den Weg für ein umfassenderes, weniger von partiellen Forschungsinteressen dominiertes Mittelstandsverständnis geebnet hat. Eine ähnliche Sichtweise hat auch das IfM Bonn ab 2015 übernommen. Dieses Institut, das seit Jahrzehnten eine eher statistisch volkswirtschaftliche Sicht auf den Mittelstand vertritt, hat sich unter der aktuellen Leitung durch Friederike Welter zunehmend auch für die qualitativen Dimensionen des Mittelstands geöffnet.[16] Erstaunlich mit Blick auf die lange Tradition dieses Forschungsinstituts – gleichsam ein Beleg für die geschilderte begriffliche Unübersichtlichkeit hinsichtlich „Mittelstand" – ist, dass jenes Institut, das den Begriff seit 1957 im Namen führt, erst 2015 eine eigene Definition von *Mittelstand* vorgelegt hat. Bis zu diesem Zeitpunkt wurden alle KMU als Mittelstand definiert, was – wie erläutert – eine unangemessene Verkürzung darstellte.

Auch für die Abgrenzung von *„Großunternehmen"* gibt es keine zahlenmäßig bindenden oder wissenschaftlich etablierten Definitionen. Der Begriff wird in der Betriebswirtschaftslehre einerseits auf solche Firmen und Konglomerate angewendet, die an der Börse notiert sind, eine anonyme Aktionärsstruktur (ggf. mit großen Ankeraktionären), einen auf Zeit bestellten Aufsichtsrat und Vorstand haben. Andererseits gelten, wie ausgeführt, bei einer streng quantitativen Abgrenzung, auch alle Unternehmen oberhalb der KMU Gren-

---
[14] Vgl. Pfohl 2006, S. 18 ff.
[15] Reinemann 2011, S. 7 ff.
[16] https://www.ifm-bonn.org/statistiken/mittelstand-im-ueberblick/ (Abruf 18.05.2021).

zwert als Großunternehmen. Insofern ist hier die gleiche Unschärfe vorhanden wie in den bisher verwendeten Mittelstandsdefinitionen.

Wenn hingegen Inhaber, auch mehrere, als unabhängige, unternehmerisch denkende und handelnde Leitungskräfte einem kleineren oder mittelgroßen Unternehmen neben Eigenkapital auch Werte, Orientierung und langfristige Ausrichtung geben, unterscheidet sich dieses Unternehmen qualitativ ganz erheblich von „anonymen Kapitalgesellschaften". Diese stark am Kapitalmarkt orientierten, auf Kennzahlen, Renditen und Kapitalmarktkommunikation fokussierten Unternehmen tauschen zudem ihr Spitzenpersonal viel häufiger und kurzzyklischer aus als traditionelle Familienunternehmen. Im Zeitraum 2009 bis 2016 lag die durchschittliche Amtszeit eines CEO in Deutschland bei 6,7 Jahren;[17] der Wert für Vorstandsmitglieder ist niedriger. Der bislang klügste Ausweg aus diesem konzeptionellen Dilemma zur Mittelstandsdefinition ist, sowohl quantitative als auch qualitative Kriterien heranzuziehen. Das führt dazu, dass zahlreiche große, familiengeführte Unternehmen zum Mittelstand gerechnet werden, auch wenn sie bei Umsatz und Mitarbeiterzahl statistisch in die Kategorie Großunternehmen fallen.

3.2 Familienunternehmen

Ein ausschließlicher Fokus auf die *qualitativen Kriterien* des Mittelstands, wie ihn die Familienunternehmensforschung anwendet, beinhaltet eine andere Problemstellung: ein häufig zu weit gefaßtes Verständnis von Mittelstand. Ein Blick in die Liste der 500 größten deutschen Familienunternehmen (nach Umsatz) beweist dies zweifelsfrei. Volkswagen, BMW oder Metro, um drei Unternehmen beliebig herauszugreifen, sind weder quantitativ noch qualitativ betrachtet Mittelständler, auch wenn sie qua Definition Familienunternehmen sind. Auch die fünf- und sechsstelligen Mitarbeiterzahlen dieser Unternehmen zeigen, dass sie unter keinen Umständen als mittelständisch angesehen werden können.[18]

Eine andere Facette dieser Forschungstradition, welche im Übrigen viele Beiträge zur Strategiearbeit im Mittelstand geliefert hat, ist die ausschließliche Konzentration auf die Verwandtschaftsbeziehungen bei der Konstitution ihres Gegenstandsbereichs. In der Folge werden alle Mittelstandsunternehmen, deren Gesellschafter *nicht miteinander verwandt* sind, zwangsläufig ausgeblendet, was ebenfalls zu einem leicht verzerrten Gesamtbild des Mittelstands führt. Auch wenn die empirisch bedeutsamste Teilmenge des Mittelstands tatsächlich die von Gründern allein geführten oder an Familiennachfolger übergebenen Unternehmen sind, so ist es aus wissenschaftlicher Sicht nicht angemessen, alle anderen möglichen *Konstellationen der Eignerschaft* per se aus der Betrachtung des Mittelstands auszuklammern.

---

[17] https://de.statista.com/statistik/daten/studie/706991/umfrage/durchschnittliche-amtszeit-der-ceos-im-deutschsprachigen-raum/ (Abruf 15.06.2021).
[18] Vgl. https://de.statista.com/statistik/daten/studie/198382/umfrage/top-deutsche-familienunternehmen-nach-umsatz/#statisticContainer (Abruf 21.03.2022).

3.2 Familienunternehmen

Zur weiteren Klärung des Begriffs Familienunternehmen erscheint ein Bezug auf May sinnvoll, der ein generationenübergreifendes Unternehmerverständnis als konstitutiv ansieht. „Erst die Intention, die dominante Inhaberschaft zu perpetuieren, d. h. für mindestens eine weitere Generation aufrecht zu erhalten, macht ein Unternehmen zum Familienunternehmen."[19] So kann aus einem Inhaberunternehmen ein Familienunternehmen werden. Auch diese Sicht wird nicht von allen Mittelstands- und Familienunternehmensexperten geteilt. Nach der Definition der „Stiftung Familienunternehmen" zählen auch Unternehmen, die noch in der Hand des/der Gründer(s) sind, zu den Familienunternehmen. „Ein Unternehmen beliebiger Größe ist ein Familienunternehmen, wenn: sich die Mehrheit der Entscheidungsrechte im Besitz der natürlichen Person(en), die das Unternehmen gegründet hat/haben, der natürlichen Person(en), die das Gesellschaftskapital des Unternehmens erworben hat/haben oder im Besitz ihrer Ehepartner, Eltern, ihres Kindes oder der direkten Erben ihres Kindes befindet, und die Mehrheit der Entscheidungsrechte direkt oder indirekt besteht, und/oder mindestens ein Vertreter der Familie oder der Angehörigen offiziell an der Leitung bzw. Kontrolle des Unternehmens beteiligt ist. Börsennotierte Unternehmen entsprechen der Definition eines Familienunternehmens, wenn die Person(en), die das Unternehmen gegründet oder das Gesellschaftskapital erworben hat/haben oder deren Familie(n) oder Nachfahren, aufgrund ihres Anteils am Gesellschaftskapital mindestens 25 Prozent der Entscheidungsrechte hält/halten." [20]

Davon ausgehend, dass die mittlere Lebensdauer von Unternehmen in Deutschland bei ungefähr 24 Jahren liegt, ist ein Familienunternehmen nach der Sicht von May in einer Normalverteilung so gut wie immer rechts vom Mittelwert angesiedelt. Im Unterschied zur Stiftung Familienunternehmen verzichtet May darauf, sich in den Verästelungen des Familienrechts zu verheddern. Wer von wem abstammt und mit wem in welcher Linie verwandt ist, ist in vielerlei Hinsicht erheblich. Für die Definition eines Familienunternehmens geht es pragmatischer und May stellt ganz kühl fest: „Heutzutage muss jede Familie selbst entscheiden, was sie unter Familie versteht". Für ihn zählt das Zusammenspiel von „dominanter Inhaberschaft" (> 50 % Firmenanteile) + Familie + Generationenübergreifendes Unternehmerverständnis.[21]

Es gibt, wie wir gesehen haben, etablierte und seriöse Forschung zu KMU, zu Familienunternehmen, zudem zu Hidden Champions, zum Entrepreneurship usw. Doch diese Begriffszuschnitte haben gemeinsam, dass sie eine **Differenz** zur Kategorienbildung nutzen, die – wenngleich sinnvoll – auch ein wenig **willkürlich** gewählt ist. Je nach Argumentationszusammenhang wird eine jeweils spezifische **Partialsicht** auf das schwer zu greifende Phänomen Mittelstand gewählt. Häufig spielen mehrheitliche Besitzverhältnisse und Familienbeziehungen eine entscheidende Rolle bei den Definitionen mit qualitativen Kriterien.[22] KMU werden ausschließlich quantitativ gefasst. Kormann spricht, um diese

---

[19] May 2012, S. 29
[20] https://www.familienunternehmen.de/de/definition-familienunternehmen (Abruf 18.05.2021).
[21] May 2012, S. 26 ff.
[22] https://www.familienunternehmen.de/de/daten-fakten-zahlen (Abruf 08.10.2018).

Problematik wissend, vom Mittelstand als einer „Schnittmenge von Familienunternehmen und Klein- und Mittelunternehmen" und weitet das Feld richtigerweise aus, indem er nicht ausschließlich das Kriterium der Verwandtschaft zwischen den Gesellschaftern heranzieht – das selbstverständlich konstitutiv für Familienunternehmen bleibt. [23]

Für ein umfassendes Mittelstandsverständis erscheint eine Öffnung angezeigt. Unternehmen, die *nicht verwandten* Gesellschaftern gehören, sind häufig mittelständisch strukturiert. Dennoch sind sie keine Familienunternehmen. Solange sie innerhalb der KMU Grenzwerte sind, ergeben sich keine Zuordnungsprobleme. Sind sie allerdings größer, sollten sie nicht automatisch aus dem Mittelstand ausgeschlossen werden. Eine Reihe von Personen- und Kapitalgesellschaften mit nicht-verwandten Gesellschaftern, zahlreiche Partnerschaftsgesellschaften von Freiberuflern, die nicht miteinander verwandt sind, und einige Genossenschaften sind bei Umsatz und Mitarbeitern keine KMU mehr, aber qualitativ nicht per se Großunternehmen. Dasselbe gilt für mittelständische Beteiligungsunternehmen. Es ist schwer nachvollziehbar, wieso bspw. die großen Anwaltskanzleien, Beratungsunternehmen, Architekturbüros, Ingenieurdienstleister, Werbeagenturen usw. – als partnergeführte Unternehmen – nicht zum Mittelstand gerechnet werden sollten. Sie sind definitiv keine Familienunternehmen, aber i. d. R. auch keine Aktiengesellschaften mit einer anonymen Aktionärsstruktur. Auch diese Unternehmen sind *personengeprägt*, haben häufig dominante Inhaberpersönlichkeiten und erfüllen qualitative Mittelstandskriterien wie Einheit von Eigentum und Leitung (im Sinne persönlicher Haftung), flache Hierarchien und einen Fortführungswillen (nicht durch Erben, sondern durch nachrückende Partner).

3.3 Hidden Champions

Um das aktuelle Spektrum der Mittelstandsliteratur mit Bezug auf Strategie und Geschäftsmodelle abzurunden muss noch die Kategorie der „Hidden Champions" hinzugefügt werden. Die „Weltmarktführer im Verborgenen" werden seit rund 35 Jahren intensiv von Hermann Simon untersucht.[24] Eine sehr kleine Zahl von herausragend positionierten Mittelständlern hat es geschafft, sich in Nischen des Weltmarkts (deren Marktvolumen teilweise sehr, sehr klein ist) eine führende Rolle zu erkämpfen und diese teils über Jahrzehnte zu behaupten. Auch das Schaffen von zuvor nicht existenten Nischen ist einigen dieser Hidden Champions gelungen, eine ganz besonders bemerkenswerte strategische Leistung. Ganz wesentlich zum Verständnis dieser Kategorie von Unternehmen ist es, deren Führungsanspruch nicht auf Marktanteile, Umsatz oder Gewinn zu verengen. Simon unterstreicht den *umfassenden Führungsanspruch* dieser Unternehmen, also technologisch, in der Kundenbindung, aber auch im harten globalen Wettbewerb ganz vorne zu sein. Auch wenn Hidden Champions heute im öffentlichen Bewusstsein sehr präsent sind,

---

[23] Vgl. Kormann 2008, S. 7
[24] Vgl. Simon 2021, S. 15 ff.

darf man nicht vergessen, dass es sich im Inland nur um etwa 1300 Unternehmen handelt,[25] sozusagen eine feine, sehr überschaubare Leistungselite unter den Mittelständlern in Deutschland.

Bei den *Hidden Champions* ergibt sich ein anderes Abgrenzungsproblem mit Blick auf den Begriff „Mittelstand". Hermann Simons geniale Idee war, Weltmarktführerschaft und die relative Unbekanntheit dieser Unternehmen in einer bewusst paradoxen Formulierung zu amalgamieren. Nach seiner Definition ist für die Zugehörigkeit zu den Hidden Champions der Weltmarktanteil (ersatzweise die Marktführerschaft auf dem Heimatkontinent) maßgeblich, insofern also Basis für die Kategorienbildung.

In Abb. 3.5 sind die aktuell angewandten (seit den 1990er-Jahren mehrfach angepassten) Kriterien Simons dargestellt, so wie er sie global zur Abgrenzung von Hidden Champions verwendet. Der Umsatz darf maximal 5 Mrd. Euro pro Jahr betragen, das Kriterium der relativen Unbekanntheit ist als Kriterium weicher, bezieht sich auf die breite Öffentlichkeit.[26] Selbstverständlich sind Hidden Champions bei ihren Kunden, Wettbewerbern und Branchenexperten bekannt. Simons Analysen zu den Hidden Champions

Standarddefinition „Wer ist ein Hidden Champion?"
Drei Kriterien sind maßgeblich:

Ein Hidden Champion ist ein global oder kontinental marktführender Anbieter, entweder unter den Top-3-Unternehmen auf dem Weltmarkt oder die Nr. 1 auf einem Kontinent. Ist der absolute **Marktanteil** nicht bekannt, wird ersatzweise der relative herangezogen (eigener Marktanteil durch den des stärksten Konkurrenten).

Die **Umsatzobergrenze** liegt bei 5 Milliarden Euro. Die 2005 noch bei 3 Milliarden liegende Grenze wurde 2012 erhöht, um dem Wachstum dieser Firmen Rechnung zu tragen („Jahrzehnte des Aufstiegs" seit 1990).

Der **Bekanntheitsgrad** in der Öffentlichkeit ist gering. Dieses Merkmal ist nicht exakt zu quantifizieren. Simon schätzt, dass 90 % der einbezogenen Firmen diese Bedingung erfüllen.

Dieser Definitionsansatz hat sich in der Literatur durchgesetzt. In einer Analyse von 94 wissenschaftlichen Beiträgen zu Hidden Champions folgen über 93 % dem Ansatz von Simon, den er als **Standarddefinition** bezeichnet.

Abb. 3.5 Hidden Champions, eigene Darstellung, angelehnt an Simon 2012, S. 83 und 2021, S. 25

---

[25] Diese Zahl ist eine Scätzung, basierend auf Simons Veröffentlichungen. Die Zahl steigt mit zunehmender Untersuchungsintensität über die Jahre leicht an.
[26] Vgl. Simon 2012, S. 84 f. und S. 97 f.

haben deutlich gezeigt, wie konsequente Fokussierung auf eine Nische (sogar auf Nischen in der Nische), gepaart mit technologischer Führerschaft, höchster Kundennähe, Innovation bei Produkten, Dienstleistungen und Prozessen es selbst vergleichsweise kleinen Unternehmen ermöglicht, eine führende Stellung im Weltmarkt zu erlangen, zu verteidigen und auszubauen.

Aus einer Vielzahl anschaulicher Praxisbeispiele hat er zahlreiche *verallgemeinerbare Strategiedeterminanten* der Hidden Champions herausgearbeitet. Bei allen Unterschieden im Einzelnen scheint auch **Kontinuität** eine wesentliche Rolle zu spielen, bei den Führungspersonen und den Mitarbeitern, in den Kundenbeziehungen, aber auch im unbedingten Willen, Marktführer zu werden. Nach Simon werden diesem Ziel alle anderen strategischen Optionen bedingungslos untergeordnet.

Die wichtigsten *Lektionen*, die von den Hidden Champions gelernt werden können, sind folgende:

- Oberstes Ziel ist die Marktführerschaft – sonst nichts
- Konzentration auf Märkte und Kompetenzen
- Globale eigene Präsenz in Zielmärkten
- Kundennähe; wertorientiert, nicht preisorientiert
- Hohe Innovationsstärke beim Produkt und bei Prozessen
- Integration von Markt und Technik als Antriebskräfte
- Wettbewerbsnähe, Wettbewerbsvorteile in Qualität und Service
- Vertrauen auf eigene Kräfte
- Mehr Arbeit als Köpfe, scharfe Selektion
- Gelebte Führerschaft, autoritär und partizipativ
- Hohe Kontinuität

Sehr erfolgreiche, stark wachsende Nischenanbieter, die international tätig sind, werden meist von den Inhabern persönlich geführt. Es gibt neben den Hidden Champions auch marktführende Unternehmen des deutschen Mittelstands, die nicht im Verborgenen agieren.[27] Entweder sind sie über Marken oder Technologien sehr bekannt, wie bspw. Haribo, Sennheiser, Herrenknecht, Otto Bock usw. oder sie sind nicht die Nummer 1, 2 oder 3 im Weltmarkt.

Doch auch „Verfolger", die Nummer 4, 5 oder 6 im Weltmarkt sind, leisten regelmäßig Herausragendes. Anders formuliert: hier sitzt eine Restbeliebigkeit der Kategorienbildung, entweder in der Bekanntheit (subjektiv) oder in der Marktdefinition (beliebig). Beide Formen der Unschärfe räumt Simon jedoch ganz freimütig ein.[28] Für ihn zählt das Verallgemeinerbare aus seiner umfassenden empirischen Daten- und Materialbasis. Das Ziel, ganz besonders erfolgreiche Mittelständler zu identifizieren, in einer Datenbank

---

[27] Die Dimesion „verborgen" bezieht sich auf die breite Öffentlichkeit, selbstverständlich nicht auf die Kunden und Partner dieser Unternehmen.
[28] Vgl. Simon 2012, S. 83

möglichst vollständig zu beschreiben und daraus *Strategiemuster* zu identifizieren, hat er in überzeugender Weise erreicht.[29] Sein Wissen über Hidden Champions hat er in seiner Beratungspraxis und in zahllosen Gesprächen mit Inhabern über Jahrzehnte vervollkommnet und in seinen Vorträgen und Publikationen immer wieder auf dem jeweils aktuellen Stand seiner Erkenntnisse offengelegt.[30]

3.4 Gesamtüberblick Mittelstand

Eine Abgrenzung des Mittelstands, die viele der bisher dargelegten Probleme ausräumt, ist von Becker an der Universität Bamberg entwickelt worden. Er verweist darauf, dass im Begriff Mittelstand einerseits *gesellschaftlich-psychologische*, andererseits *ökonomische* Perspektiven mitschwingen. Die diskutierten quantitativen und qualitativen Mittelstandsdimensionen versucht er so etwas anders zu konzeptualisieren.[31] Auch Wallau unterstreicht die Bedeutung der qualitativen Mittelstandskrterien, wenn er schreibt: „Anfangs lediglich zur einfacheren kategoriellen Erfassung angewendet, entsteht heutzutage oft der falsche Eindruck, die quantitativen Größenklassen [KMU Definition, J.T.] und nicht die dahinter stehenden qualitativen Charakteristika seien hinreichend für das Vorliegen mittelständischen Charakters."[32]

So nimmt Becker für seinen o.g. Abgrenzungsversuch in Anspruch, er zeichne sich durch „erhöhte Praktikabiltät für die anwendungsorientierte betriebswirtschaftliche Erforschung des Mittelstands" aus. Der Leser erfährt zugleich, dass entsprechende Forschungsarbeiten am „Deloitte.Mittelstandsinstitut" durchgeführt wurden. Dort legte man die Grenzen, eher pragmatisch fest. Man könnte aber auch sagen, dass es eine gewissen Beliebigkeit gibt (siehe Abb. 3.6).

Resümierend zum bisher Dargestellten sollte nochmals unterstrichen werden, dass jedem quantitativen Abgrenzungsversuch des Mittelstands eine gewisse Beliebigkeit anhaftet. KMU und Mittelstand sind nicht dasselbe. Gleichzeitig gilt, dass alle qualitativen

---

[29] Simon gibt an, dass ca. 75 % aller Zellen in seiner Datenbank Werte enthalten und begründet dies u. a. mit der nach wie vor hohen Tendenz zur Verschwiegenheit der fokussierten Unternehmen, von denen einige nicht einmal ihre Umsätze publizieren, andere eine Kooperation mit Forschern und/ oder Beratern rundheraus ablehnen. Die Repräsentativität seiner Forschungsergebnisse sei „jedoch als gut zu beurteilen, soweit sich diese anhand der verfügbaren Kriterien beurteilen lässt." Vgl. Simon 2012, S. 110

[30] Vgl. Simon 2012, S. 111 (Fußnote 19) „Insgesamt sind die Hidden Champions Bücher in 25 Sprachen erschienen."

[31] Becker https://www.uni-bamberg.de/fileadmin/uni/fakultaeten/sowi_lehrstuehle/unternehmensfuehrung/Download-Bereich/Becker_2008_Mittelstand_und_Mittelstandsforschung_BBB_153.pdf (Abruf 27.12.2020).

[32] Wallau https://www.econbiz.de/Record/unternehmensf%C3%BChrung-im-mittelstand-rollenwandel-kleiner-und-mittlerer-unternehmen-in-der-globalisierung-schauf-malcolm/10003297760 (Abruf 18.05.2021).

Mittelstandsdefinition des Deloitte.Mittelstandsinstituts		
Unternehmensgröße	Beschäftigte	Jahresumsatz
Kleinstunternehmen	bis ca. 30	bis ca. 6 Mio. EUR
Kleinunternehmen	bis ca. 300	bis ca. 60 Mio. EUR
Mittlere Unternehmen	**bis ca. 3.000**	**bis ca. 600 Mio. EUR**
Große Unternehmen	über 3.000	über 600 Mio. EUR

Abb. 3.6 Becker/Staffel/Ulrich 2008, S. 20, Mittelstandsdefinition des Deloitte.Mittelstandsinstituts, online https://www.uni-bamberg.de/fileadmin/uni/fakultaeten/sowi_lehrstuehle/unternehmensfuehrung/Download-Bereich/Becker_2008_Mittelstand_und_Mittelstandsforschung_BBB_153.pdf (Abruf 27.12.2020)

Abgrenzungsversuchen, die ausschließlich die Kriterien für Familienunternehmen berücksichtigen, Probleme aufwerfen. Wenn der Mittelstandsbegriff bis in Größenordnungen gedehnt wird, die in der Liste der 500 größten Familienunternehmen weit oben stehen, wird er sinnentleert. Im DAX notierte Familienunternehmen sind nach der Logik der Kapitalmärkte strukturiert, sie sind hinsichtlich Umsatz und Mitarbeiterzahl große Unternehmen, und sie werden von Unternehmerfamilien kontrolliert. Eine undifferenzierte Gleichsetzung zwischen Familienunternehmen und Mittelstand verbietet sich aus meiner Sicht. Die Sicht des IfM Bonn: „Die Begriffe Mittelstand, Familienunternehmen, Eigentümerunternehmen und familiengeführte Unternehmen sind nach Definition des IfM Bonn als Synonyme anzusehen."[33] halte ich für angreifbar, auch wenn das empirisch in sehr vielen Fällen zutrifft.

Becker bietet eine sehr interessante Konzeption an, mit der man die genannten Problematiken gut umgehen kann. Er nimmt die **Besitzstruktur** und die **Leitungsstruktur** als Variablen und schafft es so, das eben skizzierte Dilemma aus der Welt zu schaffen. Einerseits werden zu große Unternehmen aus dem Mittelstand ausgeklammert und andererseits fallen Solounternehmer und Kleinstgewerbetreibende ebenfalls heraus. Die Bamberger Forscher verweisen darauf, dass es sich bei dieser Typologie nicht um eine Defintion handele, sondern um eine Klassifikation. Mit deren Hilfe soll eine Komplexitätsreduktion erreicht werden und sie „dient zur Anwendungsorientierung im konkreten Fall der Auswahl untersuchungsrelevanter Unternehmen."[34]

Die in Abb. 3.7 dargestellte Typologie von Becker erscheint mir in dem Sinne anschlussfähig, als die *Besitz-* und die *Leitungsstruktur* tatsächlich wesentliche Determinanten des Mittelstandsbegriffs sind. Wenn man diesen Ansatz erweitert um nicht mitei-

---

[33] https://www.ifm-bonn.org/definitionen/mittelstandsdefinition-des-ifm-bonn (Abruf 23.03.2022).
[34] Becker/Staffel/Ulrich 2008, S. 29, online https://www.uni-bamberg.de/fileadmin/uni/fakultaeten/sowi_lehrstuehle/unternehmensfuehrung/Download-Bereich/Becker_2008_Mittelstand_und_Mittelstandsforschung_BBB_153.pdf (Abruf 27.12.2020).

3.4 Gesamtüberblick Mittelstand

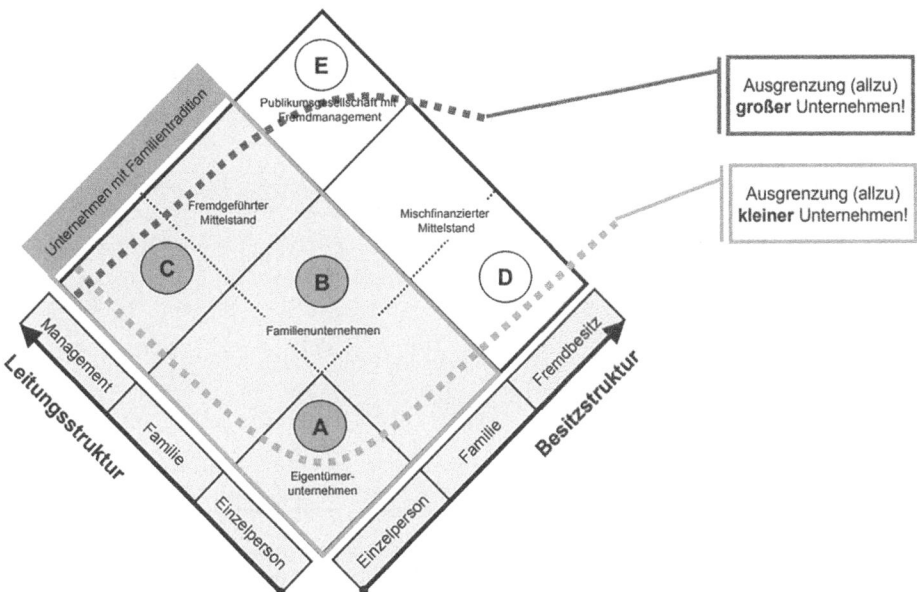

Abb. 3.7 Becker/Staffel/Ulrich 2008, S. 30, online https://www.uni-bamberg.de/fileadmin/uni/fakultaeten/sowi_lehrstuehle/unternehmensfuehrung/Download-Bereich/Becker_2008_Mittelstand_und_Mittelstandsforschung_BBB_153.pdf (Abruf 27.12.2020)

nander verwandte Gesellschafter (also eine zu enge Konzentration auf „Familie" als Definitionsmerkmal überwindet), so kann man den Mittelstand in seiner Gesamtheit abbilden. Dabei spielen dann qualitative Kriterien eine zentrale Rolle. Statt mit einem Mix aus zahlenmäßigen Grenzen, die immer beliebig sind, und qualitativen Merkmalen zu arbeiten (wie Reinemann), kann der Mittelstand vollständig qualitativ abgegrenzt werden, wenn man die *Governance-Struktur* zusätzlich heranzieht.

Die bisher dargestellten *partiellen Zuschnitte* sind in vieler Hinsicht zielführend, aber an den definitorischen Rändern eben auch zu ergänzen. Die allermeisten KMU sind gleichzeitig Familienunternehmen, aber nicht für alle trifft dies zu. Die zahlreichen Konstellationen von Mittelstandsunternehmen, deren Gesellschafter nicht miteinander verwandt sind, wurden bereits angeführt. Exakte Zahlen dazu sind nicht verfügbar – eine Unschärfe der jahrzehntelangen Fokussierung auf die quantitativen Definitionen des IfM Bonn, aber auch der Familienunternehmensforscher, die an dieser Stelle einen *blinden Fleck* haben.

Wenngleich der Schwerpunkt dieses Buchs nicht in dem Versuch liegt, mehr definitorische Klarheit zum Mittelstand zu schaffen, so soll doch eine *Gesamtübersicht* angeboten werden. Dabei werden drei Variablen berücksichtigt: Besitzstruktur, Leitungsstruktur und Verwandtschaft (Spalten 2 bis 4 in Abb. 3.8). Neben diversen Familienunternehmenskonstellationen und unterschiedlichen KMU Zuschnitten werden auch Partnerschaftsunternehmen und Genossenschaften berücksichtigt (Gesamtübersicht in Abb. 3.9). Die gelb umrahmten Felder bilden den gesamten Mittelstand in seiner Breite, Tiefe und Komplexität ab.

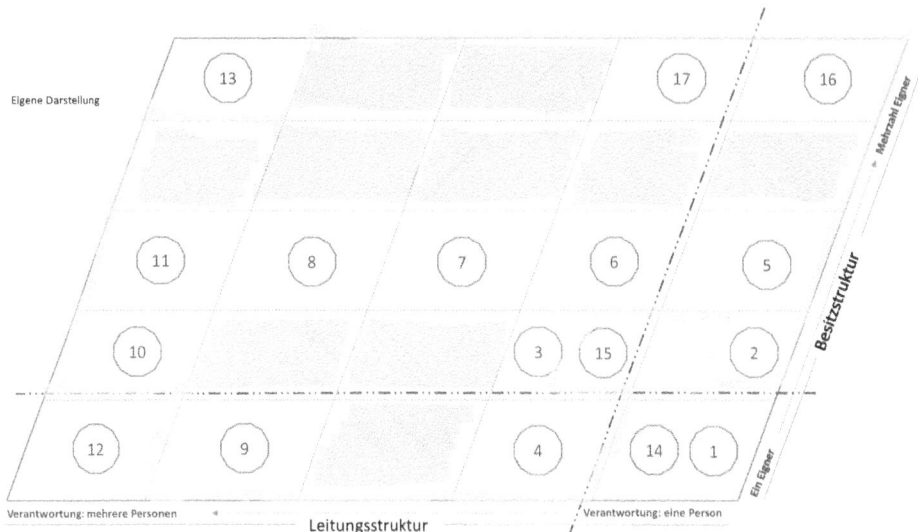

Abb. 3.8 Die Kombination von Besitz- und Leitungsstruktur als Mittelstandsvariablen (17 von 25 möglichen Feldern sind besetzt), eigene Darstellung

So aufgefasst sind zwei **Ergänzungen** zum bisherigen Forschungsstand möglich: (1) Mittelstand ist mehr als KMU (das ist seit langem bekannt), *aber* nicht alle größeren Unternehmen des Mittelstands sind gleichzeitig auch Familienunternehmen. (2) Es gibt vielfältige Möglichkeiten zwischen nicht miteinander verwandten Gesellschaftern, ein Mittelstandsunternehmen zu gründen und gemeinsam zu führen. Diese Unternehmen fanden bislang in den Partialsichten des IfM Bonn, der Stiftung Familienunternehmen und anderer Mittelstandsexperten eine zu geringe Berücksichtigung. Der Grund dafür dürfte sein, dass diese Unternehmen oft gar kein Selbstverständnis als „Mittelständler" entwickelt haben.

Die Anzahl der Partnerschaftsgesellschaften (mehrere Tausend)[35] und der Genossenschaften (über 7000)[36] ist sehr viel kleiner als die der Einzelunternehmen, Personenen- und Kapitalgesellschaften des Mittelstands. Denoch gehören sie wegen ihrer (dominanten) Eignerschaftsstruktur dazu (Abb. 3.9, Nr. 16 und 17). Einen klassifikatorischen Problemfall stellen die Solo-Selbständigen dar. Eine Frau oder ein Mann sind nach meinem Verständnis kein Unternehmen (Abb. 3.9, Nr. 1). Gezählt als Unternehmen werden solche Betriebe, die neben dem Inhaber mindestens eine weitere Person sozialversiche-

---

[35] Exakte Zahlen sind nicht verfügbar, weil es bei Zusammenschlüssen von Freiberuflern keine Gewerbemeldungen gibt. Ebenso fehlt ein zentrales Unternehmensregister.

[36] Vgl. https://www.dgrv.de/news/genossenschaftsstatistik-zahlen-und-fakten-2020/ (Abruf 23.03.2022).

3.4 Gesamtüberblick Mittelstand

BEZEICHNUNG	Gesellschafter / Aktionäre	Geschäfts-führend aktiv	Gesellschafter verwandt	Familienunter-nehmen	Mittelstand*
1 = Einzelunternehmen	1	1	ja		
2 = Mehrgesellschafter-Unternehmen mit einem Fremdgeschäftsführer	≥2	1	nein		X
3 = Mehrgesellschafter-Unternehmen mit mehreren Fremdgeschäftsführern	≥2	≥2	nein		X
4 = Alleingesellschafter-Unternehmen mit mehreren Fremdgeschäftsführern	1	≥2	nein		X
5 = Familienunternehmen mit einem Fremdgeschäftsführer	2-n	1	ja	X	X
6 = Familienunternehmen mit mehreren Fremdgeschäftsführern	2-n	≥2	ja	X	X
7 = Familienunternehmen mit einem Geschäftsführenden Gesellschafter und Fremdgeschäftsführer(n)	2-n	1	ja	X	X
8 = Familienunternehmen mit mehreren Geschäftsführenden Gesellschaftern ohne Fremdgeschäftsführer	2-n	≥2	ja	X	X
9 = 1-Personen-AG	1	1	ja		X
10 = AG mit mehreren Aktionären	2-n	≥1	nein		X
11 = Familien-AG	2-n	≥1	ja	X	X
12 = AG im Konzern	1	≥1	nein		
13 = Börsennotierte AG	n-∞	≥3	nein		
14 = Mittelstandsbeteiligung eines Konzerns mit einem Geschäftsführer	1	1	nein		X
15 = Mittelstandsbeteiligung eines Konzerns mit mehreren Geschäftsführern	1	≥2	nein		X
16 = eG oder PartnG o.ä. mit einem Vorstand / Geschäftsführer	≥2	1	nein		X
17 = eG oder PartnG o.ä. mit mehreren Vorständen / Geschäftsführern	≥2	≥2	nein		X

Abb. 3.9 Vollständige Übersicht des Mittelstands in Deutschland, konzipiert mittels drei Variablen (Besitzstruktur, Leitungsstruktur, Verwandtschaftsverhältnisse), eigene Darstellung

rungspflichtig beschäftigen. Der Übergang von Solo-Selbstständigen zu Kleinstunternehmern ist damit genau bestimmbar.

Jeder Forscher kann sich seinen Gegenstandsbereich so zurechtschneiden, wie es seinen Argumentations- und Analysezwecken nützt. Insofern existieren die KMU Forschung, die Untersuchung von Familienunternehmen oder auch die Analyse der Hidden Champions in friedlicher Koexistenz nebeneinander. Der hier gewählte, in den Abb. 3.8 und 3.9 graphisch dargestellte Zuschnitt des Mittelstands in Deutschland ist umfassender und trennschärfer als die bisher vorliegenden. Es werden insgesamt *17 mögliche Konstellationen* anhand von drei Variablen strukturiert. Die Besitz- und Leitungsstruktur sind ebenso berücksichtigt wie die Verwandtschaftbeziehungen zwischen den Gesellschaftern.

Dadurch kann man einerseits Familienunternehmen klar abgrenzen (Spalte 5 in Abb. 3.9) und den Mittelstand insgesamt erfassen (Spalte 6 in Abb. 3.9). Es gibt bei diesem Zuschnitt fünf Konstellationen (Abb. 3.9, Nr. 1, 12, 13, 14, 15), die als *nicht* mittelständisch definiert werden können, Solo-Selbstständige aus dem genannten Grund sowie Unternehmen mit beherrschenden Gesellschaftern, die Unternehmen sind. Dies ist möglich ohne Rückgriff auf stets problematische quantitative Abgrenzungen.

Zudem bleiben wir sehr nah am alltäglichen Sprachgebrauch, aber auch bei einer nachvollziehbaren wissenschaftlichen Logik, wenn wir den Begriff *Großunternehmen* nicht nur an großen Umsätzen und Mitarbeiterzahlen festmachen, sondern die Governance Struktur berücksichtigen: Viele annonyme Aktionäre, Börsennotiz, Organe wie Aufsichtsrat und Vorstand – diese Unternehmen werden nicht von dominanten Eignern, sondern von auf Zeit bestellten Top-Managern geleitet.

Eine fiktive Anekdote hilft vielleicht beim Verständnis der Tragweite des *Governance-Aspekts*: Stellen wir uns vor, der CEO eines Dax-Unternehmens würde beabsichtigen, seine Tochter als seine Nachfolgerin zu installieren … Ein Vorhaben, das im Mittelstand gängige Praxis ist. Es gibt sogar unter dem Begriff „Nachfolge" eine umfangreiche Begleitforschung zu diesem für Familienuntenehmen oft heiklen Prozess. *Quod licet jovi non licet bovi* könnte man jetzt sagen. Nur ist hier unklar, wer Jupiter und wer der Ochse ist. Was für Inhaber (-familien) nicht nur legitim, sondern zielkongruent im Sinne der Fortsetzung einer Familientradition erscheint, ist im anderen Fall – bei Bekanntwerden zumindest – Grund für einen sofortigen Rauswurf, ziemlich nahe bereits am Vorwurf der Untreue. In jedem Fall würde es aber als absolut illegitim gelten. Tradtion und Absicherung eines (gemeinsamen) Gesellschafterwillens in einen Fall, Nepotismus und Vertrauensmissbrauch im anderen Fall. Dominante Inhaberschaft im Mittelstand ist qualitativ der Gegenpol zu vielen Festlegungen des Aktiengesetzes. Die Namen und handelnden Personen in dieser Geschichte sind austauschbar, das dahinterliegende *Strukturprinzip* jedoch nicht.

Mir geht es im Folgenden darum, *typische Strategiemuster* für den Mittelstand herauszuarbeiten in dem Sinne, dass Mittelstand eher, wie Kormann es treffend formulierte, eine Geisteshaltung ist als ein wissenschaftlich exakt abgrenzbarer Gegenstandsbereich. Dabei sind Fallstudien in der Regel sehr hilfreich. Methodisch bewegen wir uns also, wie bereits hervorgehoben, im Bereich der qualitativen Analyse. Eine theoriefreie Empirie stößt aber auch schnell an Grenzen der Banalität – Stories um ihrer selbst willen sind wissenschaftlich nicht sehr ergiebig. Der Managementexperte C.K. Prahalad hat es in einem Interview kurz vor seinem Tod 2010 so ausgedrückt: „The most powerful ideas did not come out of multiple examples. They came out of single-industry studies and single case studies. Big impactful ideas are conceptual breakthroughs, not descriptions of common patterns. You can't define the 'next practice' with lots of examples. Because, by definition, it is not yet happening."[37]

Deshalb werden in diesem Buch zahlreiche theoretische Perspektiven, Ansätze und Modelle dargestellt. Es geht aber ebenso um anschauliche Beispiele aus der Unternehmenspraxis. Das erste Kriterium für die Auswahl ist persönlicher Zugang und bislang wenig veröffentlichte Informationen über das strategische Verhalten der Unternehmen. Ein zweites Kriterium ist nachweisbare Relevanz von Einflüssen aus mindestens einem der vier genannten *strategischen Kraftfelder*. Soweit für einzelne Fallstudien ausschließlich auf bereits veröffentlichtes Material zurückgegriffen wird (Simon Kucher & Partner, Orten Electric-Trucks, Rolex), wird dies für eine kompakte Darstellung verdichtet und auf die Kraftfelder bezogen. Es erfolgte keine Freigabe durch das entsprechende Unternehmen. Für alle übrigen Fallstudien liegen mehrere persönliche Gespräche und teilstrukturierte Interviews mit den Inhabern zugrunde. Vertrauliche, interne Daten werden nicht offengelegt, es sei denn, die Gesprächspartner haben dies ausdrücklich gestattet.

Literatur

Becker, Wolfgang/Staffel, Michaela/Ulrich, Patrick: Mittelstand und Mittelstandsforschung, Bamberger Betriebswirtschaftliche Beiträge – 153, Bamberg 2008 (pdf)
Berthold, Florian: Familienunternehmen im Spannungsfeld zwischen Wachstum und Finanzierung, Josef Eul Verlag, Lohmar/Köln 2010
Kormann, Hermut: Gibt es so etwas wie mittelständische Strategien, Heft 11 der Schriftenreihe des Kirsten Baus Instituts für Familienstrategie, Stuttgart 2008
Lamsfuß, Christoph/Wallau, Frank: Die größten Familienunternehmen in Deutschland. Daten, Fakten, Potenziale, hrsg. vom Bundesverband der deutschen Industrie e. V. und der Deutschen Bank AG, wissenschaftliche Bearbeitung: Institut für Mittelstandsforschung Bonn, Berlin und Frankfurt 2012
May, Peter: Erfolgsmodell Familienunternehmen, Murmann, Hamburg 2012
Pfohl, Hans-Christian: Abgrenzung der Klein- und Mittelbetriebe von Großbetrieben, in: Hans-Christian Pfohl (Hrsg.), Betriebswirtschaftslehre der Mittel- und Kleinbetriebe, 4. völlig neu bearbeitete Auflage, Erich Schmidt Verlag, Berlin 2006, S. 1–24
Reinemann, Holger: Mittelstandsmanagement, Schäffer-Poeschel, Stuttgart 2011
Simon, Hermann: Aufbruch nach Globalia, Campus, Frankfurt am Main 2012
Simon, Hermann: Hidden Champions. Die neuen Spielregeln im chinesischen Jahrhundert, Campus, Frankfurt/New York 2021

---

[37] C.K. Prahalad https://www.economist.com/schumpeter/2010/08/19/an-interview-with-ck-prahalad (Abruf 18.05.2021).

Thömmes, Jürgen/Wallau, Frank/Siepelt, Stefan: Aufsichtsräte und Beiräte im Mittelstand, Bundesanzeiger Verlag, Köln 2014

Wegmann, Jürgen: Betriebswirtschaftslehre mittelständischer Unternehmen, Oldenbourg Verlag, München und Wien 2006

Welter, Friederike et al.: Mittelstand zwischen Fakten und Gefühl, IfM Materialien, Institut für Mittelstandsforschung (IfM) Bonn, No. 234, Bonn 2015

4 Strategische Kraftfelder und Geschäftsmodelle

Zusammenfassung

Als Kraftfeld gilt für die hier entwickelte Perspektive eine Analogie aus der Physik. Energie und Impuls sind Kräfte im leeren Raum, die auch wirken, ohne dass Körper sich berühren. Auf Menschen als Entscheider übertragen: Ähnlich wie bei physikalischen Körpern gibt es begrenzende Beeinflussungsparameter, die als solche keine determinierende, sondern eine strukturierende Wirkung entfalten. Solche Parameter können als Kraftfelder konzeptualisiert werden. Es geht um Restriktionen und Möglichkeitsräume, welche der Konzeption von Wettbewerbsstrategien und Geschäftsmodellen einerseits Grenzen setzen, andererseits Kreativität freisetzen. Ein besseres Verständnis, welche praktischen Folgen sich aus der Struktur der Inhaberschaft, dem zur Verfügung stehenden Kapital, dem Grundtemperament der Entscheider und der Entscheidungsautonomie für die Strategiearbeit in inhabergeführten Unternehmen ergeben, ist dadurch möglich.

4.1 Herausforderungen der Digitalisierung

Geschäftsmodelle sind seit rund 25 Jahren als strategisches Konzept der Unternehmensführung etabliert. Den Kontext lieferten die in den späten neunziger Jahren aufkommenden E-business Gründungen, die mit der massenhaften Verbreitung des Internet aufgekommen waren. Deren Geschäftslogik war mit den klassischen Werkzeugen des strategischen Managements nur unzureichend zu beschreiben.[1] Die Relevanz von Strategie für die Unternehmensführung ist dadurch nicht geringer geworden, im Gegenteil. Al-

---

[1] Vgl. Amit/Zott 2021, S. 33

lerdings kam mit dem Geschäftsmodell eine wesentliche **konzeptuelle Ergänzung** zum Verständnis der Werterzeugungsmechanismen in Unternehmen hinzu. „Since none of the established categories (e.g. industry, firm, business unit, or process) seemed fully satisfactory, a new one was developed: the business model."[2] In neuen Forschungsarbeiten wird insbesondere die strategische Relevanz der Geschäftsmodell-Innovationen stark betont.[3] Aber auch das Konzept Geschäftsmodell wird seit längerem als „core ingredient for opportunity analysis and development" betrachtet.[4]

Für den **Mittelstand** sind kaum Konzepte und Anwendungen zu Geschäftsmodellen vorhanden, zumindest fehlen solche, die sich speziell mit den Voraussetzungen und Möglichkeiten des Geschäftsmodell-Managements in kleinen und mittelgroßen Unternehmen auseinandersetzen. Spezifische Strategieliteratur für den Mittelstand gibt es; diese ist jedoch – mit sehr wenigen Ausnahmen – entweder veraltet und/oder überwiegend anekdotisch. Wissenschaftlich gehaltvolle Auseinandersetzungen beziehen sich zudem viel stärker auf Familienunternehmen als auf den Mittelstand generell.[5] Mit dem Fokus, das Geschäftsmodell als **Realisierung** einer geplanten Strategie zu betrachten, eröffnen sich möglicherweise neue Forschungsperspektiven, auch für empirische Arbeiten. Auch die Frage, wie die beiden Konzepte Geschäftsmodell und Strategie zueinanderstehen, ist bislang unbefriedigend beantwortet worden. In einer ersten groben Annäherung lässt sich folgendes festhalten: **Geschäftsmodelle** fokussieren stärker auf Wertschaffung, -transfer und deren Monetarisierung aus **Sicht des Unternehmens**; **Strategien** konzentrieren sich vorwiegend auf **Wettbewerb** und das Erlangen bzw. Halten von Wettbewerbsvorteilen. Während Geschäftsmodelle das eher generische Konzept darstellen, sind Strategien immer spezifisch. Es ist, wie betont, nicht leicht, beide in einem wissenschaftlichen Sinne sauber gegeneinander abzugrenzen. In der Praxis sollten sie zusammen gedacht und angewandt werden, wenn auch mit unterschiedlichem Fokus.

Mit Bezug auf den Business Model Canvas von Osterwalder und Pigneur[6] lässt sich hier bereits als Vorgriff festhalten, dass insbesondere **vier** von insgesamt neun **Bereichen** (boxes) in einem Geschäftsmodell hohe strategische Relevanz haben: die bedienten Kundensegmente, benötigten Schlüsselressourcen, die in der Wertkette ausgeführten Schlüsselaktivitäten und die Partnerschaften, die das Unternehmen braucht, um Kundenwert zu erzeugen und zu übermitteln. Die übrigen fünf Bereiche des Geschäftsmodells werden stärker in der Finanzplanung, der Produktentwicklung, dem Marketing oder der Produktionsplanung aufgegriffen.[7] Es erscheint nach einem Überblick über die aktuelle Literatur auch naheliegend, rein akademische Abgrenzungsversuche zwischen Geschäftsmodell und Strategie nicht zu weit zu treiben. Beide Perspektiven sind für eine **ganzheitliche**

---

[2] Amit/Zott 2021, S. 34
[3] Vgl. Amit/Zott 2021, S. 4
[4] Amit/Zott 2021, S. 4
[5] Vgl. May 2012, Kormann 2008 und 2012
[6] Osterwalder/Pigneur 2010
[7] Vgl. Amit/Zott 2021, S. 270 ff.

Unternehmensführung von hoher Relevanz. Wenn es um Positionierung, Wettbewerbsvorteile oder Wertschöpfungsstrukturen geht, haben Wettbewerbsstrategien den größeren Hebel. Bei den Themen Wertversprechen, Kundenbindung, Gewinnoptimierung steht mit dem Geschäftsmodell Konzept ein adäquates Framework zur Verfügung. Diese Heuristiken sind nicht exakt überprüfbar und Konvergenzbereiche zwischen Strategie und Geschäftsmodell lassen sich nicht vermeiden. Unternehmensführung im Mittelstand sollte pragmatisch beides – immer parallel, aber mit unterschiedlicher Akzentuierung und Dringlichkeit – vorantreiben. Andernfalls droht überlebenswichtige Agilität und Flexibilität verloren zu gehen und Wettbewerber machen Terrain gut.

Im Gegensatz zu etablierten Mittelstandsunternehmen liegt für Startups eine Fülle spezialisierter Geschäftsmodell-Literatur vor.[8] Das gleiche gilt für Großunternehmen, insbesondere für diversifizierte international tätige Konzerne. Ganz besonders zu Unternehmen mit einem starken Technologie- und Innovationsfokus, aber auch zu Plattformen, gibt es zahlreiche überzeugende Ansätze zur Geschäftsmodell-Entwicklung und -innovation.[9] Wo ein Unternehmen den Fokus setzt, beim Geschäftsmodell oder den Wettbewerbsstrategien ist nicht per se entscheidend für seinen wirtschaftlichen Erfolg. So findet man einerseits eine *Prävalenz der Strategiearbeit*, etwa bei den beiden deutschen Discountriesen Aldi und Lidl, wobei sie beide ein traditionelles Geschäftsmodell (stationärer Handel mit zusätzlicher E-Commerce Komponente) verfolgen. Ihre marktführende Stellung basiert auf konsequent verfolgten Strategien und der nahezu perfekten Abstimmung der einzelnen Elemente innerhalb ihrer Wertketten. Es wäre also falsch, überdurchschnittlichen Unternehmenserfolg grundsätzlich und in monokausaler Denkweise auf ein überlegenes oder innovatives Geschäftsmodell zurückzuführen.

Gleichwohl ist die umgekehrte Argumentation auch irreführend, denn es sind nich immer Wettbewerbsstrategien, die den Erfolg sicherstellen. Es gibt zahlreiche Firmen, deren Erfolg auf einem *überlegenen Geschäftsmodell* beruht, wie bspw. Flixbus, N26 oder Trade Republic. In diesen Fällen sollte man von der Prävalenz des Geschäftsmodells ausgehen. Auch diese Anbieter verfolgen dezidierte Wettbewerbsstrategien; insofern verbietet sich auch hier eine monokausale Zuschreibung. Wie bereits geschildert: jedes Unternehmen sollte intensiv, mit je spezifischer Fokussierung, beide *Drehscheiben des Unternehmenserfolgs* immer wieder in den Blick nehmen.

Die unaufhaltsame Digitalisierung aller Geschäftsprozesse, der Hyperwettbewerb, die Industrie 4.0, Cloud-Anwendungen usw. entfalten auch in der „analogen Ökonomie", etwa dem Maschinen- und Anlagenbau, und dort auch bei kleineren und mittelgroßen Unternehmen, einen hohen Veränderungsdruck.[10] In seiner Dissertation von 2018 hält Botzkowski u. a. fest, dass ein verkürztes Verständnis von Digitalisierung im Mittelstand,

---

[8] Vgl. Thiel 2014, S. 23 ff. zur „long march culture" bei Alibaba, Stone 2017 zum Aufstieg von Airbnb und Uber, Lashinsky 2017 zu „digital process and physical assets" bei Uber.
[9] Vgl. Moazed/Johnson 2016, S. 95 ff.
[10] Vgl. Demont/Paulus-Rohmer 2017, S. 97 ff.

bspw. auf papierloses Büro oder stärkere Mediennutzung nicht mehr „state of the art" sei. Vielmehr „wird in der mittelständischen Unternehmenspraxis mit dem Begriff der Digitalisierung insbesondere die Automatisierung bestehender Prozesse"[11] assoziiert. Interessant sind auch seine Schlussfolgerungen aus einer empirischen Befragung, derzufolge sich die Digitalisierung nach Ansicht der mittelständischen Unternehmenspraxis nicht auf alle Elemente des Geschäftsmodells auswirke. „Dies zeigt, dass im Mittelstand die Bedeutung der Digitalisierung für die Erfolgsperspektive oftmals nicht erkannt wird."[12] Eine interessante Handlungsempfehlung dieser Arbeit läuft darauf hinaus, zu einer „klaren Vision/Leitbild der Digitalen Transformation"[13] zu gelangen und entsprechende Verantwortlichkeiten im Unternehmen zu klären. „Um dieser Problematik zu begegnen, könnte eine Digitale Governance Abhilfe leisten."[14]

Von „Fraunhofer IPA" in Stuttgart ausgearbeitete praxisnahe Vorschläge zur strategiegeleiteten Entwicklung neuer Geschäftsmodelle in der Fertigungsindustrie umfassen das Spektrum von „disruptiv" bis „evolutiv". Von *Plattformen* über **Modularisierung** und **Solution Provider** bis hin zu *Prozessorientierung* und **Datenbasierten Services** reicht die Bandbreite von generischen Geschäftsmodellansätzen, die von Fraunhofer IPA im Einzelnen erläutert und mit Praxisbeispielen belegt werden.[15] Zäsuren wie die Corona Pandemie 2020/22 und daraus resultierende Verschiebungen in den Wettbewerbsarenen werden diesen Druck, sich systematisch mit dem eigenen Geschäftsmodell zu befassen, in der Zukunft aller Wahrscheinlichkeit nach noch erheblich verstärken. „Die Digitalisierung von Geschäftsmodellen führt u. a. zu einem neuartigen Wertversprechen des Unternehmens am Markt, sodass die Digitalisierung von Geschäftsmodellen als Innovationsprozess verstanden werden kann."[16]

Becker u. a legen eine interessante Typologie mit vier sogenannten „Archetypen mittelständischer Unternehmen" vor (Nischenanbieter, bürokratischer Mittelständler, innovativer Mittelständler und diversifizierter Mittelständler). In einer empirischen Studie von Becker und Ulrich konnte gezeigt werden, dass 84 % der befragten Mittelständler davon ausgehen, dass es einen positiven Einfluss von Mittelstandsspezifika auf ihr Geschäftsmodell gebe. Insbesondere höherer Flexibilität und Geschwindigkeit, höhere Unabhängigkeit und eine langfristige strategische Orientierung wurden als positive Verstärker ermittelt. Als hinderlich konnten knappe Ressourcen, geringe Marktmacht und eine höhere Abhängigkeit, verglichen mit kapitalmarktorientierten Großunternehmen, identifiziert werden.[17] „Hinsichtlich der mittelstandsspezifischen Ausprägung von Geschäftsmodellen haben die Spezifika mittelständischer Unternehmen den größten Einfluss auf Ressourcen, gefolgt

---

[11] Botzkowski 2018, S. 197
[12] Vgl. Botzkowski 2018, S. 197
[13] Botzkowski 2018, S. 177
[14] Botzkowski 2018, S. 177
[15] Vgl. Demont/Paulus-Rohmer 2017, S. 116 ff.
[16] Becker u. a 2017, S. 288
[17] Vgl. Becker u. a. 2017, S. 291

4.1 Herausforderungen der Digitalisierung

von der Unternehmenskultur und dem Markt sowie die Aufbauorganisation. Insgesamt gesehen, lassen die bisherigen Studien und Beiträge darauf schließen, dass die Digitalisierung der Geschäftsmodelle im Mittelstand noch nicht besonders weit fortgeschritten ist."[18]

Im deutschen Mittelstand gibt es ein seit Jahren konstatiertes Digitalisierungsdefizit. Im „Digitalisierungsindex Mittelstand 2018", erhoben von der Deutschen Telekom AG, gaben lediglich 45 % der befragten mittelständischen Unternehmen an, Digitalisierung sei ein „fester Bestandteil der Geschäftsstrategie."[19] Das Digitalisierungsfeld mit der höchsten Wichtigkeit war 2018 die IT-Sicherheit und der Datenschutz, also nichts, was mit der Digitalisierung und Optimierung der wesentlichen Geschäftsprozesse zu tun hat. Vielmehr spielte in jenem Jahr die neue Datenschutzgrundverordnung eine treibende Rolle. Aus Effizienzsicht eher eine bürokratische Last als ein Faktor, der zu Produktivitätsfortschritten führt. In der Ausgabe 2019/2020 des Digitalisierungsindex zeigen sich leichte Fortschritte im Mittelstand, aber auch noch viel Potenzial zum Aufholen (Abb. 4.1). Im Fazit dieser Studie heißt es: „Bei jenen Unternehmen, die mit der Digitalisierung bereits gute Erfahrungen gesammelt haben, gleicht die Digitalisierung einem **Perpetuum mobile**. Ihr Motivationsschub: Die Unternehmen verstärken ihre Anstrengungen, weil sie an ihren Bilanzen ablesen, dass sich ihre Maßnahmen rentieren. Der Nutzen der Transformation übersteigt bei vielen die damit verbundenen Kosten. Sie machen mehr Umsatz oder erreichen

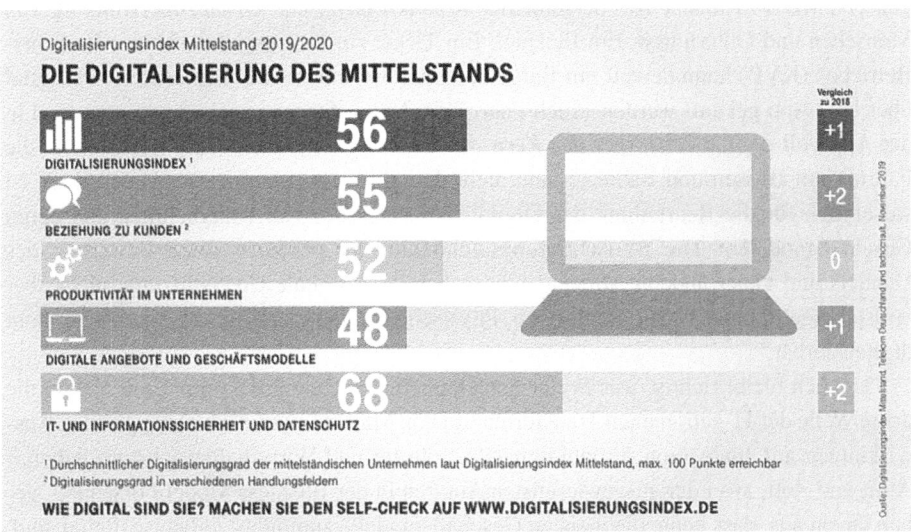

Abb. 4.1 Digitalisierungsindex Mittelstand 2019/20, Telekom Deutschland und techconsult November 2019, online: https://www.digitalisierungsindex.de/wp-content/uploads/2019/11/techconsult_Telekom_Digitalisierungsindex_2019_GESAMTBERICHT.pdf (Abruf 29.12.2021)

---

[18] Becker u. a. 2017, S. 291
[19] Vgl. Deutsche Telekom AG 2018, S. 4 ff.

neue Kunden."[20] Digitalisierung ist folglich kein Selbstläufer und auch kein Bedürfnis per se. Wenn allerdings ein entsprechendes Mindset bei den Unternehmern entsteht, steigt die Bereitschaft, in die Digitalisierung zu investieren. Und positive Spuren in den Jahresergebnissen führen dann zu einer Forcierung.

Eine Differenzierung zwischen **rein digitalen** Geschäftsmodellen und **Geschäftsmodellen mit digitaler Unterstützung** erscheint in diesem Zusammenhang als sehr wichtig. Als rein digital werden Geschäftsmodelle bezeichnet, die datenbasiert sind oder auf der Grundlage von Daten und digitalisierten Gütern funktionieren. Dies ist die deutlich kleinere Anzahl, welche allerdings das höhere Potenzial für Prozessoptierungen und Effizienzgewinne beinhalten. Beispiele wären eine Software-Lizenz, Serien von Streaming Anbietern wie Netflix oder Apple oder auch ein E-Book. Hier gibt es keine physischen Produktkomponenten mehr, sowohl das Produkt als auch die Distribution erfolgen rein digital.

Für viele traditionelle Mittelständler sind solche rein digitalen Geschäftsmodelle nicht praktikabel und auch strategisch gar nicht erstrebenswert. Dennoch gibt es in vielen Branchen, bspw. im Handel, bei persönlichen und wissensbasierten Dienstleistungen, im Baugewerbe usw. zahlreiche Möglichkeiten für „digital enabled" Geschäftsmodelle. Ein Teil der Geschäftsanbahnung oder der Erbringung der Dienstleistung kann beinahe überall digitalisiert werden. Aber eben nicht alles – insbesondere nicht das, was viele Dienstleistungen erst wertvoll macht wie persönlicher Kontakt, physische Distanzüberwindung von Menschen und Gütern usw. Ein Beispiel: Ein Ticket zur Nutzung der „Kölner-Verkehrs-Betriebe" (KVB) kann derzeit mit Bargeld, bargeldlos mit der EC-Karte oder voll digital über eine App gekauft werden. Auch Fahrpläne, News, Störungsmeldungen usw. sind in der App voll digitalisiert. Aber **der Kern** der Dienstleistung eines ÖPNV-Anbieters, die Fahrten mit Bussen und Bahnen, kann nicht digitalisiert werden. Dieser Unterschied ist wesentlich für die Beurteilung des Digitalisierungsgrades von Unternehmen und deren Geschäftsmodellen. Die Wertschöpfungsarchitektur des produzierenden Gewerbes, des Handels und vieler anderer Mittelstandbranchen lässt digitale Unterstützung, nicht aber vollständige digitale Wertschöpfung zu. Physische Produkte und Bewegungen sind nicht digitalisierbar.

Dennoch bleibt richtig, was Porter und Heppelman schon 2015 prophezeit haben: die dritte Welle der IT-getriebenen Transformation von Märkten wird die bislang größten Auswirkungen auf Innovation, Produktivitätsfortschritte und Wirtschaftswachstum haben.[21] Amit und Zott, zwei der ausgewiesensten Autoren in der Business Model Forschung, gehen davon aus, dass heute die meisten Geschäftsmodelle zumindest teilweise digital sind. Dieser Befund hat wichtige Auswirkungen, weil dadurch weltweit und über alle Branchen, **Transaktionskosten** tendenziell immer weiter sinken. „Lastly, while transaction efficiency is an important source of value, there are other forms of value creation that are leveraged

---

[20] https://www.digitalisierungsindex.de/wp-content/uploads/2019/11/techconsult_Telekom_Digitalisierungsindex_2019_GESAMTBERICHT.pdf S. 14 (Abruf 29.12.2020).
[21] Vgl. Porter/Heppelman 2015, S. 67

by business models, such as innovation and the reconfiguration of resources."[22] Und diese unumkehrbaren Veränderungen betreffen den Mittelstand ebenso wie Großunternehmen; möglicherweise zeitversetzt, aber nicht weniger dramatisch in ihren Auswirkungen auf Strategien und Geschäftsmodelle.

Die Strategien, die Großunternehmen konzipieren und umsetzen, taugen meist nicht als Orientierungspunkte für mittelständische Inhaber und Geschäftsführer. Eine Anpassung an die Bedürfnisse des Mittelstands erscheint angesichts der skizzierten Dringlichkeit und Wichtigkeit fällig. Meine **konzeptionelle Kernidee** ist, für Strategie im Mittelstand den **Unternehmer** (als lebende Person und als Individuum, nicht als Modell im Sinne eines „homo oeconomicus") und die **Einflussfaktoren** auf sein Denken und Handeln stärker in den Vordergrund zu rücken. Diese **Akzentverschiebung** steht im Einklang mit zahlreichen Forschungsergebnissen zu Familienunternehmen, in denen im Detail nachgewiesen werden konnte, dass deren Zielsysteme sich nicht auf Gewinnmaximierung reduzieren lassen, sondern meistens mehrdimensional sind.[23]

Als Begründung für diese veränderte Akzentuierung von mittelständischer Strategiearbeit sollte erneut aufgegriffen werden, was eigentlich common sense ist: es „menschelt sehr stark" in Familienunternehmen, und das gilt auch in zahlreichen Unternehmen, die von nicht miteinander verwandten Gesellschaftern geführt werden. Familie, oder genereller, menschliche Nähe, ist gleichzeitig Chance und Gefahr.[24] An dieser Stelle ist ein entscheidender **qualitativer Unterschied** zu anonymen Aktiengesellschaften und ihren Organen zu sehen. Vorgehensweisen der Strategieentwicklung und -umsetzung, welche in Konzernen, häufig unter Einsatz spezialisierter Berater, gut funktionieren, sind im Mittelstand in der Regel untauglich, weil die Entscheidungs- und Verantwortungsstrukturen sich stark unterscheiden.

Das Bild eines **strategischen Kraftfelds** wird in der Folge weiter ausgeführt. In Anlehnung an die Physik, doch nicht in einem exakten wissenschaftlichen Sinne, sollen die Möglichkeiten des strategisch sinnvoll Denkbaren und Machbaren greifbar gemacht werden. Mit diesem Ansatz soll der ökonomische Blick um wichtige **verhaltenswissenschaftliche** Dimensionen ergänzt werden. Wie sich Wettbewerbsspielregeln auch für kleinere und mittelgroße Unternehmen verändern, lässt sich häufig an strategischen Bewegungen von Weltmarktführern beobachten. So kann der Trend zu smarten Produkten und Dienstleistungen, gepusht durch Miniaturisierung, ubiquitäres Internet und Big-Data-basierte Analytik bspw. bei landwirtschaftlichen Maschinen verfolgt werden. Unternehmen wie John Deere wandeln sich vom Hersteller zum **Problemlöser**, indem sie bspw. Echtzeit-

---

[22] Amit/Zott 2021, S. 40

[23] Vgl. May 2012, S. 30: „Zugleich wird es Zeit, dass wir uns beim Umgang mit Familienunternehmen von der verengenden Exklusivperspektive auf das Unternehmen lösen. [...] Es wird Zeit, dass wir auch die Unternehmerfamile als relevante Einheit begreifen."

[24] Vgl. May 2012, S. 43: „In vielen Familien sind Neid, Eifersucht und Missgunst an der Tagesordnung. [...] Oft genug wird das Unternehmen zur Spielwiese familiärer Konflikte, die ihren Ursprung schon in früher Kindheit haben."

Wetterdaten, Saatgutoptimierung und Bewässerung zusammen mit ihren Maschinen in ein neues, geschlossenes Ökosystem integrieren und somit den Landwirten Ertragsoptimierung anstatt eines stand alone Produkts wie Traktor oder Mähdrescher anbieten können.[25]

Industriegiganten wie Volkswagen sind seit längerem dabei, die Geschäftsmodelle für ihr „Kernprodukt Auto" neu zu konfigurieren und zahlreiche Services für neue Formen der Individualmobilität hinzuzufügen. „Car manufacturers like Volkswagen (VW) have clearly understood the strategic importance of business model thinking for their own future market positioning and success. [...] Like Tesla, VW even aims at replicating Apple's retailing model, bypassing traditional car dealerships and setting up company-owned stores that function as showrooms."[26]

Es handelt sich bei solchen Maßnahmen nicht um margiale Anpassungen beim Geschäftsmodell oder den Wettbewerbsstratgien. Im Grunde genommen geht es bei einer umfassenden Geschäftsmodell-Innovation darum, das Unternehmen und seine Wertgenerierugsarchitektur neu zu erfinden. VW ohne VW Händler, Robotaxis als autonom fahrender Ersatz für den privaten PKW, Entertainment im Wechsel mit Arbeiten unterwegs als Massentrend, weil keine menschliche Aufmerksamkeit mehr für das Fahren erforderlich ist – das sind keine kleinen Veränderungen. Für Mittelständler ist aus der folgenden grundsätzlichen strategischen Überlegung einiges ableitbar: Viele Zulieferer müssen bei zunehmender Commoditisierung der PKW darauf achten, ihre **Existenzberechtigung** in den neu strukturierten Wertketten der Elektromobilität nicht zu verlieren. OEM könnten Rückwärtsintegration betreiben, u. a. um die zunehmend weniger ausgelasteten eigenen Mitarbeiter in Arbeit zu halten, weltweit aktive Günstiganbieter werden aggressive Preiskämpfe für einfachere Komponenten lostreten. Und die bei der Elektromobilität erfolgsentscheidende Software- und Integrationskompetenz ist auch für große und leistungsfähige OEM und Tier-One-Zulieferer eine immense Herausforderung. Insofern ist die strategische Gefahr, in den Supply Chains zunehmend irrelevant zu werden, real. Und sie ist keineswegs auf die Automobilindustrie und die Elektromobilität begrenzt.

Ein weiterer Aspekt, der die tiefgreifenden Veränderungen innerhalb von traditionellen Geschäftsmodellen verdeutlicht, ist bei Tesla zu sehen. Als einziger OEM exklusiv alle Fahrzeug-spezifischen Daten zu „besitzen", ist ein Alleinstellungsmerkmal. Und es erscheint wie ein wichtiger strategischer Vorteil für die Zukunft. Daten ermöglichen den konsequenten Einstieg in eine ökosystembasierte Geschäftsmodell-Logik wie die von Apple. Das Freischalten von softwarebasierten Unterhaltungsfeatures, mehr Leistung, größere Reichweite usw. verursachen so gut wie keine Kosten, werden aber als exklusiver Zusatznutzen von den Kunden wahrgenommen und mit einem hohen Preispremium belohnt. Die Umsetzungsvoraussetzung war eine Strategie, die genau das vorgedacht hat: Lock-in einer zahlungskräftigen und zahlungsbereiten Klientel in ein geschlossenes Tesla Ökosystem. „Wer die Daten hat, hat die Macht." – dieses Diktum der Gegenwart be-

---

[25] Vgl. Porter/Heppelman 2014, S. 75 f.
[26] Amit/Zott 2021, S. 9

4.1 Herausforderungen der Digitalisierung

schreibt die strategische Herausforderung. Die Ratlosigkeit vieler Tesla-Wettbewerber, die beim Thema Fahrzeugdaten herrscht, ist bestenfalls ein Vorgeschmack auf das anbrechende Zeitalter selbstfahrender Autos und Robotaxis.[27] Wer exklusiven Zugriff auf die Daten hat, muss nicht dafür zahlen, nicht mit anderen teilen, kann sein „Ökosystem" von Dienstleistungen strategisch autonom aufbauen und dann passende neue Geschäftsmodelle auf dieser Basis entwickeln.

Strategie und Geschäftsmodell als Konzepte sind umfassend beschrieben, und sie werden täglich in der Unternehmenspraxis angewandt. Ein systematischer, einfach handhabbarer Bezug dieser beiden elementar wichtigen Konzepte der Unternehemensführung ist ein vielversprechendes Unterfangen. Die folgende Heuristik könnte hilfreich bei der Schwerpunktsetzung sein:

Unternehmen, die über **hohe Wertschöpfungstiefe** und/oder proprietäre Technologien und schützenswertes Know-how verfügen, sollten ihren strategischen Fokus auf das **Feintuning** ihres Geschäftsmodells legen.

Umgekehrt gilt: Eine Ausgangslage mit **niedriger Wertschöpfungstiefe**, kombiniert mit Me-too Produkten und einfachen Technologien verlangt einen stärken **Fokus auf Wettbewerbsstrategien**. Einem aggressiven Verdrängungswettbewerb ist schwer mit Finessen am Geschäftsmodell zu begegnen, hier sind robuste Strategien zielführend, die auf den Wettbewerb zielen – also nach außen.

Stärker über eine geschickte Konfiguration des Geschäftsmodells müssen Unternehmen nachdenken, deren Know-how exklusiv ist, die technologische Vorsprünge haben und deren eigene Wertschöpfung hoch ist. Sie erreichen mehr durch geschickte Anpassung von Geschäftsmodellen wie Lock-in, Freemium, Pay-as-you-go usw. oder durch völlig neu erfundene wie bspw. „Reverse-Pickup" in Indien.[28]

Zu beachten ist bei dieser Wertschöpfungsbetrachtung als **Trigger** für intensivere Beschäftigung mit dem einen oder anderen (Geschäftsmodell oder Strategie), dass es sich um Schwerpunktsetzungen handeln sollte, nicht um ein Entweder-oder.

Auch „zwischen den Stühlen" im Markt positioniert – ein bekanntes Bild von Michael Porter[29] – kann ein Unternehmen erfolgreich sein, also ohne dauerhaft in seiner Branche eine Position der Differenzierung oder der Kostenführerschaft in vollem Umfang zu erlangen. Dies gilt ganz besonders für Mittelständler, für die es in der Regel schwerer ist, eine der beiden o. g. **generischen Wettbewerbspositionen** zu besetzen. Die weiter oben diskutierten Hidden Champions bilden eine eindrucksvolle, aber zahlenmäßig nicht bedeutsame Ausnahme. Sie haben in der Regel technologiebasierte Differenzierungsvorteile und können diese im Weltmarkt mit Erfolg durchsetzen. Ein strategischer Ausweg für das Gros des deutschen Mittelstands können geschickt gemanagte Geschäftsmodelle sein, ein anderer der Einsatz so genannter **hybrider Wettbewerbsstrategien**, die Elemente der Differenzierung und der Kostenführerschaft so kombinieren, dass sowohl eine günstige Kostenposi-

---

[27] Vgl. Bratzel/Thömmes 2018, S. 39 ff.
[28] Vgl. https://www.mistralcouriers.com/services/reverse-pickup/ (Abruf 08.01.2021).
[29] Vgl. Porter 1980, S. 41 ff.

tion als auch einzelne Differenzierungsmerkmale gemeinsam im Markt durchgesetzt werden können. Zu beiden Vorgehensweisen werden im weiteren Verlauf Fallbeispiele diskutiert.

Festzuhalten bleibt an dieser Stelle allerdings eine Aporie: Wenn die Mehrheit aller Marktteilnehmer eine der beiden von Porter als „generisch" bezeichneten Strategieoptionen wirksam und dauerhaft umsetzen könnte, wären die dadurch zu gewinnenden Vorteile – niedrige Kosten und Preisführerschaft oder Differenzierung und Preispremium – keine Wettbewerbsvorteile mehr. Denn Wettbewerbsvorteile sind immer *relativ*, also nur wirksam, wenn es wenigen Wettbewerbern gelingt, sie zu erringen und zu festigen. Wenn alle Marktteilnehmer zu sehr niedrigen Kosten produzieren könnten, würde daraus eine Preisabwärtsspirale resultieren, bei der es keine Gewinner geben kann. Könnten alle Marktteilnehmer vollständig differenzierte Produkte und Dienstleistungen anbieten, wäre ein Preispremium nicht zu rechtfertigen. Differenzierung wäre dann der Normalfall und keinen Aufpreis wert.

Porter selbst hat die in seinem Frühwerk postulierte *Unvereinbarkeit* zwischen den prägenden Elementen der Kostenführerschaft und der Differenzierung später differenzierter beschrieben, wohl als Reaktion auf starke Kritik und um seine Argumentation weniger apodiktisch zu formulieren: „But Porter went on in the 1990s to refine his work on the link between the value proposition and the value chain, work that should have put that misunderstanding to rest. ‚When you get down to the specific needs that are served by specific products', he explains, ‚you see that the possible choices/combinations are far more complex. Generic strategies identified one dominant theme of a strategy, such as relative cost. But effective strategies integrate multiple themes in a unique way. Customers' needs are rarely uni-dimensional and therefore a strategy to meet those needs won't be uni-dimensional either. When a company makes choices about which customers and needs it will serve, and when it tailors its value chain to those choices, it is possible to be differentiated and low cost and focused at the same time, as Enterprise is. Or like Southwest, you can be more convenient and lower cost – without getting stuck in the middle."[30]

Damit ist ein weit verbreitetes Missverständnis bezüglich Porters Framework der *Five Forces* ausgeräumt. Für die im vorhergehenden Abschnitt angestellten Überlegungen zur ständigen Kooexistenz von Wettbewerbsstrategien und Geschäftsmodellen gilt ebenfalls, dass es nicht um wechselseitige Ausschließlichkeit geht, sondern um Schwerpunktsetzungen.

Im Strategieverständnis von Michael Porter ist jede Strategie eine *Wettbewerbsstrategie*. Diesem Begriffsverständnis schließe ich mich an, ohne zu übersehen, dass auch Corporate Strategy oder funktionale Strategien auf der Ebene von Geschäftseinheiten oder Abteilungen sinnvolle und nützliche Perspektiven eröffnen. Die Begriffe *Geschäftsstrategie* und *Wettbewerbsstrategie* verwende ich als *Synonyme*. Das strategisch Wesentliche sind die Wettbewerbsvorteile. Sie entstehen durch eine Vielzahl von einzelnen, aufeinander abgestimmten Aktivitäten (aggregiert zu Prozessen und Prozessketten), in denen Pro-

---

[30] Magretta 2012, S. 115

dukte oder Dienstleistungen entwickelt, hergestellt, ausgeliefert und mit zusätzlichen Serviceleistungen angereichert werden. Jede dieser Aktivitäten trägt das Potenzial in sich, eine niedrige relative Kostenstruktur oder eine angestrebte hohe Differenzierung zu unterstützen.

Das Werkzeug zum Verständnis all dieser Aktivitäten ist die **Wertkette** (value chain).[31] Mit Hilfe der Wertkette kann ein gesamtes Unternehmen in eine Reihe strategisch relevanter Prozesse und Prozessketten aufgegliedert werden. Wettbewerbsvorteile erlangt, wer diese strategisch relevanten Prozesse entweder ***billiger*** oder ***besser*** als die Wettbewerber ausführt. Das gelingt wenigen Unternehmen, und wenn, dann selten auf Dauer. Denn **Nachahmung** (einzelner Elemente) ist sowohl bei Wettbewerbsstrategien als auch Geschäftsmodellen nicht zu verhindern. Insofern kommt der spezifischen Wertkette eine ganz besondere Bedeutung zu, denn dort, in den Tiefen der Prozesse, ist der Ort der Differenzierung gegenüber den Wettbewerbern, sowohl hinsichtlich der Kostenstruktur als auch hinsichtlich der Differenzierungsmerkmale. Man kann also argumentieren, dass Wettbewerbsvorteile – welche wie ausgeführt nie absolut sind – nur in der Wertkette eines Unternehmens verankert werden können. **Strategie** ist für Porter ein *„Gegenmittel" zum Wettbewerb* [antidote to competition].[32] Und zu einer guten Wettbewerbsstrategie gehören Transparenz und Sorgfalt in der Gestaltung der Wertkette und des Geschäftsmodells.

Eine detaillierte Kenntnis der *fünf Wettbewerbskräfte* in einer Branche ist eine notwendige Voraussetzung für sinnvolle Strategiearbeit, denn die brancheninterne und branchenübergreifende Analyse der Gesamtkapitalrenditen (über längere Zeiträume) ist der geeignetste Gradmesser für strategischen Erfolg oder Misserfolg. Die Bedeutung dieser Kennzahl ist für börsennotierte Aktiengesellschaften unmittelbar im Börsenwert sichtbar. Für private Unternehmen sind die Vergleiche der Renditeniveaus schwieriger, aber für Brancheninsider meistens gut zu schätzen. Die Betrachtung der **Gesamtkapitalrendite** ist deshalb sinnvoll, weil sie eine Kennzahl ist, die viele Sondereffekte aus Jahresabschlüssen egalisiert, aber auch, weil sie das Mindset des klassischen Kapitalanlegers reflektiert: „Lohnt es sich auch zukünftig, mein Geld hier (und nicht woanders) anzulegen?" Der mittelständische Unternehmer verfolgt eine andere Logik: ihn interessiert nicht der tagesaktuelle Wert seines Unternehmens, i. d. R. agiert er mit einem mittel- bis langfristigen Horizont und denkt nicht in Quartalen oder Geschäftsjahren. Eine Steigerung des Unternehmenswerts verfolgt er gleichwohl, allerdings langfristig. Die Nutznießer sind aber häufig die Nachfolger, und nicht anonym bleibende Aktionäre, die renditehungrig sind und kommen und gehen.

Gute Strategien wirken zudem wie ein Schutzschirm im Sturm [= Wettbewerb]. Wem es gelingt, sich gegen die Rendite aufzehrenden fünf Marktkräfte besser zu verteidigen als die Wettbewerber, wird höhere Renditen erzielen. Insofern sucht eine unternehmensindividuelle Strategie eine kompliziertere Antwort als das Geschäftsmodell: Es geht nicht darum, zu beantworten ob ***wir damit Geld verdienen können***, sondern darum, wie wir ***mehr***

---
[31] Vgl. Porter 1985, S. 33–53
[32] Vgl. Magretta 2012, S. 65 und Porter 1985, S. 33 ff.

als unsere Wettbewerber verdienen können.[33] Um die schwierge Abgrenzung der beiden Begriffe Geschäftsmodell und Strategie nochmals aufzugreifen, ist die folgende Sichtweise von Magretta hilfreich: „But a business model isn't the same thing as a strategy, even though many people use the term interchangeably today. Business models describe, as a system, how the pieces of a business fit together. But they don't factor in one critical dimension of performance: competition. Sooner or later – and it is usually sooner – every enterprise runs into competitors. Dealing with that reality is strategy's job."[34]

4.2 Strategische Kraftfelder und Strategieentwicklung

Aufbauend auf diesen Vorüberlegungen wird Strategiearbeit in Mittelstandsunternehmen in der Folge mit einem neuen Ansatz konzipiert. Dabei kommen vier sogenannte *strategische Kraftfelder* ins Spiel. [35] Das Konzept ist in Abb. 4.2 dargestellt und wie folgt aufgebaut:

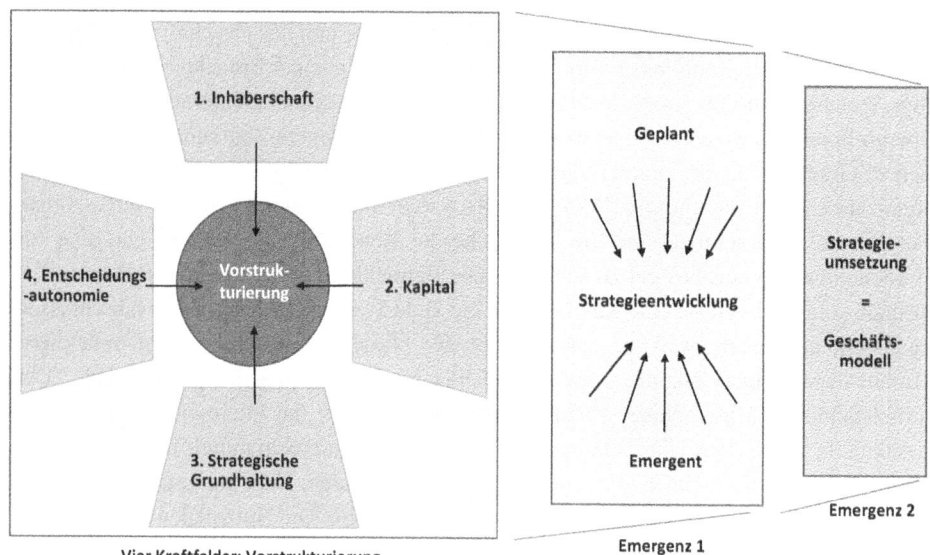

Abb. 4.2 Die vier strategischen Kraftfelder, aus denen die Prämissen der Strategieentwicklung entstehen und die Umsetzung in einem Geschäftsmodell. Eigene Darstellung

---

[33] Vgl. Magretta 2012, S. 199 ff. [Hervorh. von mir, J.T.]
[34] Magretta 2010, S11 f.
[35] Der physikalische Begriff des Kraftfelds wird ebenfalls bei Schön als Analogie genutzt, dort um die Entstehung von in sieben Kraftfeldern Vertrauen zu illustrieren. Vgl. Schön 2020, S. 61 ff.

4.2 Strategische Kraftfelder und Strategieentwicklung

Unter dem Begriff *Inhaberschaft* wird analysiert, wer am Unternehmen in welcher Höhe beteiligt ist und damit entsprechenden formalen Einfluss auf die strategische Ausrichtung geltend machen kann. Ein zweites Kraftfeld ist das *Kapital* (vorhandenes Eigenkapital und möglicher Zugang zu Fremdkapital). Im dritten Kraftfeld geht es um die Auswirkungen des *strategischen Grundtemperaments* des/der Entscheider: verhält man sich gegenüber dem Wettbewerb grundsätzlich eher offensiv, neutral oder defensiv? Werden Risiken eher vermieden oder bewusst in Kauf genommen? Im vierten Kraftfeld geht es um die *Entscheidungsautonomie* der operativen Führungsspitze. Ob es Alleinentscheider im Unternehmen gibt, zwei gleichberechtigte Entscheider, eine Entscheidergruppe von drei oder mehr Geschäftsführern wird ebenso als vorstrukturierend für die Entwicklung der Wettbewerbsstrategie angesehen wie die Frage, ob es Aufsichtsgremien, Beiräte, Gesellschafterausschüsse o. ä. gibt, die in die Strategieentwicklung einbezogen werden.

Andere Aspekte der Strategieplanung, die in großen, börsennotierten Unternehmen als Rahmen anzusehen sind, etwa Kapitalmarktzugang und -kommunikation, Zusammenspiel von Aufsichtsrat und Vorstand, das Verhältnis zu Betriebsräten, Aspekte von Governance, Compliance und Riskomanagement, Weisungen von Konzernspitzen, Börsenkurse und Übernahmephantasien, Restrukturierungen usw. sind für den klassischen Mittelstands- oder Familienunternehmer nicht der entscheidende Kompass, wenn es um die Ausgestaltung des Geschäftsmodells oder Wettbewerbsstrategien geht.[36] Insofern erscheint es möglich, diese vier strategischen Kraftfelder im Sinne von strukturellen *Engpassfaktoren* als charakteristische Systemelemente des Mittelstands zu isolieren. Ihre strukturierende Wirkung in Strategieprozessen lässt sich dann genauer verstehen und beschreiben. Sie bilden den wesentlichen Rahmen des mittelständischen Strategieuniversums.

Diese vier Kraftfelder sind insoweit entscheidend in der Strategiekonzeption, als sie einerseits den *Rahmen* des strategisch Denkbaren abstecken, andererseits Grenzen des in der Umsetzung Möglichen markieren, insofern auch als Leitplanken des Geschäftsmodells zu begreifen sind. Das Konzept ist individualisiert und *personenzentriert*: Der Unternehmer/die Unternehmerin bzw. eine sehr kleine Zahl von Gesellschaftern (miteinander verwandt oder nicht) sind die maßgeblichen Strategen im Mittelstand. Es muss kein Aufsichtsrat Zustimmung oder Entlastung erteilen, es gibt keinen mehrköpfigen Vorstand mit einem Vorsitzenden, Börse und Banken spielen keine oder eine nachgeordnete Rolle; konkret heißt das, eine(r) oder zwei bis drei Inhaber legen die Strategie fest. Diese Person(en) bewegen sich in Kraftfeldern, die den Rahmen des strategisch Denkbaren abstecken. Im Folgenden werden die in Abb. 4.2 dargestellten Kraftfelder und die dort wirkenden Einflussfaktoren auf die Strategieentwicklung detailliert beschrieben.

(1) **Inhaberschaft**: Beteiligung in Prozent am Eigenkapital, finanziert mit eigenem Vermögen durch Einlagen, Gewinnthesaurierung, Gesellschafterdarlehen o. ä. (= Inhaberstrategie), die entweder durch eine aktive Rolle in der Geschäftsführung oder als kontrollierende Inhaber mit Fremdgeschäftsführung ausgelebt werden. Auch im Falle

---

[36] Vgl. May 2012, S. 63–97

der Fremdgeschäftsführung zählen diese Personen zum Kreis der strategischen Entscheider. In beiden Fällen ist ein qualitatives Kriterium für Mittelstand erfüllt, nämlich die Einheit von Eigentum, Risiko und Verantwortung (Leitung wie dargestellt aktiv oder passiv). Die Inhaberschaft limitiert den *Bereich* des **strategisch Denkbaren** bzw. **Sinnvollen**, in besonderem Maße in allen Unternehmen ohne Organe wie Vorstand und Aufsichtsrat und den daraus erwachsenen Komplexitäten. Während kapitalmarktorientierte Unternehmen mehr Optionen für Wachstums- und Verdrängungsstrategien allein aufgrund ihrer Kapitalkraft bzw. ihrer breiten Möglichkeiten der Kapitalaufnahme an den Märkten haben, sind auch größere Mittelständler diesbezüglich meist limitiert.[37]

Inhaberschaft spielt in **Startups** meistens eine andere Rolle als in klassischen Mehrgenerationen-Familienunternehmen. Gründer planen häufig von Beginn an einen sogenannten „Exit", also eine möglichst lukrative Veräußerung an Finanzinvestoren, große Unternehmen als strategische Investoren oder andere Kaufinteressenten. Das Beispiel des Bonner Unternehmens „True Fruits", das nach rund 10 Jahren erfolgreicher Aufbauarbeit durch die drei Günder zu einem Drittel an „Eckes Granini" verkauft wurde, veranschaulicht diese alternative Eignerstrategie sehr gut.[38]

Zudem ist es im Sinne einer erfolgreichen Inhaberschaft auch wichtig, nicht darauf zu setzen, alles richtig zu machen. Es geht vielmehr darum, Regeln zu entwickeln, wie schwere Fehler vermieden werden können.[39] Hier liegt eine traditionelle Schwachstelle erfolgreicher Mittelständler. „Man verlässt morgens seine Familie – das eine kommunikative Spielfeld-, um am Arbeitsplatz – dem anderen kommunikativen Spielfeld – nach anderen Kriterien zu denken, zu fühlen und zu handeln. Und abends kommt man nach Hause und zeigt sich als ein anderer als den ganzen Tag über."[40] Inhaberschaft ist ein Konstrukt, in dem Rollenkonflikte unvermeidbar sind. Die drei in Familienunternehmen verwobenen Logiken – Eigentum, Familie, Unternehmen – sind ein bekannter Topos der Familienunternehmensforschung.[41] Inhaberschaft verlangt den Akteuren mehr ab als Geschäftsführungskompetenz. Eigentumsübertragungen und daraus resultierende Streitigkeiten sind ein häufiger Grund für das Scheitern von Familienunternehmen, die in solchen Fällen entkoppelt sind von der operativen Geschäftslogik des Erfolgs im Markt.

(2) **Kapital:** Der Gesellschafterstatus und die nominale Beteiligung an einem Unternehmen sagen nur bedingt etwas aus über die finanziellen Spielräume im Unternehmen, um Strategien zu entwickeln und im Geschäftsmodell umzusetzen. Neben dem nomi-

---

[37] Vgl. May 2012, S. 100 ff.
[38] https://www.wuv.de/marketing/das_bringt_die_saft_ehe_zwischen_true_fruits_und_eckes_granini (Abruf 07.12.2020).
[39] Vgl. Kormann 2008, S. 34 f.
[40] Simon, F.B. 2008, S. 62
[41] Vgl. v. Schlippe/Nischak/El Hachimi 2008, S. 22

4.2 Strategische Kraftfelder und Strategieentwicklung

nal im Unternehmen gebundenen Kapital der Inhaber (bilanzielles Eigenkapital)[42] spielt die relative Höhe des aufgenommenen Fremdkapitals (Eigenkapitalquote) ebenso wie der mögliche Zugang zu (neuem) Fremdkapital eine entscheidende Rolle für das Realisieren von Wettbewerbsstrategien. Sei es, dass Investitionen erforderlich sind, Puffer für geschäftliche Risiken gebildet werden oder die Auszahlung von ausscheidenden Gesellschaftern vorbereitet wird. Neben den klassischen Bankkrediten gibt es eine Reihe weiterer Fremdkapitalquellen, von denen allerdings viele für den traditionellen Mittelstand nicht in Frage kommen, weil sie Offenlegung der Finanzen und Strategien voraussetzen und in gewisser Weise auch Abhängigkeiten schaffen.

Die Aufnahme neuer Gesellschafter ist für viele Familienunternehmer keine Option. Furcht vor Offenlegung und Abhängigkeiten hindert sie häufig auch daran, durch Anleihen o. ä. Geld auf den Kapitalmärkten aufzunehmen. Den Börsengang schließen die allermeisten Mittelständler aus, eine strategische Entscheidung par excellence. In einer solchen Situation bleibt dann nur, alle Möglichkeiten der Innenfinanzierung auszuschöpfen. Bei solchen selbst auferlegten strategischen Restriktionen markiert der Free Cashflow den finanziellen Spielraum des Unternehmens.[43]

Der Cashflow aus operativer Tätigkeit und der nicht ausgeschüttete Gewinn stellen, neben Kapitalerhöhungen, die wichtigste Quelle zur Beschaffung von Eigenkapital dar.[44] Das gilt insbesondere dann, wenn der Gesellschafterkreis nicht zwecks Eigenkapitalzufuhr erweitert werden soll. Die Auflösung von stillen Reserven und Veräußerungsgewinne von Anlagevermögen (bspw. sale and lease back) spielen ebenfalls eine Rolle, sind jedoch Einmaleffekte. Die Sorge, dass Banken als Fremdkapitalgeber zu viel Einblick in Interna der Unternehmensführung bekommen, resultiert in der Regel aus einem Streben nach Unabhängigkeit[45] und Selbstbestimmung, welches konstitutiv für den Mittelstand ist. Insofern ist das Kraftfeld Kapital anders strukturiert als in börsennotierten Großunternehmen. Der strategische Ratschlag für Mittelständler „Don't play where the elephants dance" von Kormann verdichtet diese Sichtweise sehr anschaulich.[46] Für die meisten Mittelständler ist die Limitierung, aufgrund von Kapitalkraft Marktanteile gewinnen zu wollen, eine intuitive Einsicht. Ihre Wettbe-

---

[42] 2018 lag die Eigenkapitalquote aller Unternehmen des deutschen Mittelstands bei 31,8 %. https://de.statista.com/statistik/daten/studie/150148/umfrage/durchschnittliche-eigenkapitalquote-im-deutschen-mittelstand/#:~:text=Im%20Jahr%202018%20betrug%20die,Quotient%20aus%20Eigenkapital%20und%20Bilanzsumme. (Abruf 18.05.2021).

[43] Vgl. Simon 2020, S. 28 f.

[44] Die sogenannten Unicorns, Startups, die schnell wachsen, nicht an der Börse notiert sind und mit mehr als 1 Mrd. US$ bewertet werden, sammeln i. d. R. hohe Summen an Eigenkapital von Risikokapitalgebern ein und stellen eine interessante Ausnahme dar.

[45] Vgl. May 2012, S. 131

[46] Kormann 2008, S. 17

werbsstrategien sind meistens viel stärker um Flexibilität, Schnelligkeit, technische Expertise in Nischen und Kundennähe organisiert als über Kapital.

Das *finanzielle Limit* für expansive Wettbewerbsstrategien stellt i. d. R. die Relation zwischen Wachstum und Return on Capital Employed (ROCE) dar. Sie sollte „normativ" bei 0,5 liegen, damit das Wachstum nachhaltig finanziert werden kann: bei 7 % Wachstum sollte der ROCE bei über 10 % liegen, bei 10 % Wachstum bei 15 % usw. Kormann führt neben dieser „Normalie" zahlreiche weitere, ausgesprochen praktische Kennzahlen und Finanzrelationen für Familienunternehmen und den Mittelstand auf.[47]

(3) **Strategische Grundhaltung**

Unterschiedliche Temperamente und Einstellungen zu Risiken sind normal. In diesem Kraftfeld wird vorstrukturiert, ob das Verhalten des Unternehmers im Wettbewerb eher aggressiv, offensiv, abwartend neutral oder defensiv ist. Dieses Kraftfeld ist insofern unmittelbar mit der Persönlichkeit des/der Inhaber(s) verknüpft. Chancen und Risiken, die im Markt erkannt werden, werden unterschiedlich wahrgenommen und interpretiert. Daraus resultieren über den Zeitverlauf bestimmte Grundhaltungen, die starke Auswirkungen auf das Handeln im Unternehmen haben. Selbstverständlich beeinflussen diese Grundhaltungen der Inhaber auch die Wahrnehmungen und das Verhalten der Mitarbeiter. Diese grundsätzlichen Haltungen stecken den Rahmen des strategisch Machbaren für das gesamte Unternehmen ab, nicht nur für die Individuen, welche die Entscheidungen formal treffen und verantworten. Es geht hier um das Tun als Strategieelement, um Handlungen (action) im Verständnis von Rumelt. Eine risikoaverse Persönlichkeit wird keine aggressiven Wettbewerbsstrategien konzipieren und freigeben. Umgekehrt wird ein Risktaker nicht passiv abwarten, bis sich Chancen jedem aufdrängen; er wird sie aktiv herbeizuführen versuchen, früher, aggressiver, finessenreicher darum kämpfen.

Neben dem Umgang mit Risiken spielt die *Branche* eine wichtige Rolle in diesem Kraftfeld. Genauer gesagt sind es die Verhaltensweisen der wesentlichen direkten Wettbewerber. Zudem ist entscheidend, ob *Märkte* eher fragmentiert oder oligopolistisch strukturiert sind[48]; das gleiche gilt für die Intensität des Wettbewerbs und die zu erwartenden Reaktionen der übrigen Marktteilnehmer bei offensiven, neutralen oder defensiven Grundausrichtungen der eigenen Strategie. Womit muss ich rechnen, wenn ich X tue, Y lasse … Die Reaktionen und die Reaktionen auf Reaktionen können in Maßen prognostiziert werden. Bei diesen Überlegungen ist das Thema der *doppelten Kontingenz*[49] wirksam: Die

---

[47] Vgl. Kormann 2009, S. 55 ff.
[48] Vgl. Simon (Hrsg.) 2000, S. 28 ff.
[49] Vgl. Luhmann 1984, S. 152. Dort heißt es: „Kontingent ist etwas, was weder notwendig noch unmöglich ist; was also so, wie es ist (war, sein wird), sein kann, aber auch anders möglich ist." Und etwas weiter im Text: „[…] ist es wichtig, genau festzuhalten, welche Art von Einschränkungen hier ins Spiel kommt und welche Arten von Unsicherheit eliminiert oder doch kleingehalten werden. Ein soziales System baut nicht darauf auf und ist auch nicht darauf angewiesen, daß diejenigen Systeme,

Wettbewerber wissen, dass ich ebenso mit Überraschungen zu rechnen habe wie sie selbst, und dass sie und ich das wissen.[50] Strategie ist ein *Interdependenz-Spiel*: viele Strategien in der Ökonomie sind deshalb erfolgreich, weil die Bewegungen der Wettbewerber Raum dafür gegeben haben. „On this account, the strategy of GM was successful *because* [kursiv im Original, J.T.] of the actions taken by the executives at Ford and elsewhere."[51]

In dieser Ausgangslage ist häufig der sogenannte „first mover advantage" zu gewinnen, manchmal aber gilt das Gegenteil ... dann gewinnen die frühen Nachahmer. Apples iPod ist hier aufschlussreich: weder hat das Unternehmen digitale Abspielgeräte für MP3 erfunden noch die Technologie für eine Plattform wie iTunes, gleichwohl aber die *Synthese* aus beiden Technologien strategisch geschickt geschaffen und immer weiter perfektioniert. Weltmarkterfolge sind nicht exakt planbar, aber mit einer sehr guten Strategie werden sie wahrscheinlicher. Es gleich zwei Mal nach demselben Muster zu machen, wie Apple es mit dem Smartphone und dem App-Shop getan hat, ist äußerst ungewöhnlich. Beide Megaseller zeigen das immense strategische Talent von Steve Jobs, der alles getan hat, nur nicht eher passiv auf „the next big thing" zu warten ..., wie es teilweise dargestellt wurde.[52]

Auch die strategische Grundhaltung der Google Gründer „Don't be evil" oder Mark Zuckerbergs „simplicity by design" können als Belege angeführt werden. [53] Aus dem Bereich des Mittelstands und der Familienunternehmen gibt es ebenfalls lehrreiches Anschauungsmaterial, vom DM Gründer Götz Werner (Steiner und „Anthroposophie"), über Günther Fielmann („kreativer Zerstörer") bis zu Vater und Sohn Hipp („Dafür stehe ich mit meinem guten Namen."). [54] Entscheidend ist nicht, welche Grundhaltung vorherrscht, sondern ein Bewußtsein dafür zu gewinnen, dass diese Grundhaltung die Strategieentwicklung und -umsetzung maßgeblich beeinflusst.

(4) **Entscheidungsautonomie:** Das letzte Kraftfeld greift auf, wie stark die dominante Inhaberschaft des Inhabers/der Gesellschafter in der Praxis tatsächlich ist. Hier geht es nicht um nominelle Beteiligung am Unternehmen, sondern um *Macht* und Durch-

---

die in doppelter Kontingenz stehen, sich wechselseitig durchschauen und prognostizieren können." Mit anderen Worten: Strategie ist Überraschung, deren Folgen in der Arena der Wettbewerber ungewiss sind. Auf die systemtheoretisch umstrittene Frage, ob Unternehmen soziale Systeme sind, soll an dieser Stelle nicht weiter eingegangen werden.

[50] Vgl. Thömmes 1995, S. 44 ff.

[51] Gilbert u. a. 1988, S. 88. Die Namen sind hier als Platzhalter zu verstehen, wenngleich im zitierten Werk konkrete Strategiebeispiele ausgeführt werden. Aktuell könnten Teslas oder Volvos Strategien analysiert werden, die deshalb funktionieren, weil sich die übrigen Automotive OEM so verhalten, wie sie sich z. Zt. verhalten ... Hätten vor fünf Jahren die Big Three VW, General Motors und Toyota massiv auf BEV oder FCEV gesetzt, wäre die Branchenstruktur für PKW Fertigung und Vertrieb – weltweit – heute eine ganz andere.

[52] Vgl. Rumelt 2011.b, S. 11 ff. über Apple und Steve Jobs.

[53] Vgl. Moazed/Johnson 2016, S. 122 f. und May 2012, S. 71 ff.

[54] https://www.sueddeutsche.de/karriere/firmenleitbild-sinn-gibt-s-gratis-1.2515879 (Abruf 07.12.2020).

setzung, auch gegen Widerstand, in der Geschäftsführung bzw. im Gesellschafterkreis. Der einfache Fall ist ein geschäftsführender Gesellschafter, der formal und praktisch Alleinentscheider ist. Alle Mehrfachgesellschafterverhältnisse laufen formal über die Beteiligungsquote. Die so entstehenden Gewichte sind jedoch nicht immer identisch mit dem echten Einfluss auf strategische Entscheidungen. Neben dem Aspekt der aktiven oder passiven Geschäftsführung spielen hier zahlreiche menschliche Faktoren eine Rolle, die sich nicht quantifizieren lassen, deren Einfluss aber kaum ein Kenner von Familienunternehmen bestreiten würde.

Das persönliche Verhältnis der Familienmitglieder (bzw. der Gesellschafter) zueinander ist immer Chance und Risiko, Nähe und Spannungsfeld in einem. In der Familienunternehmensforschung wird die Familie als „Fluch und Segen" zugleich bezeichnet. „Neid, Eifersucht und Missgunst sowie der Streit um Geld, Macht und Liebe sind das Bermudadreieck, in dem viele Familienunternehmen auf Nimmerwiedersehen verschwinden."[55] Deshalb plädieren zahlreiche Experten für die Ausarbeitung einer sogenannten Family Governance in Schriftform.[56]

Die Geschichte der Familien Bahlsen, Tengelmann, Tönnies oder Oetker – um nur einige zu erwähnen – zeigt die lähmende Wirkung von Zwist verschiedener Familienstämme in Mehrgenerationen-Familienunternehmen. Jeder Fall ist anders gelagert, doch der gemeinsame Nenner ist strategischer Stillstand zum Schaden des Unternehmens. Häufig hilft dann nur eine Trennung in Form einer Realteilung des gemeinsamen Unternehmens. In einem Handelsblatt-Interview äußerte sich Werner Bahlsen, Vorsitzender des Verwaltungsrates von Bahlsen aus Hannover auf die folgende Frage „Die Oetkers haben sich nach jahrelangem Familienstreit zur Realteilung ihres Unternehmens entschlossen. Familie Bahlsen hat dies bereits 1999 getan. Sie backen Kekse, Ihr Bruder Lorenz produziert Salzgebäck. Wie bewerten Sie diesen Schritt im Nachhinein?" sehr eindeutig: „Die Aufspaltung war absolut richtig. Denken und handeln die Gesellschafter nicht in dieselbe Richtung, lähmt das jede Investitionsentscheidung. Wenn es in der Familie nicht harmoniert, darf das Unternehmen nicht darunter leiden."[57]

In diesem Zusammenhang spielen bei privaten Inhaberunternehmen auch freiwillig eingerichtete Aufsichtsgremien wie Beiräte, Aufsichtsräte oder Gesellschafterausschüsse eine Rolle. Je nach Stärke dieser Gremien, ob organschaftlich verfasst oder nicht, müssen strategische Entscheidungen hier diskutiert oder sogar beschlossen werden.[58] Fehlen solche Regulative, ist die Entscheidungsautonomie der geschäftsführenden Gesellschafter zwar deutlich höher, gleichzeitig steigt aber die Gefahr fataler Fehlentscheidungen durch eine Einzelperson.[59] Diese Gefahr wird immer wieder deutlich, wenn Gründer oder Inha-

---

[55] May 2012, S. 44
[56] Vgl. May 2012, S. 239 ff. über das Verhältnis der Familienmitglieder zueinander.
[57] Handelsblatt 16.08.2021, S. 27
[58] Vgl. Thömmes/Wallau/Siepelt 2014, S. 59 ff.
[59] Vgl. May 2012, S. 24

4.2 Strategische Kraftfelder und Strategieentwicklung

ber es nicht schaffen, einen guten Zeitpunkt für ihren Ausstieg zu definieren und ihre Nachfolge sorgsam zu regeln.

Hier sollte der Hinweis gegeben werden, dass sich gerade in dieser Hinsicht eine trennscharfe Grenze zwischen kapitalmarktorientierten und eigentümergeführten oder -kontrollierten Unternehmen ergibt.[60] Während in großen Konzernen Strategiearbeit immer Teamwork unter Leitung des CEO ist, bei der regelmäßig auch die großen Strategieberatungen involviert sind, stellt sich das im Mittelstand häufig ganz anders dar: Hier sind Persönlichkeit, Temperament und Risikobereitschaft der geschäftsführenden Gesellschafter das Maß der Dinge. Je nachdem, wie ausgeprägt die Tendenz zur Verschlossenheit und die Risikoaversion sind, können dadurch überdurchschnittliche Erfolge oder auch Rückschläge entstehen. Auch das Thema *Wachstum* ist im Mittelstand anders zu betrachten als bei börsennotierten Unternehmen. Aggressives Wachstum ist ein risikoreicher strategischer Pfad, der außerdem viel Kapital voraussetzt.

Da niemand die Eigner mittelständischer Unternehmen dazu drängen kann, ihre „inhärenten Wachstumspotenziale" voll auszuschöpfen, ergibt sich in Hinsicht auf die Strategiearbeit ein weites Kontinuum von Grundhaltungen, von denen keine *an sich* als falsch oder richtig bezeichnet werden kann. Sogenannte „Wachstumsabstinenzler"[61] haben gute Gründe für die von ihnen gewählte Strategie. Diese können im Markt begründet sein (zu klein für weitere Expansion) oder im Unternehmen selbst (Technologie, Kapital, Risikoabwägungen usw.). Das gleiche gilt für Unternehmen, die sehr bewusst nicht jede Wachstumschance ergreifen, die sich ihnen bietet. Manchmal, weil sie die damit einhergehenden Risiken scheuen, manchmal weil der persönliche Wertekompass der Inhaber es nahelegt, zu verzichten. Eine Schwierigkeit bei der Formalisierung dieses Kraftfelds sollte abschließend unterstrichen werden: „Die Kehrseite der Medaille ist, dass die intuitive Strategiearbeit des Inhabers selten quantitativ abgesichert und für Dritte nachvollziehbar ist. Demzufolge stoßen gerade Familienunternehmen im Zuge des Generationenwechsels an eine kritische Grenze. Das bisherige Strategiemuster steht und fällt mit Einzelpersonen und ist kaum auf Nachfolger vererbbar."[62]

Resümierend lässt sich festhalten, dass Strategiebedingungen im Mittelstand und in Großunternehmen *grundsätzlich* verschieden sind. Mit den vier Kraftfeldern lässt sich auch erklären, warum die Strategien internationaler Konzerne und die Case Studies der führenden Business Schools i. d. R. für den Mittelstand nicht taugen. Die Feststellung an sich ist ein bekannter Topos der Mittelstandsforschung.[63] Erklärungen, warum das so ist, werden selten angeboten. Das Postulieren allein ist aber unbefriedigend, weil es keine handlungsleitenden Angebote macht. Viele mittelständische Unternehmer kennen diese „Erzählungen", bekommen aber selten überzeugende Erklärungen dafür, wieso ihr Strategiebedarf anders ist. Und erst recht keine alternativen Konzepte. Das ist nicht weiter er-

---

[60] Vgl. Wieselhuber u. a. 2005, S. 77
[61] Vgl. Simon 2007, S. 65
[62] Wieselhuber u. a. 2005, S. 22
[63] Vgl. May 2012, S. 64

staunlich, weil es wenige überzeugende wissenschaftliche Arbeiten zur Strategiearbeit im Mittelstand gibt. Der hier vorgelegte Versuch einer vertieften Klärung, wieso der Mittelstand eigenständige Konzepte zur Strategiearbeit braucht, unterstreicht die äußerst unterschiedlichen **Vorbedingungen** der Strategiearbeit in eigentümergeführten Unternehmen. Gemeint sind damit Gründerunternehmen, Familienunternehmen und ebenso qualitativ zum Mittelstand zählende Betriebe mit nicht verwandten Gesellschaftern.

Das Zusammenwirken der Einflüsse aus den vier Kraftfeldern führt in einem so geannten **Emergenzphänomen** (ebenfalls schematisiert in Abb. 4.2) zur Phase der Strategieentwicklung und der Strategieformulierung. Man kann auch sagen zu einem strategischen Plan. Das *Ganze* ist in dieser aus der Systemtheorie entliehenen Sicht *mehr* als die *Summe* seiner *Teile*. Energenz heißt in der Systemtheorie ein Phänomen, dessen Entstehen nicht vollständig durch die Qualitäten der Systemelemente beschrieben werden kann. Ein einfaches Beispiel zur Verdeutlichung: Eine Unternehmenskultur kann nicht erklärt werden durch die Aufsummierung der Persönlichkeitsmerkmale und Verhaltensweisen der Mitarbeiter und Führungskräfte in diesem Unternehmen. Es kommt etwas hinzu, das einerseits schwer greifbar ist, andererseits in seiner Wirkung auch nicht zu bestreiten ist. Dieses *je ne sais quoi* ist nach meiner Überzeugung in der Strategiearbeit auch anzutreffen. Emergent heißt in unserem Zusammenhang, aus den strukturierenden Kraftfeldern entsteht nach und nach der strategische Plan. Dieser Plan wird, in einem zweiten emergenten Schritt, innerhalb des Geschäftsmodells umgesetzt.

▶ **Wichtig** Emergenz 1 -> Vier strategische Kraftfelder -> Strategieentwicklung (= Plan)
Emergenz 2 -> Plan -> Umsetzung (= Geschäftsmodell)

In dieser Sichtweise sind die **Bedingungen** der Strategiearbeit in den Kraftfeldern, die dann entwickelte **Wettbewerbsstrategie** und deren **Umsetzung im Geschäftsmodell** beschreibbar. Durch diese Konzeption können einige Problemstellungen aus der traditionellen Strategielehre umgangen werden. Wesentlich ist dabei die oft nicht nachvollziehbare „Umsetzungslücke" – kulminierend in der bohrenden Frage: wie konnte es passieren, dass ein bestechend ausgearbeiteter Plan im Unternehmen nur unzureichend oder gar nicht funktionert?[64] Richard Rumelt stellt zu diesem Dilemma folgendes fest: „Many people call the guiding policy [zweites von drei Elementen einer guten Strategie, J.T.] 'the strategy' and stop there. This is a mistake. Strategy is about action [das dritte Elemente einer guten Strategie, J.T.], about doing something. The kernel of a strategy must contain action. [...] there must be enough clarity about action to bring

---

[64] Rumelt führt zur Umsetzungslücke aus, dass eine gute Strategie immer aus Plan und Handlung besteht. Wenn das so ist, gibt es keine Umsetzungslücke. Auf unser Konzept übertragen: wenn das Geschäftsmodell als Bündel von Handlungen angesehen wird, war die zugrunde liegende Strategie kein reiner Plan, sondern klar handlungsleitend.

4.2 Strategische Kraftfelder und Strategieentwicklung

concepts down to earth. To have punch, actions should coordinate and build upon one another, focusing organizational energy."[65]

Das verfolgte Geschäftsmodell offenbart konkret die **Umsetzung** der strategischen Absichten im Markt.[66] Insofern ist es konsequent, das Geschäftsfeld auch im Anschluss an Rumelt als den Ort der Handlung zu begreifen. In einem zweiten emergenten Prozess verdichten und konkretisieren sich dort Ideen, Pläne und Zielsetzungen, welche in der Wettbewerbsstrategie ausformuliert worden sind, zu konkreten Handlungen. Emergente Prozesse laufen *vorbewusst* ab, sie entziehen sich einer vollständigen kognitiven Kontrolle, haben aber nachweisbare Einflüsse auf Entscheidungen.[67] Der Umgang mit diesen emergenten Prozessen fällt in den nicht-rationalen, teils sogar nicht kommunizierbaren Bereich der „Geheimnisse" guter Unternehmensführung. Diese hoch individuellen Bestandteile der Strategieentwicklung Intuition oder Bauchgefühl zu nennen, bringt es möglicherweise auf den Punkt. Was aber im je konkreten Fall genau geschieht, können sie nicht erhellen. An anderer Stelle wurde eine überzeugende Strategie mit einer Erfindung verglichen. Im Umgang mit den Emergenzphänomenen haben wir es mit nicht erklärbaren Residuen der Bewußtseinsbildung zu tun, deren Wirkung nicht streng wissenschaftlich bewiesen werden können, aber ebenso wenig kategorisch bestritten werden sollten.

Das Geschäftsmodell als Ort des Geschehens wird als erstes hinterfragt, die ihm zugrunde liegende strategische Arbeit im Anschluss, und erst danach die Prämissen der getroffenen strategischen Entscheidungen, also die vier Kraftfelder. In klassischer Strategieterminologie würde man diese Optik *„outside-in"* nennen: vom Markt und Kunden her in das Unternehmen hineindenkend und handelnd. Viele Mittelständler folgen traditionell einer „inside-out" Logik und verpassen dadurch zahlreiche Chancen, punktgenauer Wert für ihre Kunden (und damit auch indirekt für sich selbst) zu schaffen: „Most companies with an inside-out perspective become attached to what they produce and sell and to their own organizations. In contrast, the outside-in perspective starts with the marketplace and delves deeply into the problems and questions customers are facing in their lives. It then looks for creative ways to combine its own capabilities with those of its suppliers and partners to address some of those problems. The goal is to bring value to customers in ways that are beneficial for them while also creating additional value for the company itself."[68]

Gulati weist zudem auf einen entscheidenden Punkt hin, warum das Denken von Außen nach Innen – welches man auch stark am Geschäftsmodell orientiert nennen könnte – so

---

[65] Rumelt 2011.b, S. 87

[66] Vgl. Rothaermel 2021, S. 177

[67] **Vorbewußtes**, das gerade jetzt nicht Bewußte, aber Bewußtseinsfähige [...] jene Vorstellungen, die wir ins Bewußtsein heben können, sobald wir unsere Aufmerksamkeit darauf richten. https://www.spektrum.de/lexikon/psychologie/vorbewusstes/16489 (Abruf 18.05.2021).

[68] Ranjay Gulati, in: https://hbswk.hbs.edu/item/the-outside-in-approach-to-customer-service (Abruf 18.05.2021).

wesentlich unter modernen Wettbewerbsbedingungen geworden ist: es ist der Unterschied zwischen Erkenntnis (awareness) und Handlung (action).

4.3 Spezifisches zur Unternehmensführung im Mittelstand

Inhaber aus Familienunternehmen ebenso wie Mittelständler aus Nicht-Familienunternehmen bringen regelmäßig ihre persönlichen Werte in den Strategieprozess mit ein, dazu ein solides Bauchgefühl für Märkte, Kunden und Wettbewerber, Mut, Kreativität und Querdenken.[69] Dadurch entsteht oft eine Vorgehensweise, die bei kapitalmarktorientierten Unternehmen so nicht funktioniert, weil die Entscheidungsautonomie der Verantwortlichen nicht dieselbe ist. Die zahlreichen **nicht-rationalen** Bestandteile der Strategiearbeit nehmen einen wichtigen Platz ein. Sie sind, im Grunde genommen, der wirklich greifbare *qualitative Unterschied* in der Strategiearbeit von inhabergeführten Unternehmen und anonymen Börsengesellschaften. Als Einstimmung in dieses Verständnis soll an dieser Stelle ein kurzes Zitat genügen: „Strategien sind Denk- und Handlungswerkzeuge, mit denen man seinen Erfolgspfad in die Zukunft gestaltet."[70] Da strategische Absichten oder Pläne ohne die Konkretisierung durch eine Vielzahl aufeinander abgestimmter, genau beschreibbarer Handlungen nichts bringen, wenden wir uns in der Folge verschiedenen Aspekten der Umsetzung (*actions*) zu. Die Umsetzung von Strategien erfolgt, wie dargestellt, innerhalb des gewählten Geschäftsmodells.

Andere wichtige Gestaltungsfelder der Unternehmensführung, die neben Strategien ebenfalls im Geschäftsmodell sichtbar werden, sind die Organisation, die Wertkette und die Prozesslandschaft. Diese drei Bereiche der Unternehmensführung haben deutliche Überschneidungen mit dem Geschäftsmodell, benötigen aber eine eigene Gestaltungslogik. Es geht stets darum, Wert für Kunden zu schaffen. Und dadurch auch Wert für das Unternehmen zu generieren, in Form angemessener Gewinne. Das gelingt nur, wenn eine entsprechend den strategischen Absichten aufgebaute **Organisation** zur Verfügung steht, einschließlich IT. Die **Wertkette** ist deshalb von entscheidender Bedeutung, weil dort u. a. das Verhältnis von Eigen- und Fremdleistung (Fertigungstiefe) definiert wird, die Kostenstruktur verankert ist und die Produktpolitik umgesetzt wird. Die **Prozesslandschaft** bestimmt schlussendlich die zeitlich-sachliche Logik des Annehmens, Abarbeitens und Auslieferns von Kundenaufträgen. Insofern muss unterstrichen werden, dass die alleinige Beschäftigung mit den Wettbewerbsstrategien oder dem Geschäftsmodell nicht ausreichend ist für eine umfassende, ganzheitlich verstandene Unternehmensführung. Vielmehr besteht die Herausforderung darin, die Vielzahl an Partialperspektiven immer wieder zu einer Gesamtausrichtung zusammen zu führen. Dabei können Geschäftsmodell und Strategien als „Fixsterne" der Ausrichtung fungieren, freilich ohne die anderen Bereiche aus dem Auge zu verlieren.

---

[69] Verwendet im ursprünglichen Wortsinn!
[70] Scheuss 2008, S. 11

4.3 Spezifisches zur Unternehmensführung im Mittelstand

Diese unterschiedlichen Stellschrauben der Unternehmensführung sollten nicht nach „Wichtigkeit" sortiert werden, eher nach „Dringlichkeit" bzw. marktinduzierten Anlässen zur Anpassung. Es sind auch nicht ausschließlich diese Gestaltungsfelder, die ganzheitliche Unternehmensführung ausmachen. Aber sie sind aus den Kernbestandteilen des Geschäftsmodells heraus gedacht (Werterzeugung und Monetarisierung) und insofern für diese Arbeit von großer Wichtigkeit. Insofern ist das Geschäftsmodell nicht als alleiniger Faktor der Strategieumsetzung konzipiert. Aber es ist der *sichtbarste Ort* der Umsetzung im Markt. Denn Organisation, Wertkette und Prozesslandschaft sind für Außenstehende nicht wirklich zu sehen und zu beurteilen, das praktizierte Geschäftsmodell hingegen schon. Und dadurch unterscheidet es sich von vielen anderen Aspekten der strategischen Unternehmensführung. Wann es aus Unternehmenssicht richtig ist, dem Geschäftsmodell, der Organisation, der Wertkette oder der Prozesslandschaft (oder anderen Handlungsbereichen wie Finanzen, Marketing, Vertrieb, HR, IT, usw.) besondere strategische Aufmerksamkeit zu widmen, kann nicht allgemein gesagt werden. Gleichwohl erscheint es aus der Sicht von Fokus und Konzentration nicht ratsam, alles auf einmal verändern zu wollen.[71]

In Fallstudien, die mehrere Branchen und Größenklassen von inhabergeführten Unternehmen abdecken, soll in Kap. 7 die Erklärungskraft des Konzepts der strategischen Kraftfelder illustriert werden. Als Erklärungsvariable verwenden wir die Geschäftsmodelle und die dort umgesetzten strategischen Entscheidungen. Insofern wird der relative *Markterfolg* eines Unternehmens zur Messlatte, allerdings in einer differenzierteren Betrachtung als nur über den Gewinn. So sind bspw. im Geschäftsmodell Effekte wie Lock-in, recurring revenues, Ansätze der kundenindividuellen Wertgenerierung sichtbar, aber auch schnelles globales Wachstum (ohne Gewinn), gekoppelt mit einer „Winner-takes-all"-Logik. Sogar dauerhafte Wachstumsabstinenz[72] kann mittel- und langfristig zum möglichen Werttreiber werden, wenn dadurch hohe Risiken vermieden und der Fortbestand des Unternehmens gesichert werden. Die Monetarisierung der geschaffenen Werte bei Startups bspw. läuft nicht klassisch über Gewinnausschüttung oder Dividende. Häufig wird ein Exit, der Verkauf des Unternehmens oder ein Börsengang einem klassischen organischen Wachstum von den Gründern vorgezogen.[73] Und kleine Unternehmen in sehr spezifischen Nischen können häufig nur bis zu einem bestimmten Maximum wachsen, weil der Markt ausgeschöpft ist und/oder laterale Diversifikation keinen unternehmerischen Sinn ergibt. Oder auch, das ist durchaus legitim und empirisch zu beobachten, weil der Unternehmer das Wachstum nicht weiter forcieren kann oder will.

Um es pointiert zu formulieren: wer sein Geschäftsmodell aufmerksam managt, steuert das Unternehmen nicht durch den „Blick in den Rückspiegel" (Gewinn vergangener Perioden), sondern handelt deshalb strategisch, weil er *wirksame Hebel* für die eingesetzten

---

[71] Vgl. Simon 2009, S. 156 (Bewertungsmatrix zur Steuerung simultaner Führungsaufgaben, hier speziell für eine Krise.)
[72] Vgl. Simon 2012, S. 126 f. Das Beispiel des in Bonn ansässigen Orgelbauers Klais verdeutlicht die dahintersteckende Logik bzw. die Engpassfaktoren.
[73] Vgl. Reinemann 2011, S. 212 und Fueglistaller u. a. 2016, S. 347 ff.

Ressourcen entdecken kann.[74] Auf deterministische Erklärungsversuche wird in diesem Ansatz konsequent verzichtet. Erfolg lässt sich im Vorfeld weder genau berechnen noch minutiös planen. Die mögliche positive Wirkung einer guten Strategie, umgesetzt in einem durchdachten Geschäftsmodell, entsteht vielmehr durch die Vielzahl alltäglicher Handlungen, die von Wettbewerbsstrategien vorstrukturiert und dann im Geschäftsmodell ausgeführt werden. Strategie wirkt insofern indirekt: Sie muss im Unternehmen gelebt werden. Und ein gutes Geschäftsmodell gibt dabei zusätzlich Struktur und Sicherheit.

In den **vier strategischen Kraftfeldern** wird das strategische Denken der Inhaber beeinflusst, aber nicht determiniert. Dieses zunächst diffuse Denken verdichtet sich in einem emergenten Prozess zu einer strategischen Idee, die weitgehend der Phase Strategieentwicklung in der wissenschaftlichen Literatur entspricht. Dieser **emergente Prozess** läuft **vorbewusst** ab, ist nicht zugänglich für abwägende, rationale Wenn-dann-Entscheidungen. Das heißt nicht, dass Zahlen, Daten und Fakten keine Rolle spielten. Sie werden nur anders prozessiert, eben nicht in der Form einer bewussten Planung, eines Berechnungsvorgangs oder eines reproduzierbaren Algorithmus, sondern durch intelligente Interpretation, Intuition und Kreativität zu einer Art einmaliger **Erfindung** verdichtet. Insofern sind sie hoch individuell und oft auch anderen nicht ohne Weiteres kommunikativ zu vermitteln. Es geht, um es bildlich auszudrücken, hier um so etwas wie ein Amalgam von Kopf und Bauch.

Die Idee, sich durch **Fallstudien** inspirieren zu lassen bei der eigenen Strategiearbeit, funktioniert durch Inspiration und Lernen. Voraussetzung guter Strategiearbeit ist eine „engagierte, kreative Denkleistung."[75] Den Erfolgspfad anderer nachahmen zu wollen, führt regelmäßig in die Irre. Rumelt, der selbst zahlreiche Fortune 500 Unternehmen, Regierungs- und Militärorgansationen sowie NGOs beraten hat, merkt dazu an: „From small boutiques to the large IT-based firms trying to break into strategy work, consultants have found that template-style strategy frees them from the onerous work of analyzing the true challenges and opportunities faced by the client. Plus, by couching strategy in terms of positives – vision, mission, and values – no feelings are hurt."[76] Kenntnisse über die strategischen Kraftfelder können beim bewussten Strukturieren hilfreich sein, aber das Ergebnis im Sinne einer je neuen, individuellen Strategie, die über **Emergenz** entsteht, ist das Resultat harter Arbeit. Imitation hilft hierbei nicht weiter. Ein innovativer Strategieansatz ist das Optimum, nicht nur, weil er selbst erdacht ist und gleichzeitig die eigenen Engpassfaktoren und Stärken abwägt, sondern auch, weil er für den Wettbewerb das höchste Überraschungsmoment bereithält.

Fallbeispiele von Fortune 500, Eurostox oder Dax 30 Unternehmen können für jede Strategiearbeit anregend sein. Doch deren praktischer Nutzen für den mittelständischen

---

[74] Vgl. Rumelt 2011.b, S. 97 ff. Dort besonders eindrucksvoll die Hebelwirkung, die der Chef des Getty Trust in Los Angeles dadurch erreichte, dass er nicht immer neue Kunst kaufte, sondern Kunst digital allen zugänglich gemacht hat.

[75] Vgl. Scheuss 2008, S. 12

[76] Vgl. Rumelt 2011.b, S. 68

Unternehmer ist, wie bereits bei der Diskussion um Normstrategien ausgeführt, häufig gering. Die theoretischen Prämissen sind meistens so stark formalisiert, dass der Leser idealerweise Mathematik, Physik oder Operations Management studiert haben sollte, um das alles bis ins Detail nachvollziehen zu können. Zudem sind die in vielen bekannten und guten Fallstudien untersuchten Konzerne bzw. deren operative Geschäftsbereiche sehr groß. Es werden dort also (didaktisch gut aufgearbeitete) Spielregeln und Vorgehensweisen dargeboten, die (unausgesprochen) von der Prinzipal-Agent-Problematik geprägt sind. Eine weitere Prämisse ist häufig ein beinahe unbegrenzter Zugang zu Kapital und Toleranz gegenüber enormen Verschuldungen. Auch der Kauf und Verkauf von Unternehmen oder Teilen davon, allein unter Renditegesichtspunkten, entspricht nicht klassischem Mittelstandsdenken. Genauso wenig lieben Mittelständer das Konzept der Desinvestition. Mit Verkauf oder Schließung gehen regelmäßig hohe soziale Kosten einher. Zudem widersprechen solche rein finanziell motivierten Abstoßungen den von vielen Mittelständlern gelebten Werten.

Insofern ist die BCG Matrix (Abb. 4.3) mit ihren bekannten vier Feldern für Einprodukt-/Einmarktunternehmen – das sind die meisten im Mittelstand – oftmals nicht sehr ergiebig. Denn ein Modell der Konzernsteuerung, getrieben von Zuweisung oder Abzug von Cashflows, hilft dem Mittelständler in der Regel nicht weiter bei seinen strategischen Entscheidungen. Vielleicht hat er die Mittel, seine „stars" und „cash cows" zu pflegen, aber was ist mit den „question marks"? Und wer möchte einem „poor dog" den Gnadenstoß geben, wenn das Produkt möglicherweise auf einer eigenen Erfindung oder einer der

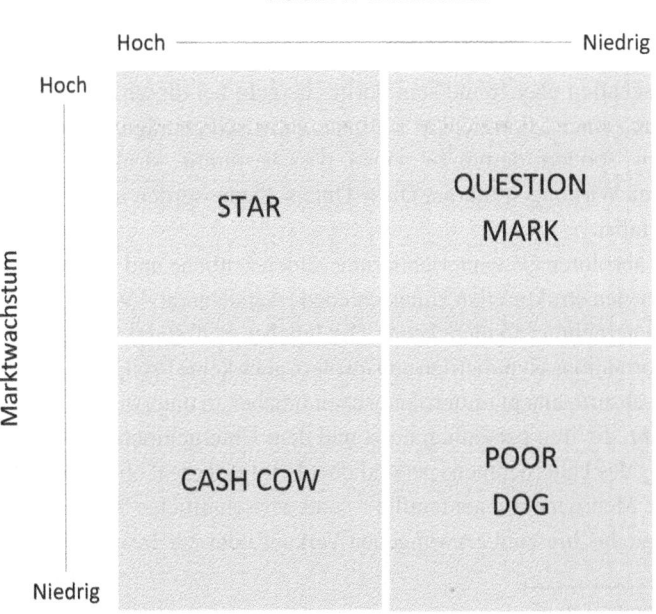

Abb. 4.3 BCG-Matrix, eigene Darstellung, angelehnt an Hax/Maljuf 1991, S. 186

Mutter oder des Großvaters basiert? Solche Fragen kommen in vielen Mittelstandsunternehmen deshalb vor, weil dort nicht alle strategischen Entscheidungen nach rationalen Zweck-Mittel-Relationen getroffen werden. Das weiter oben über die Unternehmerfamilien Gesagte wirkt auch hier nach; nicht nur im Zwischenmenschlichen können strategische Fallgruben verborgen sein, auch in der Produktpolitik. Solche Formen von Nostalgie oder daraus resultierender „Beißhemmungen" kennen die Entscheider von börsennotierten Unternehmen i. d. R. nicht.

Konzerne, die von Aufsichtsräten kontrolliert und von Vorständen geführt werden – also nicht von persönlich haftenden Inhabern oder Inhaberfamilien –, sind völlig anderen Spielregeln im Wettbewerb und in der internen Organisation unterworfen. Wenn Größe zählt und internationale Beweglichkeit gegeben ist, gehen viele der Empfehlungen aus Strategielehrbüchern auf. Im Mittelstand sind die strategischen Möglichkeiten i. d. R. anders strukturiert. Viele Inhaber sind in ihren Unternehmungen „gefangen" – insofern als oft beträchtliche Teile ihres Vermögens oder des Familienvermögens dort gebunden sind, und zwar in einer Weise, die opportunistische Renditejagd ausschließt. Anteile an inhabergeführten Unternehmen können nicht wie Aktien gehandelt werden.

Neben der technischen Unmöglichkeit spielen **emotionale Faktoren** wie Loyalität gegenüber der Familie oder der sogenannte „dynastische Wille" eine bedeutsame Rolle. Zudem lebt man als Mittelstandsunternehmer in einer Region, wo man bekannt ist, einen guten Namen hat, soziale Verpflichtungen. Mittelständler erleiden erhebliche Ansehensverluste, wenn es mit dem Unternehmen schief geht.[77] Diese Unterschiede bilden einen wesentlichen Teil des **Korsetts**, in dem sich der typische Mittelständler bewegt. Es spielt in einer anderen Wettbewerbsarena als die Leiter der börsennotierten Großunternehmen. Und es sind nur zum Teil wirtschaftliche Gründe, die dafür verantwortlich sind. Zu bedenken ist auch, dass ein Korsett Halt und Sicherheit gibt, ein Gefühl, das vielen Chefs von Börsengesellschaften eher fremd sein dürfte. Es geht bei dieser Argumentation nicht um die Überhöhung einer „glorreichen" (oft paternalistisch geprägten) Welt des Familienunternehmertums, sondern darum zu zeigen, dass bestimmte strukturelle Unterschiede zu nicht zufälligen Wirkungen führen. Diese Unterschiede werden in der Strategiegestaltung besonders sichtbar.

Neben der absoluten Gewinnorientierung zählen zeitliche und sachliche Informationsasymmetrien zu den strukturellen Unterschieden (Aufsichtsrat – Vorstand – Aktionäre), die ein Familienunternehmer so nicht kennt. Der Inhaber weiß (fast) alles über seine Firma, es gibt keine Informationsasymmetrien und insofern auch keine Pricipal-Agent-Problematik.[78] Es wäre recht absurd, einem mittelständischen Inhaber zu unterstellen, er verfolge eine Art **hidden agenda**, die ihm persönlich nutzt und dem Unternehmen schadet. Vielmehr ist es so, dass Erfolg des Unternehmens persönlicher Erfolg ist (egal ob ein Gesellschafter, mehrere oder eine Mehrgenerationenfamilie) – und wirtschaftlicher Misserfolg eine persönliche Niederlage, bis hin zum erzwungenen Verkauf oder zur Insolvenz. Mehrgesellschaf-

---

[77] Vgl. Groth 2008, S. 30 ff.
[78] Vgl. May 2012, S. 33 f.

ter-/Mehrgeschäftsführerkonstellationen, welche häufig in Familienunternehmen anzutreffen sind, verkomplizieren die beschriebene Lage zusätzlich.

Für typische Großunternehmen bilden die ökonomische Logik der Weltmärkte für Waren und Dienstleistungen sowie der Kapitalmärkte und Börsen einen wichtigen Rahmen der Strategiefindung. Greift allerdings eine Logik der personenzentrierten **dominanten Inhaberschaft**, dann ergeben sich zwangsläufig andere Rahmenbedingungen für die Strategiearbeit. Statt hohem Kapitaleinsatz, Kauf und Verkauf von Unternehmen oder Unternehmensteilen ist häufig eine Vorgehensweise gefragt, die mehr Kreativität oder unorthodoxe Vorgehensweisen erfordert. Kommt noch ein anderer Umgang mit Risiken („never bet the company")[79] hinzu, eine weniger starke Fokussierung auf Marktanteile, Wachstums- und Renditekennzahlen, dann werden oft **mittelstandstypische** strategische Verhaltensmuster sichtbar, die mehr von Werten, Überzeugungen und Traditionen, von Bauchgefühl und Erfahrung geprägt sind. Simon spricht davon, dass es bei Hidden Champions häufig nicht darum geht, in jedem denkbaren Einzelfall die beste Entscheidung zu treffen, sondern darum, „den großen Fehler zu vermeiden".[80] Und die Rahmenbedingungen dafür werden stärker von den vier genannten Kraftfeldern abgesteckt als von Weltmärkten, Börsen oder Kapitalrenditen.

4.4 Kraftfelder statt Determinanten

Der Unterschied zu Porters Ansatz beim hier gewählten Weg ist offensichtlich: Die maximale Steigerung der Rendite auf das insgesamt im Unternehmen gebundene Kapital ist i. d. R. nicht die einzige strategische Triebfeder für deutsche Mittelstands- und Familienunternehmen.[81] Porters Ansatz ist insofern „blind" für wichtige strategische Belange der meisten Mittelständler, etwa Autonomie, Selbstbestimmung, das Denken in Generationen und den „dynastischen Willen" der Eigner, die sich oftmals als Mitglieder einer Generation (von vielen) in der Verantwortung sehen. Deren wesentliche Aufgabe heißt: Fortführung des Unternehmens in Unabhängigkeit. Häufig ist dieser Selbstanspruch verbunden mit dem Willen, das ererbte Unternehmen der nächsten Generation möglichst in besserer Verfassung zu übergeben als sie selbst es übernommen haben.[82] Insofern sind die Prämissen denkbarer Strategien breiter gefasst als in Großunternehmen.

Hinzu kommt, im Sinne einer Abgrenzung gegenüber Porters deterministischen Konzepten, die im Kern auf das Schaffen von Monopolsituationen im Wettbewerb abheben, dass seine **generischen Strategiealternativen**, Kostenführer im Markt oder stark differenziert gegenüber dem Wettbewerb zu sein, für kleinere und mittlere Unternehmen in reiner Form nur sehr schwer zu realisieren sind. Es sei denn, sie verfügen, wie einige Startups,

---

[79] Vgl. May 2012, S. 86
[80] Vgl. Simon 2009, S. 68
[81] Vgl. Welge u. a. 2017, S. 86 f. zu unterschiedlichen ökonomischen Rentenkonzeptionen.
[82] Vgl. May 2012, S. 29 f.

über bahnbrechende technologische Innovationen, die einen Markt erst schaffen (first mover advantage) und so eine starke Differenzierung ermöglichen. Ein Beispiel wäre „Silent Power" – ein junges, preisgekröntes Unternehmen aus der Schweiz, das im Zukunftsfeld „Power-to-Liquid" tätig ist. Mit Methanol-Syntheseanlagen werden CO_2-neutrale Lösungen für die Speicherung und den Transport von grünem Strom bereitgestellt.[83] Neben rezenten Innovationen ist es auch möglich, dass Unternehmen bereits länger in einer Technologie führend und dadurch marktbeherrschend ist. Simon hat zahlreiche Hidden Champions identifiziert und beschrieben, auf die das zutrifft.[84]

Kostenführerschaft setzt Lernkurven und Skaleneffekte voraus, gekoppelt mit hohem Kapitaleinsatz und Volumen, schneller Drehgeschwindigkeit und höchster Effizienz in allen Prozessen. Für den typischen Mittelständler ist das in globalen Massenmärkten ein eher illusionäres strategisches Ziel. Doch durch *Fokus*, also Konzentration auf ein einzelnes Marktsegment, ist die Umsetzung einer solchen Wettbewerbsstrategie eher möglich. Zu Porters Konzepten ist anzumerken, dass dort Wettbewerbsvorteile zu wenig berücksichtigt werden, die – ganz typisch im Mittelstand – auf internen Stärken des Unternehmens beruhen. Zu nennen wären hier bspw. langfristig engagierte Unternehmer, proprietäre Technologien, sehr gut ausgebildete Fach- und Führungskräfte mit hoher Kontinuität im Unternehmen, kooperativ gelebte Mitbestimmung, starke Verwurzelung in einer Region u. ä.

Im Übrigen forderte der Anspruch Porters, allgemein gültige Gesetze für die renditeoptimale Unternehmenssteuerung zu formulieren, die er im Falle der *fünf Wettbewerbskräfte* und ihrer kausalen Wirkung auf das Renditeniveau mit physikalischen Gesetzen vergleicht,[85] (empirisch fundierten) Widerspruch bei zahlreichen Strategieexperten heraus. Rumelt wies bspw. nach, dass für die Varianz der von ihm untersuchten Renditen sehr viel stärker Business-Unit Effekte verantwortlich waren als die Branche oder „corporate effects".[86] Auch verhaltensökonomisch orientierte Managementexperten haben gewichtige Gegenargumente gegen das Modell von Porter mit seinen dominanten Brancheneffekten.

Unternehmer wissen, dass man Erfolg nicht berechnen kann, dass es Residuen im alltäglichen Wettbewerb gibt, die sich hartnäckig gegen Formalisierung sperren, dass eine elegante ökonomische Theorie häufig in der Praxis an menschlichen Störfaktoren zerschellen kann. Insofern ist eine gewisse *Theorieskepsis* bei vielen Mittelständlern zu kon-

---

[83] Vgl. https://silent-power.com/de/methanol-kreislauf/energieumwandlung/ (Abruf 13.01.2021).

[84] Ein solches Startup war zur Zeit seiner Gründung bspw. MyMuesli. Simon nennt einige Beispiele für kleine Unternehmen, die ihren (kleinen Nischen-)Weltmarkt zu 100 % bedienen, u. a. das Unternehmen Gerriets aus Freiburg, das große Theatervorhänge herstellt und vertreibt. https://www.gerriets.com/de/unternehmen/firmengeschichte (Abruf 01.11.2020).

[85] Magretta 2012, S. 6: „My [Porter's] frameworks provide a set of logical relationships that are really fundamental. They are like physics – if you are going to have higher profitability, you 've got to have a higher price or a lower cost. That industry competition is driven by the five forces. That the firm is a collection of activities. These frameworks provide basic, fundamental, and I believe unchangeable relationships about the 'matter' of competition."

[86] Vgl. Rumelt 1991, S. 167 ff.

4.4 Kraftfelder statt Determinanten

statieren, die selbstverständlich nicht nur dem Framework Porters entgegenschlägt. Hinzu kommt, dass für kaum einen Unternehmer des Mittelstands ein Wechsel der Branche in Erwägung gezogen werden kann. Die so genannten „Ausstiegsbarrieren" sind in der Regel unüberwindlich. Der von Deduktion geleiteten Sicht Porters auf Renditeoptimierung fehlt es für den Mittelstand an Geschmeidigkeit. Um mit diesen Einwänden Porter nicht in unangemesser Weise zu kritisieren, sei darauf hingewiesen, dass er nie den Anspruch erhoben hat, etwas Substanzielles über „Small and Mediumsized Entreprises" zu sagen. Seine Welt sind die Großunternehmen.

Ganz „idiosynkratische Ressourcen und Ressourcenbündel" [87] können zu Strategieelementen und daraus resultierend zu Stärken im Wettbewerb werden. Wer die selbst produzierten Radiospots von Willi Pfannenschwarz, dem Inhaber von „Seitenbacher" kennt, weiß auf Anhieb, was gemeint ist. Und auch die Auftritte des „Trumpf" Chefs Wolfgang Grupp mit dem Affen in der Fernsehwerbung sind nicht als Mainstream der Unternehmenskommunikation zu werten. Gleichwohl funktionieren sie.

In der Strategiewissenschaft wird im sogenannten ressourcenbasierten Ansatz analysiert, was ein Unternehmen von innen stark macht. Das Akronym R-C-P steht für das sogenannte „Resource – Conduct – Performance" Paradigma, welches die **Resource Based View** der Strategieforschung charakterisiert.[88] Grundsätzlich ist einer **Pluralität von Perspektiven** der Vorzug zu geben. Von Porter als Vertreter des „Strategy – Conduct – Performance" (S-C-P) Paradigmas, auch als **Market-Based-View** bezeichnet, lässt sich ebenso viel Nützliches ableiten wie von Mintzberg, Hamel oder anderen Vertretern des R-C-P Ansatzes. Ein Verzicht auf extensive Kausalanalysen erscheint für Mittelständler ratsam, stattdessen ergeben qualitative, individuelle Vorgehensweisen auf der Basis solider quantitativer Daten Sinn als Denkraum für innovative mittelständische Strategien. Der enormen Vielfalt an Unternehmen und Unternehmerpersönlichkeiten im Mittelstand wird dieses Vorgehen in Strategiefragen besser gerecht als jeder Versuch, deterministische Modelle zu generieren.

Erfolg kann nicht berechnet werden. Ginge das, wäre Strategie nicht erforderlich.[89] Der amerikanische Wissenschaftssoziologe Thomas Kuhn hat schon 1962 darauf hingewiesen, dass **Paradigmen** der Funktionsmodus der „Normal Science" seien und dass „Scientific Revolutions" sich auszeichneten durch „exraordinary episodes in which that shift of professional commitments occurs" [...].[90] In diesem Sinne betrachte ich sowohl das S-C-P als auch das R-C-P-Paradigma als Perspektiven, die innerhalb der Strategiewissenschaft im Wettbewerb um Aufmerksamkeit stehen und vergleichbare Praxisphänomene aus einem je eigenen Blickwinkel analysieren. Die Frage nach richtig oder

---

[87] Vgl. Welge u. a. 2017, S. 85
[88] Vgl. Müller-Stewens/Lechner 2016, S. 200 ff. Besonders aufschlussreich ist das Beispiel des Familienunternehmens Vorwerk, beschrieben auf S. 205.
[89] Vgl. Teece 2010, S. 179
[90] Kuhn 1996, S. 6

falsch stellt sich für mich nicht. Vielmehr sollte *Nützlichkeit* für Erklärungen im empirischen Strategiealltag betrachtet werden.

4.5 Emergenz

Das Bild der Kraftfelder nimmt das aus der Kybernetik und der Luhmannschen Systemtheorie bekannte Konzept der *Emergenz* auf.[91] Als emergent werden Phänomene [hier die geplante Strategie und die umgesetzten Geschäftsmodelle] bezeichnet, die nicht ausschließlich auf die Systemwirkung der einzelnen Systemelemente zurückgeführt werden können. Es gibt ein schwer zu fassendes „Mehr", das nicht erschöpfend aus der Qualität der Elemente erklärt werden kann. Ganz ohne akademischen Jargon: Emergent ist beispielsweise die *Gesamtwirkung* einer Symphonieaufführung in einem Konzertsaal auf den Besucher. Neben den beschreibbaren Leistungen der einzelnen Orchestermusiker und Solisten, den Steuerungsimpulsen des Dirigenten und den Resonanzbedingungen im Konzertsaal taucht regelmäßig etwas schwer Greifbares auf, das nur intuitiv, aber nicht rational fassbar ist. Jede Aufführung wird dadurch zu etwas Einzigartigem, bei aller unbestreitbaren Identität des gespielten Stücks, des Orchesters und des Dirigenten.

Bei Luhmann heißt es dazu: „Emergenz ist nicht einfach Akkumulation von Komplexität. [...] Es gibt im Emergenzverhältnis kein Mehr oder Weniger von Realität, sondern nur unterschiedlich-selektive Anschlussfähigkeit."[92] Mit *Anschlussfähigkeit* ist die über die Grenzen sozialer Systeme hinweg mögliche Verständigung gemeint, die nicht selbstverständlich ist, weil unterschiedliche soziale Systeme, bspw. *Familie* und *Wirtschaft*, mit semantisch unterschiedlich codierten Systemelementen arbeiten. Im Falle von Familien ist das Zuwendung und Liebe, im Falle von Unternehmen sind es Entscheidungen und Zahlungen. In der Luhmannschen Begriffswelt ist beides, Liebe und Zahlungen, ein auf Kommunikation basierender Code, der Anschlussfähigkeit aber nur innerhalb der genannten Systeme ermöglicht: ein Liebesbeweis bringt den nächsten hervor, eine Zahlung hat eine weitere zur Folge usw. Es kann auch zu Störungen kommen: einem Liebensbeweis folgt Ignorieren oder sogar ein aggressiver Akt; dann ist der nächste kommunikative Schritt im sozialen System Familie kein Liebesbeweis, sondern ein Beziehungskonflikt.

In der Wirtschaft läuft es analog: wenn eine fällige Zahlung ausbleibt, wird das kommunikative Gleichgewicht innerhalb des Sytems gestört, Vertrauen geht verloren, die Kommunikation wird anstrengender, im Extremfall wird sie auf Außenstehende delegiert, bspw. Inkassounternehmen, Anwälte und Gerichte. Kompliziert wird es, wenn Kommunikationsbeziehungen zwischen unterschiedlichen sozialen Systemen erfolgen, die jedes für sich mit einem eigenen Code operieren. Was aber in diesem Theorieentwurf ausgeschlossen wird, ist bspw. ein Liebesbeweis als kommunikatives Ereignis in der Wirtschaft. Wer wollte hier widersprechen?

---

[91] Vgl. Luhmann 1984, S. 43
[92] Luhmann 1984, S. 159

Um Anschlussfähigkeit sichern zu können, also das Nicht-Abreißen des unendlichen Fortlaufens kommunikativer Akte, ist ein sogenannter *symbiotischer Mechanismus* hilfreich. Symbiotische Mechanismen stellen die Verbindung [der sozialen Systeme, J.T.] zum Körperlichen, Organischen, kurz zum Menschen als handelndem Subjekt, her. Symbiotische Mechanismen vermitteln die strukturelle Kopplung eines sozialen Systems, hier Wirtschaft, zu Körper und Bewusstsein der handelnden Menschen, hier Unternehmer. Die jeweils eigene systemische Operationslogik wird beibehalten, Sinn funktioniert als kleinster gemeinsamer Nenner, als eine Art Verständigungsbrücke. [93]

Die unternehmerische Leistung besteht, mit anderen Worten, in der möglichst geschickten und *kreativen Beeinflussung* der beschriebenen emergenten Prozesse. Die konsequente Beachtung der Restriktionen und Gestaltungsmöglichkeiten innerhalb dieser vier Kraftfelder kann, so die Kernidee, insbesondere Inhabern von mittelständischen Unternehmen unmittelbaren Nutzen stiften. Die beiden beschriebenen emergenten Prozesse sind (eine weitere Metapher aus der Welt der Konzertsäle) keine dramaturgischen Kniffe à la „Deus ex machina". Emergenz heißt vielmehr, ein einfaches Denkschema zu verlassen, in dem jede Wirkung eine genau definierbare Ursache hat.

Doch gute Strategie entsteht wie eine gute Konzertaufführung: durch harte Arbeit der Entscheider an Vorhandenem und *etwas Zusätzlichem*, das nicht auf die Summe der analysierbaren Variablen allein zurückgeführt werden kann – also durch einen emergenten Prozess. Nur die Verantwortlichen in den Unternehmen sind in der Lage, Strategien festzulegen und durchzusetzen. *Wissenschaft* kann bei der Unternehmensführung helfen durch Systematik und das Bereitstellen von Modellen und Methoden, aber nicht auf der *Inhaltsebene* aufzeigen, was im Einzelfall richtig oder falsch ist. Es ist für Unternehmensverantwortliche auch ganz normal, sich in strategischen Fragen Unterstützung zu holen. Viele Inhaber tun dies bei befreundeten Unternehmern, die sie bspw. in ihre freiwilligen Beiratsgremien holen oder, weniger formal, bei Bedarf im persönlichen Gespräch um ihre Einschätzung bitten.[94]

4.6 Die Rolle des Gewinns bei der Strategiewahl

Eine reine Gewinn- oder Renditeorientierung steckt so gut wie nie den vollständigen Rahmen der strategischen Zielsetzungen für mittelständische Inhaber und Geschäftsführer ab. Das bedeutet nicht, dass Gewinn und Rendite unwichtig wären, aber sie sind häufig *nicht* die *ultima ratio* des unternehmerischen Handelns, eher Mittel, um andere Zielsetzungen wie Nachhaltigkeit, Verbleib des Unternehmens in der Familie, Unabhängigkeit von Banken, soziales Engagement usw. erreichen zu können. Hermann Simon, ein Autor der den Mittelstand hervorragend kennt, hält gleichwohl ein Plädoyer für die Maximierung des Gewinns als oberstes Ziel jedes Unternehmens. Er argumentiert, dass der Gewinn jene

---
[93] Vgl. Thömmes 1996, S. 44 ff.
[94] Vgl. Heilgenthal/Hübner/Thömmes 2012, S. 32 ff.

„Restgröße sei, die übrig bleibt, wenn der Unternehmer alle seine Verpflichtungen erfüllt hat."[95]

In einer rein ökonomischen Logik ist dieses Argument zwingend. Von dort aber zu einer normativen Forderung zu gelangen, der Gewinn sei unter allen Umständen zu maximieren und eine „Stellvertretervariable für das Überlebensfähigkeit eines Unternehmens"[96] ist weniger zwingend. Viele Mittelständler sprechen – oft natürlich ein krasses Understatement – von „auskömmlichen Gewinnen". Und exakt um diesen Unterschied geht es hier: auskömmlich ist nicht zwingend maximal. Und Simon konzediert auch, dass es neben den Gewinn- und Rentabilitätszielen weitere Ziele in der mittelständischen Praxis gibt: Volumen- und Wachstumsziele, Liquidität und Kreditwürdigkeit, Machtziele und soziale Ziele.[97]

Für einige Zielkonflikte gibt Simon Heuristiken an, wie man sie auflösen oder vermeiden kann. So nennt er die Notwendigkeit der Abwägung zwischen Gewinn und Mengensteigerung evident und betont, dass wettbewerbsorientierte Ziele schädlich seien. Marktanteilssteigerung zulasten des Gewinns ist für ihn strategisch ebenso falsch wie Ziele, die auf die Schädigung der Konkurrenz gerichtet sind. Wenn man diese Argumente als wohlüberlegte strategische Empfehlungen eines erfahrenen Managementexperten akzeptiert, bleibt dennoch anzumerken, dass dominante Inhaber insbesondere bei Fragen der Kontinuität und Nachfolge, aber auch bei sozialen Zielen oft dazu tendieren, den Gewinn eben nicht unbedingt zu maximieren. Für Inhaber von Familienunternehmen hat die langfristige Sicherung des Unternehmens in Familienhand sehr oft Priorität vor Gewinn- und Finanzkennzahlen.

Nach der reinen Lehre der Betriebswirtschaft mag das falsch sein, aber jeder Unternehmer ist frei, sein Unternehmen so zu steuern, wie er es für richtig hält, ihm eine unverwechselbare Kultur zu geben, seine persönlichen Werte zur Richtschnur unternehmerischen Handelns zu machen. An diesem Punkt wird es psychologisch oder soziologisch; in jedem Fall helfen bei diesen Fragen betriebswirtschaftliche Analysen nicht weiter. Der von May und anderen Autoren *Familyness* genannte Faktor ist real in seinen Wirkungen.[98] Dessen konkrete Erscheinungsformen wie bsp. Wachstumsverzicht oder wirtschaftlich nicht „vernünftige" Standortentscheidungen als legitime Zielsetzungen eines Inhabers anzuerkennen, gelingt am einfachsten, wenn man sich von der Gewinnmaximierung als Dogma löst. Tut man das nicht, weigert man sich im Grunde genommen, die **unternehmerische Freiheit** als solche anzuerkennen.

Das weiter oben ausgeführte Verständnis von Porter mit seiner Fixierung auf die Gesamtkapitalrendite als Gradmesser für den Erfolg einer Strategie muss folglich für Mittelstandsverhältnisse angepasst werden. Selbstverständlich sind Gewinn und Rendite Voraussetzungen für die genannten alternativen Zielzustände. Unabhängigkeit,

---

[95] Simon 2020, S. 10
[96] Simon 2020, S. 64
[97] Vgl. Simon 2020, S. 66 f.
[98] Vgl. May 2012, S. 42 ff.

gesellschaftliche Verantwortung, Mitarbeiterorientierung usw. kann nicht dauerhaft erreicht werden in einem wirtschaftlich defizitären Betrieb. Und eine angemessene Eigenkapitalverzinsung sollte selbstverständlich ein Ziel jeder unternehmerischen Tätigkeit sein. Vielmehr erscheint es also so, als sei die Rendite ein übergeordnetes Ziel, welches erst die Verfolgung abgeleiteter, sekundärer Ziele ermöglicht. Natürlich lassen sich auch im Mittelstand „ökonomische Schwerkraftgesetze" nicht außer Kraft setzen. Aber die Rangreihe und die Gewichtung der Ziele ist das Ergebnis strategischer Festlegungen, welche die Inhaber, ihrer eigenen Logik folgend, festlegen und verfolgen. Und die Forschung zu Familienunternehmen weist schon lange nach, dass **mehrdimensionale Zielsysteme** in dieser Unternehmenskategorie der Normalfall sind.[99] Wer als Unternehmensleiter Aktionären Rechenschaft schuldet, hat gezwungenermaßen eine andere Agenda.

Literatur

Amit, Raphael/Zott, Christoph: Business Model Innovation Strategy: Transformational Concepts and Tools for Entrepreneurial Leaders, Wiley, Hoboken, New Jersey 2021

Becker, Wolfgang/Ulrich, Patrick/Botzkowski, Tim/Eurich, Sebastian: Digitalisierung von Geschäftsmodellen, in: Daniel Schallmo/Andreas Rusnjak/Johanna Anzengruber/Thomas Werani/ Michael Jünger (Hrsg.), Digitale Transformation von Geschäftsmodellen, Grundlagen, Instrumente und Best Practices, Springer-Gabler, Wiesbaden 2017, S. 283–309

Botzkowski, Tim: Digitale Transformation von Geschäftsmodellen im Mittelstand, SpringerGabler, Wiesbaden 2018

Bratzel, Stefan/Thömmes, Jürgen: Alternative Antriebe, Autonomes Fahren, Mobilitätsdienstleistungen. Neue Infrastrukturen für die Verkehrswende im Automobilsektor, Heinrich-Böll-Stiftung, Schriften zu Wirtschaft und Soziales, Band 22, Berlin 2018

Demont, Anja/Paulus-Rohmer, Dominik: Industrie 4.0 Geschäftsmodelle systematisch entwickeln. Eine strategiegeleitete Vorgehensweise für den Maschinen- und Anlagenbau, in: Daniel Schallmo/ Andreas Rusnjak/Johanna Anzengruber/Thomas Werani/Michael Jünger (Hrsg.), Digitale Transformation von Ge-schäftsmodellen, Grundlagen, Instrumente und Best Practices, Springer-Gabler, Wiesbaden 2017, S. 97–125

Fueglistaller, Urs/Müller, Christoph/Müller, Susan/Volery, Thierry: Entrepreneurship. Modelle - Umsetzung – Perspektiven, Springer Gabler, 4. Auflage, Wiesbaden 2016

Gilbert, Daniel R. JR./Hartmann, Edwin/Mauriel, John J./Freeman, Edward R.: A Logic for Strategy, Ballinger Publishing Company, Cambridge, Massachusetts 1988

Groth, Thorsten: Gute Lösungen von Generation zu Generation: Langlebige Familienunternehmen, in: Arist von Schlippe/Almute Nischak/Mohammed El Hachimi (Hrsg.), Familienunternehmen verstehen. Gründer, Gesellschafter und Generationen, Vandenhoeck & Ruprecht, Göttingen 2008, S. 30–41

Heilgenthal, Ernst/Hübner, Stefan/Thömmes, Jürgen: Aufsichtsräte und Beiräte im Spannungsfeld zwischen Vertrauen, Verantwortung und Haftung, Gemini Management & Markets, Bad Homburg 2012

Kormann, Hermut: Gibt es so etwas wie mittelständische Strategien, Heft 11 der Schriftenreihe des Kirsten Baus Instituts für Familienstrategie, Stuttgart 2008

---

[99] Vgl. Koropp/Grichnik 2007, S. 295 ff.

Kormann, Hermut: Betriebswirtschaftslehre für Nicht-Betriebswirte – Ertüchtigung zu dezentralem Entscheiden durch Maximen und Normalien, in: revue [sic] für postheroisches Management, Heft 4 (2009), S. 50–57

Kormann, Hermut: Grundfragen des Familienunternehmens, in: Stephan Scherer/Michael Blanc/Hermut Kormann/Torsten Groth/Rudolf Wimmer, Familienunternehmen. Erfolgsstrategien zur Unternehmenssicherung, Deutscher Fachverlag, Frankfurt am Main, 2. überarbeitete Auflage 2012, S. 1–113

Koropp, Christian/Grichnik Dietmar, Nachfolgeentscheidung im Familienunternehmen, in: WiSt - Wirtschaftswissenschaftliches Studium, 2007, S. 295-302

Kuhn, Thomas: The Structure of Scientific Revolutions, The University of Chicago Press, 3rd edition, Chicago and London 1996 (Erstausgabe 1962)

Lashinsky, Adam: Wild Ride. Inside Uber's Quest for World Domination, Portfolio Penguin, New York 2017

Luhmann, Niklas: Soziale Systeme, Suhrkamp, Frankfurt am Main 1984

Magretta, Joan: Why Business Models Matter, in: Harvard Business Review on Business Model Innovation, Harvard Business School Publishing Corporation, Boston, Mass. 2010, S. 1–17

Magretta, Joan: Understanding Michael Porter. The Essential Guide to Competition and Strategy, Harvard Business Review Press, Boston, Massachusetts 2012

May, Peter: Erfolgsmodell Familienunternehmen, Murmann, Hamburg 2012

Moazed, Alex/Johnson, Nicholas L.: Modern Monopolies. What it takes to Dominate the 21st-Century Economy, St. Martins's Press, New York, N.Y. 2016

Müller-Stewens, Günter/Lechner, Christoph: Strategisches Management. Wie strategische Initiativen zum Wandel führen, Schäffer-Poeschel, 5., überarbeitete Auflage, Stuttgart 2016

Osterwalder, Alexander/Pigneur, Yves: Business Model Generation, Wiley, Hoboken, N.J. 2010, S. 14

Porter, Michael E.: Competitive Strategy, The Free Press, New York 1980

Porter, Michael E.: Competitive Advantage, The Free Press, New York 1985

Porter, Michael E./Heppelman, James E.: How Smart, Connected Products Are Transforming Competition, in: Harvard Business Review November 2014, S. 65–88

Porter, Michael E./Heppelman, James E.: How Smart, Connected Products Are Transforming Companies, in: Harvard Business Review October 2015, S. 97–114

Reinemann, Holger: Mittelstandsmanagement. Einführung in Theorie und Praxis, Schäffer-Poeschel Verlag, Stuttgart 2011

Rothaermel, Frank T.: Strategic Management, 5th ed., McGraw Hill, New York 2021

Rumelt, Richard: How Much Does Industry Matter?, in: Strategic Management Journal, Vol. 12, 3 (1991); S. 167–185

Rumelt, Richard: The Perils of Bad Strategy, in: McKinsey Quarterly, June 2011, S. 1–9 [Rumelt, 2011.a]

Scheuss, Ralph: Handbuch der Strategien, Campus Verlag, Frankfurt/New York 2008

Schlippe, Arist von/Nischak, Almute/El Hachimi, Mohammed: Familienunternehmen verstehen, in: dies. (Hrsg.), Familienunternehmen verstehen. Gründer, Gesellschafter und Generationen, Vandenhoeck & Ruprecht, Göttingen 2008

Schön, Wolfram: Vertrauen, die Führungsstrategie der Zukunft, Springer Gabler, Wiesbaden 2020

Simon, Fritz B.: Familienunternehmen als Risikofaktor, in: Arist von Schlippe,/Almute Nischak,/Mohammed El Hachimi, (Hrsg.), Familienunternehmen verstehen. Gründer, Gesellschafter und Generationen, Vandenhoeck & Ruprecht, Göttingen 2008, S. 55–64

Simon, Hermann (Hrsg.): Das Große Handbuch der Strategiekonzepte. Ideen, die die Businesswelt verändert haben, Campus, Frankfurt am Main 2000

Literatur

Simon, Hermann: Am Gewinn ist noch keine Firma kaputt gegangen, Campus Verlag, Frankfurt / New York 2020

Simon, Hermann: Hidden Champions des 21. Jahrhunderts. Die Erfolgsstrategien unbekannter Weltmarktführer, Campus, Frankfurt/New York 2007

Simon, Hermann: Der große Fehler, Manager Magazin 10 (2009), S. 68

Simon, Hermann: Aufbruch nach Globalia, Campus, Frankfurt am Main 2012

Stone, Brad: The Upstarts. How Uber, Airbnb and the Killer Companies of the New Silicon Valley are Changing the World, Bantam Press, London 2017

Teece, David J.: Business Models, Business Strategy and Innovation, in: Long Range Planning 43 (2010), S. 172–194

Thiel, Peter: Zero to One. Notes on Startups, or How to Build the New Future, Virgin Books, London 2014

Thömmes, Jürgen: Blinde Flecken in der Beurteilungspraxis? Eine systemtheoretisch-empirische Untersuchung zu Methoden der Potentialbeurteilung in Wirtschaftsorganisationen, Rainer Hampp Verlag, München und Mering 1996

Thömmes, Jürgen/Wallau, Frank/Siepelt, Stefan: Aufsichtsräte und Beiräte im Mittelstand, Bundesanzeiger Verlag, Köln 2014

Welge, Martin K./Al-Laham, Andreas/Eulerich, Marc: Strategisches Managememt. Grundlagen – Prozess – Implementierung, Springer Gabler, 7. Überarbeitete und aktualisierte Auflage, Wiesbaden 2017 (Erstausgabe 1992)

Wieselhuber, Norbert/Lohner, Andreas M./Thum, Gustl F.: Gestaltung und Führung von Familienunternehmen, Unternehmer Medien, Bonn 2005

Die Wettbewerbsarena verändert sich 5

> **Zusammenfassung**
>
> Es gibt keinen one best way, den ausrechenbaren Erfolg in der Unternehmensführung. Wettbewerbsstrategien, die garantiert zum Erfolg führen, sind nicht denkbar. Die Komplexität und Dynamik im sogenannten Hyperwettbewerb sprechen dagegen. Weder klug konzipierte Geschäftsmodelle noch robuste Strategien sind Garanten für Erfolg im Markt. Sie sind aber notwendige Bedingungen, wenngleich nicht hinreichend. Solides Handwerk ist und bleibt in der Unternehmensführung von höchstem Belang. Ergänzt durch Erfahrung, Kreativität und Überraschungsmomente führt es zu Wettbewerbsvorteilen und entsprechenden Renditen. Angemessen für die hier entwickelten Vorgehensweise wäre die Bezeichnung Brevier: eine Auswahl des Wesentlichen. Das Ziel ist, strategisch Verantwortliche zu informieren und inspirieren. Die Vorgehensweise ist induktiv. Vor einer Entscheidung kann man nicht alles Wissenswerte wissen. Unsicherheit ist und bleibt Bestandteil des strategischen Geschäfts.

5.1 Software, Miniaturisierung und smarte Produkte

In diesem Kapitel wird aufgezeigt, wo heute besondere Herausforderungen bestehen und wie der strategische Umgang damit für mittelständische Unternehmer und Inhaber aussehen könnte. Das heißt nicht, deterministische Vorgaben zu machen, wie es gehen sollte. Stattdessen werden *Heuristiken*, also systematische qualitative Vorgehensweisen generischer Natur und zahlreiche *Fallbeispiele* angeboten. In der Folge orientieren wir uns an exemplarischen Fallstudien zu Geschäftsmodellen und Strategien, die lehrreich und inspirierend sind, sozusagen *systematisiertes Storytelling* auf einer soliden Theoriebasis. Ein Verzicht auf universelle, vom spezifischen Kontext abgelöste Gültigkeit erscheint dabei als methodische Selbstverständlichkeit. Aber: Unabhängig von Branche oder Unternehmensgröße, von der Struktur der Inhaberschaft oder der Marktposition verfolge ich in diesem Buch das Ziel, Verantwortlichen in mittelständischen Unternehmen sowohl theoretische Grundlagen zur Geschäftsmodellanalyse und -entwicklung als auch Fallbeispiele zu erfolgreichen Strategien zu präsentieren, deren Wirksamkeit für die eigene Praxis sie testen können.

Wenn drei sogenannte *mots valises* wie Geschäftsmodell, Strategie und Mittelstand, wie im Titel dieses Buches, zusammengepackt werden, drängt sich die Frage nach dem Sinn dieser Kombination auf. Es gibt zahlreiche ältere Arbeiten zum Thema. Ganz egal, ob man Arnold Weissman erwähnt, der die „Großen Strategien für den Mittelstand" kompakt und verständlich ausführte, Peter May mit „Strategien für Familienunternehmen" erwähnt, oder ob man Hermut Kormanns Arbeiten zu Familienunternehmen aus den Nullerjahren zu Rate zieht: diese Arbeiten wirken 2021 – genau wie die Mittelstandsliteratur aus führenden Forschungsinstituten – ein wenig *outmoded*. Das gilt in jedem Fall für eine systematische Auseinandersetzung mit der Gestaltung des Geschäftsmodells.

Porter und Heppelman schätzen die strategischen Auswirkungen der allgegenwärtigen Digitalisierung so ein: „Smart, connected products raise a new set of strategic choices about how value is created and captured, how companies work with traditional and new partners, and how they secure competitive advantage as the new capabilities reshape industry boundaries. For many firms, connected products will force the fundamental question, 'What business am I in?'"[1] Ein Blick auf das aktuelle Geschäftsmodell von Tesla genügt, um einige markante Punkte zu unterstreichen: Verkauf nur online, permanente (vom Besitzer nicht beeinflussbare!) Internetverbindung des Fahrzeugs, Softwareupdates remote über Nacht ohne Beteiligung des Kunden (kostenlose Updates, aber auch bezahlte Zusatzleistungen), usw.

Jedes Modell des Herstellers Tesla ist derzeit der Prototyp des „smart, connected product". Auch im Mittelstand finden sich Beispiele für diesen Trend. So hat bspw. der Kochsystemhersteller Rational, ein typischer Hidden Champion, durch massiven IT-Einsatz im Bereich Customer Relationship Management (CRM) seine Vertriebsprozesse erheblich verbessern können. „Das Unternehmen ist nun in der Lage, die Customer Journey eines Kunden mit allen Touchpoints nahtlos und zentral auf einer Plattform abzubilden."[2] Auch hier spielt das Konzept Geschäftsmodell eine wesentliche Rolle, denn eine „nahtlose Customomer Journey" wird zunehmend zur Erfolgsvoraussetzung für den Werttransfer. Neben der Wertgenerierung an sich und der Monetarisierung einer der elementaren Bausteine jedes Geschäftsmodells. Digitalisierung, Internationalisierung und Hyperwettbewerb betreffen inzwischen auch viele Mittelständler.

Es beschäftigt sich zurzeit kaum jemand aus der deutschen Mittelstandsforschung explizit und explikativ mit Geschäftsmodellen. Man muss heute deutlich tiefer in die Ana-

---

[1] Porter/Heppelman 2014, S. 67.
[2] Vgl. https://www.industry-of-things.de/wie-ein-kochsystem-hersteller-von-digitalisierten-prozessen-und-einem-zentralen-crm-profitiert-a-968856/ (Abruf 18.05.2021).

lyse von Geschäftsmodellen gehen. Es kommt auf das **Wie** des Zusammenwirkens an, auf Zusammenhänge, die dann in strategischen Maßnahmen aufgegriffen werden können. Geschäftsmodelle sind einerseits eine etablierte, wissenschaftlich sehr gut erforschte Realität,[3] nicht ein Buzzword ohne Inhalt wie vielfach noch in den Nullerjahren behauptet, wo viele den Begriff im Mund führten, aber wenige präzise fassten, was eigenlich damit gemeint ist. Neben Technologie können sie heute als einer der wesentlichen **Treiber** des hoch dynamischen Wirtschaftsgeschehens angesehen werden. Andererseits bleiben die Geschäftsmodell-Analysen in der Praxis häufig an der Oberfläche kleben. Genau so wenig wie es einen zu einem guten Koch macht, viele Kochsendungen im Fernsehen oder Internet anzuschauen, so hat die Analyse der Geschäftsmodelle fremder Unternehmen für einen Unternehmer als solche bereits Sinn. Ansehen, wie andere es machen ist ein guter Startpunkt ... Oder um im Bild von Baden-Fuller und Morgan von Geschäftsmodellen als **Kochrezepte** zu bleiben: Als Unternehmer muss man schon selbst an den Herd.

Schauen wir etwas genauer auf den deutschen Mittelstand, so erkennt man, dass dort die Wichtigkeit des Geschäftsmodell-Managements zunehmend erkannt wird. So hat zum Beispiel ein Unternehmen wie Orten aus Bernkastel, dessen Kerngeschäft Aufbauten für Getränke-LKW sind, mit der Sparte „Orten Electric-Trucks" in Wittlich nicht nur eine neue Sparte im Markt platziert, sondern dafür ein stark angepasstes Geschäftsmodell entwickeln müssen. In der Fallstudie in Abschn. 7.6 wird dies näher ausgeführt. Hier handelt es sich nach Mark W. Johnson, einem Harvard Professor, um eine Art Reise in den **White Space in between**: sowohl die Technologie als auch die Kundenbeziehungen müssen neu erschlossen werden.

Insofern ist diese Art der Geschäftsausweitung gleichzeitig sehr risikobehaftet und – im Erfolgsfall – sehr lukrativ und ertragreich.[4] Es waren gleich mehrere der neun Felder aus dem Business Model Canvas, die bei Orten neu konzipiert werden mussten, u. a. die Customer Value Proposition, die Channels, die Key Processes und Key Resources, aber auch die Key Partners. Andere Felder wie die Customer Segments, die Customer Relationsships oder die Kosten- und die Monetarisierungslogik blieben nahe beim angestammten Geschäftsmodell.

Andere Mittelständler verändern ihr angestammtes Geschäftsmodell, weil sie es für ausgelaugt halten. Ein Beispiel ist „2hm" aus Mainz, die das klassische Geschäftsmodell des Managementconsulting 2018 aufgegeben haben. Der Grund war keineswegs mangelnder Erfolg, sondern eine Art von Ermüdung des geschäftsführenden Gesellschafters, der nach 20 sehr erfolgreichen Jahren keine Inspiration mehr aus **more oft the same** zu ziehen vermochte. Nach einer Fusion mit einem Teilwettbewerber aus Mainz bietet das neue Unternehmen „2hm Focus" zwar weiterhin Beratungsdienstleistungen an, diese aber mit einem neuen, datengetriebenen Geschäftsmodell, welches unter dem Begriff **Fan Prinzip** im Markt erfolgreich platziert wurde. Es handelt sich auch hier eher um ein neues Geschäftsmodell als um eine neue Wettbewerbstrategie, u. a. weil neben der Werterzeugung

---

[3] Vgl. bspw. Casadesus-Masanell/Ricart 2010, S. 197 ff.
[4] Vgl. Johnson 2010, S. 89 ff.

(Daten) auch die Wertvermittlung (weniger Anwesenheit von Beratern beim Kunden) auch die Kanäle (Wettbewerbe, Konferenzen, Veröffentlichungen) auch die Monetarisierung (kein Tagessatzgeschäft mehr) verändert worden sind. Einzelheiten zu diesem Unternehmen werden in Abschn. 7.3 erläutert.

Festzuhalten bleibt an dieser Stelle als eine **Ergänzung** zum „Business Model Canvas", der weiter unten im Detail vorgestellt wird: Wenn drei oder mehr der neun Felder im Zuge einer Anpassung verändert werden, sprechen wir in unserem Zusammenhang von einem **neuen Geschäftsmodell**. Veränderungen in bis zu einschließlich drei Feldern sollten als **Anpassung** definiert werden. Dieses Prinzip findet sich so nicht explizit bei Osterwalder und Pigneur,[5] doch es lässt sich pragmatisch gut begründen. Da ein Geschäftsmodell immer als ein System angesehen werden muss, bei dem Veränderungen bei einzelnen Elementen zwingend (oft nicht vorhersagbare) Änderungen bei anderen Elementen nach sich ziehen, spricht viel für einen Kipppunkt hin zur vollständigen Veränderung bei einem Drittel der betroffenen Komponenten. Diese als **kritische Masse** zu wertende Veränderung hat zumindest eine gewisse Augenscheinplausibilität, auch wenn dies quantitativ nicht zu beweisen ist. Für unsere Zwecke einer pragmatischen, qualitativen Analyse vorhandener und neuer Geschäftsmodelle sollte dieser Cut funktionieren. Betrachtet man diese Vorgehensweise methodologisch, so würde man eher – wie eben erwähnt – von einer **Heuristik** als einer Hypothese sprechen.[6]

In einer immer schneller und umfassender digitalisierten Welt gibt es für alle Unternehmer, selbstverständlich auch die im Mittelstand, einen dringenden Bedarf an praktikablen Konzepten für überzeugende Wettbewerbsstrategien, sowohl konventionell analoge als auch digitale. Es braucht ebenso mehr umsetzbares Wissen zur strategiekonformen Gestaltung von Geschäftsmodellen. Es zeichnet sich ab, dass „analog ohne digital" unter den inzwischen geltenden Spielregeln des Wettbewerbs nur noch für eine kleine Anzahl von Nischenanbietern in traditionellen Märkten funktioniert. Dabei sollte mit Blick auf den Mittelstand nochmals an den Unterschied zwischen rein digitalen und digital unterstützten Geschäftsmodellen erinnert werden. Der Trend indes ist eindeutig: rein analoge Geschäftsmodelle sind eine vom Aussterben bedrohte Gattung.

Der Handel bietet seit über zwanzig Jahren viel Anschauungsmaterial zu diesem Argument. Wer im Markt Erfolg hat, hat die Zeichen der Zeit erkannt und entsprechend digitale Kanäle neu aufgebaut. Multi- oder Omnichannel sind inzwischen flächendeckende Realität im Einzelhandel. Die Auswirkungen der Corona Pandemie als zusätzlicher Push-Faktor in Richtung Digitalisierung sind unübersehbar. Wer zwischen 2000 und 2010 als Händler das Internet für eine Mode oder einen kurzfristigen Hype hielt, ist heute entweder nicht mehr im Markt oder bedeutungslos. Selbstverständlich gibt es auch viele Gründe des Scheiterns, die nicht mit der digitalen Revolution gekoppelt sind: Nachfolgeprobleme, Hybris, Gesellschafterzwist, unethische, teils sogar strafrechtlich relevante und aufgear-

---

[5] Vgl. Osterwalder/Pigneur 2010.
[6] Vgl. Gigerenzer 2007, S. 26: „Eine Faustregel […] versucht, die wichtigste Information herauszugreifen, und lässt den Rest außer Acht."

beitetes Unternehmerverhalten (bspw. bei Familie Schlecker). Doch die meisten der gescheiterten Unternehmen sind nicht mehr aktiv, weil sie keine adäquate, die Digitalisierung berücksichtigende Markt-, Unternehmer- oder Gesellschafterstrategie hatten und sie ihre Geschäftsmodelle nicht kritisch überprüft haben.

Tragfähige Geschäftsmodelle sind gefragt, und darauf angepasste Strategien zwingend. Wenn sich **Spielregeln** in der Wettbewerbsarena so drastisch verändern wie heute, dann sind Kostenmanagement, Preismanagement oder Geschäftsprozessmanagement immer noch wichig, aber isoliert voran getrieben nicht mehr ausreichend. Wertschöpfung und Geschäftsmodelle werden zunehmend digital überformt, auch in traditionellen Industriebereichen. Software ist zu einem strategischen Wettbewerbsfaktor geworden. Und nach übereinstimmender Expertenmeinung ist Deutschland derzeit dabei, im Bereich Digitalisierung – global betrachtet – immer mehr an Boden zu verlieren. Digitale Vordenker wie Christoph Bornschein prophezeien sogar, dass Deutschland bereits abgehängt sei. Ein „O-Ton" im Spiegel: „Auf allen Indizes, die man sich angucken kann, sieht's einfach scheiße aus." Nach einer Schulnote zum Stand der Digitalisierung in Deutschland gefragt: „Eine Drei minus im Schnitt wäre deshalb vielleicht zu positiv, weil man damit noch bestehen würde. Vielleicht ist es eher eine Vier minus."[7]

Wettbewerbsumfelder ändern sich teils rasant, Branchengrenzen verschwimmen zunehmend, Wertschöpfungsstrukturen ändern sich grundlegend und aggressive, kapitalstarke **Digital Player** mit enormem Erfolgshunger dringen in physisch-materielle, traditionelle Geschäftsfelder ein. Es sind nämlich nicht nur Großbanken, Automotive OEM oder Energieversorger – um nur wenige zu nennen –, die händeringend nach neuen Geschäftsmodellen suchen. Ein Schlagwort, auf das zurückzukommen sein wird, heißt Lösungen für Kunden (solutions/getting the job done) statt isolierter Produkte und Dienstleistungen. „In many established firms and even some industries including private banks, energy providers, telecom providers, bookstores and many more, the dominant business model is under fire."[8]

Die Wallfahrten zahlreicher deutscher CEOs ins Silicon Valley, die dort Rat suchen, die Übernahme innovativer Startups sowie das Schaffen neuer Startups unter Konzerndächern, die intensive Suche nach qualifizierten Chief Digital Officers und IT Spezialisten mit Big Data Know-how, alles das zeigt, wie radikal die Umbrüche in der Gegenwart sind. Es ist sehr spannend, sich bspw. die individuelle Mobilität der Zukunft mit autonom fahrenden PKW, so etwas wie Smart Homes, Telemedizin oder völlig neue Zahlungsmittel auf der Basis der Blockchain-Technologien vorzustellen, um zu umreißen, wie viel durch Software, Algorithmen und Künstliche Intelligenz sehr bald anders sein wird. Und zwar für alle Unternehmen in den betroffenen Branchen, nicht nur die Großunternehmen – und darüber hinaus selbstverständlich auch für alle Konsumenten. Auch der **Kunde der Zukunft** braucht mehr Verständnis für die neuen Geschäftsmodelle der Sharing Economy, die

---

[7] https://www.spiegel.de/wirtschaft/digitalisierung-auf-allen-indizes-sieht-s-einfach-scheisse-aus-a-00000000-0002-0001-0000-000159904415 (Abruf 18.05.2021).

[8] Linz u. a 2017, S. 2.

entscheidende Rolle von Software im Wettbewerb und solide Kenntnisse der neuen Spielregeln der Internetökonomie. Zugespitzt formuliert, in den Worten von Scott Galloway: „I hope the reader gains insight and a competitive edge in an economy where it's never been easier to be a billionaire, but it's never been harder to be a millionaire."[9]

5.2 Induktives Vorgehen in der Strategieentwicklung

Meine Überzeugung ist, dass es den *one best way*, den ausrechenbaren Erfolg in der Unternehmensführung, nicht gibt. Ebensowenig gibt es Unternehmensstrategien, die garantiert zu einem angestrebten Ziel führen. „What makes strategic decision making so difficult, and therefore so valuable to companies, is precisely hat there are no garanteed keys to success. The ability to make the sorts of difficult, complex judgements that are pivotal for a company's fortunes is, in the last analyses, a business executive's most important contribution."[10]

Es wird einfache Erfolgsrezepte auch in der digitalisierten Welt nicht geben. Denn weder klug konzipierte Geschäftsmodelle noch robuste Strategien sind allein Garanten für Erfolg im Markt. Beides wird aber eine notwendige Bedingung sein, denn solides Handwerk ist und bleibt wertvoll, im Bereich des strategischen Managements selbstverständlich ergänzt durch Erfahrung, Kreativität und Überraschungsmomente. Angemessen für die in diesem Buch entwickelten Ideen und Vorgehensweisen wäre vielleicht die Bezeichnung Brevier: Unternehmer informieren und inspirieren, nicht aus einer Perspektive des vermeintlich Wissenden sagen, wie es sein sollte. So wird, diesem Anspruch gemäß, ein *deskriptives Vorgehen* gewählt, das Lust auf die Beschäftigung mit den Ingredienzen des Unternehmenserfolgs machen soll. Die methodische Herangehensweise ist also qualitativ und aus methodischer Überzeugung *nicht-präskriptiv*.

Mein allgemeines Verständnis von Strategie ist neben Porter und Rumelt auch stark von Christensen geprägt, der in einem sehr lesenswerten kleinen Buch *allgemeine Prinzipien* des Strategischen auf sein eigenes Leben anwendet. Seine Studenten lässt er im Abschlussjahr des MBA Kurses an der Harvard Business School an diesen Einsichten partizipieren. Seine Zuhörer und Leser lässt er nicht nur daran teilhaben, sondern fordert sie auf, dasselbe zu tun: Prinzipien der Strategie auf ihr eigenes Leben anwenden.[11] Er fasst es so zusammen. „A strategy? At a basic level, a strategy is what you want to achieve and how you will get there: In the business world, this is the result of multiple influences: what a company's priorities are, how a company responds to opportunities and threats along the

---

[9] Galloway 2017, S. 12.

[10] Rosenzweig 2007, S. 82, online https://www.dea.univr.it/documenti/OccorrenzaIns/matdid/matdid411355.pdf (Abruf 15.06.2021).

[11] Überzeugend, weil von starken Werten getrieben, legt Christensen dar, in welchen Etappen seine persönliche Strategiereise verlaufen ist, nicht nur beruflich, sondern auch ganz privat.

5.2 Induktives Vorgehen in der Strategieentwicklung

way, and how a company allocates its precious resources. These things all continuously combine, to create and evolve strategy."[12]

Die Praxis des inhabergeführten Mittelstands ist geprägt von Dynamik, Mut und Entscheidungsfreude der Unternehmer, Reaktionsschnelligkeit, und Pragmatismus. Regalmeter zu Strategie und Geschäftsmodellen sucht man in den meisten Inhaberbüros vergebens. Das heißt nicht, dass diese Unternehmer sich nicht intensiv mit Strategien befassen; die meisten tun es jedoch eher unakademisch und „on-the-go", also nicht mit viel Papier, dicken Foliensätzen und einer Armada von Beratern. Für diese Zielgruppe ist das vorliegende Konzept mit den vier Kraftfeldern und den Umsetzungsräumen innerhalb von Geschäftsmodellen gedacht, weniger für eine Kontroverse in der akademischen Welt der Strategieexperten.

Eine grundsätzliche Überlegung ist hinzuzufügen: Nach meiner Überzeugung gibt es keine monokausale Erklärung für überdurchschnittlichen, dauerhaften Erfolg.[13] Es gibt aber Wahrscheinlichkeiten. Und die Wahrscheinlichkeit für eine erfolgreiche Strategieentwicklung und -umsetzung wird maßgeblich beeinflusst von ihrer Originalität und Einzigartigkeit. Es geht hierbei auch darum, intuitiven Einsichten, der Kraft von Emotionen und den Spielregeln der Kreativität abseits aller Analysen einen *angemessenen Raum* zu geben. Und genau dort liegt eine traditionelle Stärke in der Strategiearbeit des Mittelstands. Es ist so gut wie nie das dominate Unternehmensziel, den Unternehmenswert nach den Spielregeln des Shareholder Value zu maximieren.[14] Selbst mutig und kreativ zu sein und originelle Ideen zu entwickeln, Regeln bewusst zu brechen, auch nicht-finanziellen Zielen einen hohen Stellenwert einzuräumen, alles das ist in der Strategiearbeit von Börsenunternehmen in der Regel kaum möglich. Um diesen nicht analysegetriebenen, teilweise nicht rational greifbaren, *intuitiven Prozess* der Strategieentwicklung in inhabergeführten Unternehmen genauer zu verstehen, arbeiten wir mit dem in Kap. 4 vorgestellten Modell der strategischen Kraftfelder.

Das einleuchtende Plädoyer von Richard Rumelt für eine *induktive Vorgehensweise* in der Strategiearbeit läuft auf folgendes Argument hinaus: Strategie ist wie eine Hypothese – im wissenschaftlichen Sinne. Sie kann falsifiziert werden, also scheitern, oder verifiziert werden, also zum angestrebten Erfolg führen. Wie bei Hypothesen ist eine 1:1 wiederholbare Anwendung sehr unwahrscheinlich. Hier findet sich also eine weiterers Plädoyer für unternehmens- und situationsspezifisches „tailor made". Zudem, so argumentiert Rumelt: „To generate a strategy, one must put aside the comfort and security of pure deduction and launch into the murkier waters of induction, analogy, judgement and insight."[15] Die Umsetzung einer Strategie nennt Rumelt, der Analogie zum wissenschaftlichen Vorgehen folgend, ein Experiment. „A new strategy is, in the language of science,

---

[12] Christensen u. a. 2012, S. 22.
[13] Vgl. Simon 2012, S. 394.
[14] Vgl. May 2012, S. 84 f.
[15] Rumelt 2011.b, S. 245.

a hypothesis, and its implementation is an experiment."[16] Um diese Gedanken etwas praxisnäher auszuführen, sollte noch der Begriff der **Anomalie** eingeführt und dann eine kleine Geschichte zur Veranschaulichung eingefügt warden. Rumelt nennt Anomalien Fakten, die dem vermeintlich gesicherten Wissen widersprechen. Er betrachtet sie als erstklassige Lernchancen. „In science, anomalies are the frontier, where the action is."[17] Die Gründungsgeschichte von „*Starbucks*" liest sich durch die Brille von Anomalien, Hypothesen und Experimenten wie folgt:

> *„Howard Schultz, der Gründer der Starbucks Kette, bemerkte 1983 auf einer Italienreise in Mailand das, was Rumelt die „Espresso Anomalie" genannt hat. Rumelts Sicht ist, dass es diese Einsicht war, die dem Erfolg des Kaffehaus Imperiums zugrunde lag. Schultz war zu jener Zeit Manager bei einer in Seattle ansässigen kleinen Kette von Stores, die dunkel gerösstete Arabica Kaffeebohnen verkaufte. Das Aha-Erlebnis hatte Schultz in einer Mailänder Espresso Bar. Er erlebte dort zum ersten Mal einen Barista, der seinen Gästen mit formvollendeter Professionalität Espresso und Capuccino zubereitete und gleichzeitig freundlich und vertraut mit ihnen schwatzte. Die Gäste nahmen ihre Getränke im Stehen ein und verließen die Bar recht schnell wieder, um weiter ihren Beschäftigungen nachzugehen und anderen Platz zu machen.*
>
> *In der Erinnerung von Schultz klingt es so: "It was on that day I discovered the ritual and romance of coffee bars in Italy. [...] It was great theater..." Zu jener Zeit gab es etwa 200.000 Cafés in Italien, etwa 1.500 davon allein in Mailand. Für Schultz war das eine „Anomalie" – denn die große Mehrzahl der Einwohner von Seattle und den ganzen USA, auch wohlhabende Personen, tranken billigen und eher schwachen Kaffee. In Mailand hingegen war teurer, hochwertiger Kaffee kein Nischenprodukt, sondern der Normalfall für alle. Und er entdeckte eine weitere Anomalie: In den USA bedeutete 'Fast Food' billiges Essen und Plastikgeschirr. In Mailand ging 'fast' einher mit hoher Qualität, aufmerksamem Service, Porzellantassen, und es war ein Massengeschäft. Die **Kernidee** von Starbucks bekam Kontur, in Rumelts Worten formulierte Schultz eine Hypothese. Die italienische Espresso Kultur könnte in den USA neu erfunden werden, und die Verbraucher würden es annehmen.*
>
> *Schultz berichtete seine Erfahrungen aus Mailand den Inhabern der kleinen Kaffeehandelskette „Starbucks", die ihm erlaubten, in einem kleinen Bereich des Ladens Espresso zuzubereiten. Sie glaubten nicht an den Erfolg. Ihr Glaube an das eigene Geschäftsmodell Kaufen, Rösten und Verkaufen hochwertiger Arabica Kaffeebohnen blieb unerschüttert. Als großes Problem für Schultz erwies sich, dass seine Vision darauf setzte, dass sich das Kundenverhalten und ihre Vorlieben sich radikal ändern würde. Was er in Mailand erlebt hatte, war auch das Resultat sehr unterschiedlicher Kulturgeschichten zwischen Italien und den USA. Die Mailänder Espresso Bar setzte nicht nur auf ein anderes Geschäftsmodell, zugleich war sie Ausdruck des Lebensstils in Italien. Espresso war ein Alkohol-Substitut während des Tages, der in starker Dosierung und kleinen Mengen in lebhaften Bars getrunken wurde, ohne lange zu verweilen. In den USA war Kaffee kulturgeschichtlich ein eher schwaches, Teeähnliches Getränk, das man sowohl zum Essen als auch zwischendurch am Tag zu sich nahm.*
>
> *Schultz verließ die Rösterei- und Handelskette Starbucks, um „Il Giornale" zu eröffnen. Seine Idee war, die italienische Espresso Bar ohne Vewässerung oder Veränderung nach Seattle zu bringen. In Rumelts Sicht war dies das **Experiment**. Hätte Schultz dieses Konzept*

---

[16] Rumelt 2011.b, S. 241.
[17] Rumelt 2011.b, S. 248.

*unverändert beibehalten, so Rumelt, wäre „Il Giornale" eine einzige Espresso Bar geblieben! Doch Schultz und sein Team achteten sehr genau auf das **Feedback** ihrer Kunden – das Ganze wurde nach und nach zu einem sehr lebendigen Experiment. In diesem Zusammenhang spricht Rumelt von 'priveledged information' – etwas zu wissen, das andere nicht wissen. Das Konzept wurde nach und nach in kleinen Schritten verändert: keine Opernmusik mehr, kein Italienisch mehr auf der Karte, Stühle statt ausschließlich Stehplätze an der Bar usw. Schließlich nahm Schultz einen Trend auf: Amerikaner wollten 'Takeout Coffee' in Pappbechern. Nach vielen Erwägungen hin und her gab es 'nonfat milk', und so ging es weiter. Schultz paste die italienische Espresso Bar nach und nach an die amerikanischen Wünsche und Vorlieben an. Der Rest ist Geschichte.*"[18]

Dieser Lernprozess – Hypothese, Daten, Anomalien, neue Hypothese, Daten, Anomalien – getrieben durch viele Iterationen – entspricht dem induktiven Vorgehen in der Wissenschaft und ist ein kritischer Faktor in jeder erfolgreichen Unternehmung. Ein solches Vorgehen lässt sich auch folgendermaßen beschreiben: Strategie ist **Denken** und **Handeln**. So etwas wie „Implementierungslücken" akzeptiert Rumelt nicht und grenzt sich damit von vielen Strategieschulen, u. a. dem klassischen Vorgehen der Harvard Business School, bewusst scharf ab. Induktives Vorgehen als nach vorne gerichtetes **Tandem:** selbst Denken und im Anschluss konsequent Handeln in Feedbackschleifen. Doch Erfolgsgarantien gibt es auch bei dieser Vorgehensweise nicht. Rumelts Ideal einer guten Strategie ist qualitativ, basiert auf Logik, Kreativität, Einzigartigkeit und einem Überraschungsmoment. Er verzichtet bewusst auf Messgrößen.

Selbstredend gibt es einen wesentlichen Unterschied zwischen Hypothesen und Experimenten in der Wissenschaft und Wettbewerbsstrategien für Unternehmen. Während Naturwissenschaftler Erklärungen suchen, die für eine Vielzahl von Phänomenen gelten, also generalisierbar sind, suchen Unternehmer nach Verständnis für eine ganz spezifische, einmalige Situation und versuchen, in einem iterativen Prozess Vorhersagen für ihre Entscheidungen abzuleiten. „The ultimate worth of a strategy is determined by it's success, not it's acceptability to a council of philosophers or a board of editors."[19]

Auf große Fallzahlen gestützte Studien (bspw. über die Unterschiede bestimmter Erfolgsparameter in Konzernen vs. mittelständischen Unternehmen), die oftmals zur Prüfung von Hypothesen und zur Formulierung von Handlungsempfehlungen durchgeführt werden, arbeiten mit statistischen Methoden und formalisierten Modellen, um im Idealfall **Kausalitäten** aufdecken und deren Stärke berechnen zu können. Oft werden jedoch nur Korrelationen offengelegt, also statistische Zusammenhänge einer messbaren Stärke, aber keine Ursache-Wirkungsbeziehung. Eine bekannte Gefahr dabei ist, statistische Artefakte zu produzieren. Dies kann geschehen, wenn Korrelationen mit Kausalitäten verwechselt werden. Oder wenn es Kausalzusammenhänge gibt, aber die Richtung des kausalen Effekts verkehrt ausgewiesen wird.

---

[18] In deutsch nacherzählt vom Autor, basierend auf Rumelt 2011.b, S. 249 ff.
[19] Rumelt 2011.b, S. 247.

Rosenzweig weist unter dem Stichwort „Halo-Effekt" u. a. auf Folgendes hin. Die Leistungsfähigkeit eines Unternehmens, im Guten wie im Schlechten, erzeugt einen Gesamteindruck, der ähnlich einem Halo (ursprünglich gemeint war ein Himmelsphänomen, eine Art Lichtring um den Mond) die Wahrnehmung der Strategie, der Führungskräfte, der Mitarbeiter und der Kultur dieses Unternehmens überlagert. Oft wird geschlussfolgert, ein bestimmtes **Set an Faktoren** (bspw. visionäres Leadership, brillante Strategie, exzellente Kundenorientierung usw.) hätte zu einer ex-post beobachtbaren, überragenden Leistung eines Unternehmens geführt. Er weist nach, dass oft das Gegenteil der Fall ist. Viele vermeintliche Beiträge (contributions) zur Unternehmensperformance sind in Wirklichkeit Zuschreibungen (attributions) durch außenstehende Beobachter wie Forscher oder auch konkurrierende Marktteilnehmer. Denn besonders erfolgreiche Unternehmen werden mit sehr hoher Wahrscheinlichkeit auf dieselben Erfolgsfaktoren hin untersucht.

Dieses Phänomen nennt er „dilusion of absolute performance". Leistung im Wettbewerb ist immer *relativ*, nie absolut. Nicht nur das Verhalten des beobachteten Unternehmens hat Auswirkungen auf Erfolg oder Misserfolg, sondern auch das Verhalten des Wettbewerbs. Eine zweite Täuschung hält sich in der Wissenschaft und in den Toolboxes der Strategieberater nach Überzeugung des Autors ebenso hartnäckig, die „delusion of lasting success". Für Rosenzweig steht fest: **Dauerhafter Erfolg** eines Unternehmens ist nicht vorhersagbar oder planbar. Er ist eher eine statistische Ausnahme. Unter den Bedingungen einer Marktwirtschaft ist stets zu erwarten, dass die Gewinne der außergewöhnlich erfolgreichen Unternehmen tendenziell sinken, weil es Imitation und zunehmenden Wettbewerb gibt.[20]

Das Wesen des Strategischen macht es nach meiner Überzeugung aus, ohne gesichertes Wissen über die Zukunft in einer turbulenten Wettbewerbsarena erfolgreich zu sein, sei es persönlich oder geschäftlich. Handlungsfähig zu sein, verantwortliche Entscheidungen unter Unsicherheit zu treffen und Kreativität und Intuition bei der Strategieentwicklung und -umsetzung angemessenen Raum zu geben, das sollte man können, wenn man sich dem Wettbewerb stellt. Es ist kaum zu bestreiten, dass ein Plan zum Niederringen der Konkurrenz (sportlich, wirtschaftlich, persönlich, militärisch) entschlossenen Kämpfern Vorteile verschafft. Wobei das „Kämpferische" kein Garant für den Sieg ist. Die Geschichte von David und Goliath so zu interpretieren, ist ziemlich spannend, zeigt sie doch, dass manchmal Smartness und Determiniertheit wichtiger sind als Größe, Muskeln oder, in der heutigen Zeit, viel wichtiger als Kapital, Umsatz oder Marke …[21] Scheuss verweist in diesem Zusammenhang auf einen wichtigen Unterschied zwischen militärischen und Geschäftsstrategien: „Business ist freiwillig und unternehmerisch. Die Gewinne des einen erfolgen nicht direkt auf Kosten des anderen. Militärische Aktionen erfolgen meistens unfreiwillig und unter Zwang."[22]

---

[20] Vgl. Rosenzweig 2007, S. 79 ff., online https://www.dea.univr.it/documenti/OccorrenzaIns/matdid/matdid411355.pdf (Abruf 15.06.2021).
[21] Vgl. Rumelt 2011.b, S. 21.
[22] Scheuss 2008, S. 52.

Und Rumelt folgend möchte ich hinzufügen: „The word strategy comes to us from military affairs. Unfortunately, humans have put more effort, over more time, into thinking about war than any other subject. Much of this knowledge has little to tell us about strategy in nonmilitary situations. […] In particular, the primary way business firms compete is by placing their offers in front of buyers, each trying to offer a more attractive deal. This is a process more like a dance contest than a military battle. Buisnesses do not bomb one another's factories or kill one another's employees. […] Despite all these cautions, I believe that if you are careful about the level of abstraction, you can take certain fundamental lessons from history and be the wiser for doing so.[23]" Ließe sich dauerhafter Unternehmenserfolg exakt berechnen, so könnten wir das gesamte „Strategiegeschäft" vergessen.[24] Die Suche nach *der* Erfolgsformel erscheint ebenso naiv wie sinnlos.

Im Gegensatz zum Mittelständler sind große, börsennotierte Aktiengesellschaften mit ihrer heterogenen Aktionärsstruktur den ökonomischen Spielregeln der Kapitalmärkte unterworfen. Auf diesen Umstand, der bereits herausgehoben wurde, muss man zurückkommen, wenn man eine nachvollziehbare Begründung liefern möchte, warum es einen spezifischen Bedarf an mittelstandstypischen Strategien gibt. Es gibt **substanzielle Unterschiede** zwischen Börsenunternehmen und privat geführten Unternehmen, in den grundsätzlichen Zielsetzungen und Werten, aber auch in Fragen der Governance. Diese Unterschiede und ihre Wirkmechanismen sollen an Fallbeispielen exemplarisch aufgearbeitet werden. Zwei der vier strategischen Kraftfelder tragen dieser Abgrenzung exemplarisch Rechnung: sowohl die **Strategische Grundhaltung** als auch die **Entscheidungsautonomie** spielen in den Aufsichtsräten und Vorständen der Großunternehmen kaum eine Rolle. Und zwar deshalb, weil sie als persönliche Qualitäten von Individuen in der Governancestruktur einer Aktiengesellschaft nicht vorgesehen sind. Geschäftsverteilungspläne innerhalb eines Vorstands sowie das Dreieck Aktionäre – Aufsichtsrat – Vorstand strukturieren diese beiden Kraftfelder in so hohem Maße, dass wenig Raum für eine persönliche Note bleibt. Der Inhaber hingegen ist per se eine individuelle Persönlichkeit und verfährt in Strategiefragen freier und manchmal sogar idiosynkratisch, und zwar ohne jemandem dafür Rechenschaft zu schulden.

Der **Mittelstand** kommt in den Strategiekonzepten der deutschen Betriebswirtschaftslehre eigentlich nicht vor, weder konzeptionell noch auf der Ebene der Beispiele. Die dort abgehandelten Fallstudien beziehen sich i. d. R. auf Eurostox- und Dax-Unternehmen oder US-amerikanische bzw. asiatische Konzerne. Widmet man sich der Forschung zu Familienunternehmen, so findet man – darauf wurde bereits hingewiesen – auch Strategieliteratur im strengeren Sinne. Das gleiche gilt für die Hidden Champions. Dabei ausgeblendet bleiben aufgrund der von den Familienunternehmensforschern gewählten Zuschnitts ihres Gegenstandsbereichs alle Mittelstandsunternehmen, die nicht in Familienhand sind.[25]

---

[23] Rumelt 2011.b, S. 124.
[24] Vgl. Rosenzweig 2007, S. 82, online https://www.dea.univr.it/documenti/OccorrenzaIns/matdid/matdid411355.pdf (Abruf 15.06.2021).
[25] Vgl. May 2012, S. 14 ff., Kormann 2012, S. 2 ff.

Eine entsprechende Erweiterung des Mittelstandsbegriffs haben wir in Kap. 3 durchgeführt. In den vergangenen Jahren ist zudem eine breite wissenschaftliche Forschung zu Startups zu beobachten. Vielfach werden dort auch Geschäftsmodelle und Markteintrittsstrategien diskutiert.[26] Hier haben wir es, formal zumindest, am Beginn des Lebenszyklus mit kleinen Unternehmen zu tun, die u. U. jedoch sehr schnell wachsen. Es liegt geradezu im Begriff des *Startups*, dass diese Gründungen nicht klein bleiben sollen. Die dort angewandte Entrepreneurlogik bedeutet hohe Risiken einzugehen, um möglichst schnell skalieren und wachsen zu können.[27]

Die Unterscheidung der Gründungslogik in eine „Small Business Owner"-Logik und eine „Entrepreneur-Logik" hat sich weitgehend durchgesetzt. Der Entrepreneur möchte schnelles und internationales Wachstum und braucht dafür andere Strategien als der Kleingewerbetreibende, dessen Gründungsmotiv häufig zunächst auf seine Existenzsicherung (und die seiner Familie) ausgerichtet ist.[28] Häufig ist der Fokus der Startups sehr stark auf technologische oder prozessuale Innovation gelegt, häufig auch auf die Relevanz der Gründerpersönlichkeiten im Erfolgs- oder Misserfolgsfall. Aspekte der Kapitalbeschaffung und Risikofinanzierung und Skalierung sind weitere Themen, die in der Startup-Literatur behandelt werden. Vieles aus dem Bereich *Entrepreneurship* ist auch für bereits etablierte Mittelstandsunternehmen sehr interessant, insbesondere in Bezug auf Businesspläne, Produktentwicklung, Kundennutzen, Wachstumsdynamik, damit verbundene Wachstumsschwellen, Finanzierungsmöglichkeiten abseits des klassischen Bankkredits und vieles mehr.

Doch insbesondere bei innovativen digitalen Geschäftsideen tritt häufig die Analyse des Geschäftsmodells an die Stelle der Strategieanalyse. Das ist gut nachvollziehbar, weil bei innovativen, stark wachstumsorientierten Startups, die einer Entrepreneur-Logik folgen, die schnelle, möglichst internationale Skalierung von Produkt und Dienstleistung eine entscheidende Rolle spielt. Insofern sind diese Beispiele aus der Gründungsforschung ebenso lehrreich wie die der Großunternehmen, passen allerdings nicht immer für die Vielzahl der mittelständischen Unternehmen, die im Lebenszyklus weiter fortgeschritten sind und weniger aggressive Wachstumspfade beschreiten – was, empirisch gesehen, die allermeisten sind.

Nun muss sicher keine zweite „Strategie-Safari" geschrieben werden, um die Lücke an mittelstandsaffinen Strategiekonzepten zu füllen, doch der Kerngedanke der vor zwanzig Jahren veröffentlichten Arbeit von Mintzberg – ausgehend von einem Gedicht „The Blind Men and the Elephant" von John Godfrey Saxe (1816 bis 1887) – hat nichts von seinem Charme verloren. „Wir sind die Blinden, und die Strategieentwicklung ist unser Elefant. Da bisher noch niemand einen so umfassenden Blick hatte, daß er das Tier in seiner Gesamtheit hätte erkennen können, haben sich so manche eines seiner Teile bemächtigt – und verharren, was den Rest betrifft, ‚in dunkelster Unwissenheit'. Natürlich ist der Elefant

---

[26] Vgl. Stone 2017, Thiel 2014, Schramm 2018, Lashinsky 2017 May.
[27] Vgl. Fueglistaller u. a 2016, S. 27 ff.
[28] Vgl. Reinemann 2011, S. 40 f.

5.2 Induktives Vorgehen in der Strategieentwicklung

mehr als die Summe seiner Teile. Und trotzdem: Will man das ganze Tier sehen, muss man seine Teile kennen."[29] In diesem Sinne ist es meine Absicht, Aussichtspunkte zu beschreiben, von denen aus man mehr sehen kann.

Kenichi Ohmae, ein Japaner, der viele Jahre Direktor bei McKinsey & Comp. war, hat in einem 1982 erschienen Werk[30] folgende Ideen festgehalten, die sich immer noch auf die Strategiepraxis zahlreicher deutscher Familienunternehmer und anderer Mittelständler übertragen lassen: „Great strategies, like great works of art or great scientific discoveries, call for technical mastery in the working out but originate in insights that are beyond the reach of conscious analysis. [...] Besides the habit of analysis, what marks the mind of the strategist is an **intellectual elasticity** [Hervorh. J.T.]or flexibility that enables him to come up with realistic responses to changing situations, not simply to discriminate with great precision among different shades of gray." Auch Kormann zieht eine scharfe Grenze hinsichtlich des deduktiv Möglichen: „Die Sehnsucht der Sozialwissenschaften, die Forschungsmethoden der Naturwissenschaften auf ihren Bereich zu übertragen und – wenn schon nicht zu allgemeingültigen Naturgesetzen – wenigstens zu ‚Quasi-Gesetzen' (Albert) zu gelangen, wie den ‚Power Laws' oder den ‚Laws of the Marketplace', ist nicht erfüllbar."[31]

Zahlreiche andere Quellen lassen sich anführen, um ein Strategieverständnis zu konturieren, bei dem **induktives Vorgehen**, Versuch und Irrtum, Intuition, Kreativität, Mut, „Wild Ideas" und eigene Erfahrungen wichtige Leitlinien darstellen.[32] Es geht hierbei um Schwerpunktsetzung, nicht darum, Strategiearbeit ohne solide Analysen, unumstößlichen Fakten oder harten Zahlen das Wort zu reden. Beide Seiten sind zwingend erforderlich. Diesen Aspekt hatten wir ähnlich bereits unter dem Stichwort „Outside-In/Inside-Out" thematisiert. Betrachtet man es sehr vereinfachend, so lässt sich sagen, dass große **anonyme Börsengesellschaften** eine eher **deduktiv** analytische Schwerpunktsetzung in der Strategiearbeit wählen, während typische deutsche **Mittelständler**, an deren Spitze häufig der Gründer selbst oder Familiennachfolger stehen, vielfach auf eher **induktive** Vorgehensweisen setzen.

Eine neue Strategie als eine Art Hypothese, deren Implementierung als anschließendes Experiment[33] – diese Vorgehensweise passt hervorragend in ein mittelständisches Ökosystem. Nimmt man diese Metapher ernst, so erkennt man augenblicklich, dass auch hier Systematik und kontrolliertes Vorgehen keineswegs fehlen. Oder wie es ein Grandseigneur der Managementwissenschaft, Theodore Levitt, ausgedrückt hat: „Erst Nachdenken macht aus Zahlen nützliche Informationen, und Phantasie macht aus Informationen eine Wegweisung."[34]

---

[29] Mintzberg/Ahlstrand/Lampel 1999, S. 13
[30] Ohmae 1982, S. 4 ff.
[31] Kormann 2009, S. 51.
[32] Hingewiesen sei besonders auf Rumelt 2011.b sowie May 2012, dort insbes. Kap. 4 und 5.
[33] Vgl. Rumelt 2011.b, S. 241.
[34] Levitt 1996, S. 201.

5.3 Praktische Strategiearbeit im Mittelstand

Viele mittelständische Unternehmer sind unabhängige Geister, die ihren eigenen Weg gehen. Was eine der häufigsten Gründungsursachen ist, das Streben eines Entrepreneurs nach Autonomie, verbunden mit dem Wunsch unternehmerische Chancen zu entdecken und zu verwirklichen, prägt – zumindest in der Gründergeneration – auch später die Prinzipien der Unternehmensführung in starkem Ausmaß. Strategische Entscheidungen, verstanden als Ausrichtung des Unternehmens hinsichtlich zukünftiger Erfolgspotenziale, sind und bleiben im typischen Familienunternehmen Chefsache, auch dann, wenn das Unternehmen groß und erfolgreich wird. Kormann spricht in diesem Zusammenhang vom „Monolog des Unternehmers mit sich selbst", von einer „intuitiven Strategiefindung ,aus dem Bauch heraus', die oftmals „mit großer Treffsicherheit und Weitblick" erfolgt.[35] An anderer Stelle warnt er aber davor, nur auf Intuition zu setzen. „Es ist von vornherein ein anspruchsvolles Unterfangen, die Entwicklung eines Unternehmens von Hunderten, Tausenden oder Zehntausenden von Mitarbeitern zu beeinflussen – Strategie zu machen. Dabei gilt es, durch Beeinflussung der Führungskräfte, ja aller Mitarbeiter, eine Wirkung zu erzielen."[36]

Grundsätzlich gleich ist die prinzipielle Ausgangslage aller strategischen Arbeit in kleinen, mittleren und großen Unternehmen. Mike Rother, einer der weltweit anerkanntesten Kenner der Toyota Fertigungsphilosophie (Toyota Production System), hat die Aufgabe so formuliert: „Es gibt vielleicht nur drei Dinge, die wir mit Sicherheit wissen können und müssen: Wo wir sind, wo wir sein wollen und mit welchen Mitteln wir uns durch das unklare Terrain zwischen den Hier und dem Dort bewegen sollten."[37]

Im Unterschied zu großen, an der Börse notierten Aktiengesellschaften sind Familienunternehmen allerdings freier bei der Bestimmung ihrer strategischen Ausrichtung. Die Gründe sind offensichtlich: dominante Inhaber, die häufig über Jahrzehnte an der Spitze stehen, prägen mit ihren persönlichen Überzeugungen das Unternehmen dauerhaft, wenig Offenlegungspflichten (im Vergleich zu obligatorischen Quartalsberichten), Fehlen von familienfremden Miteigentümern, die u. U. starken Druck auf die Unternehmensführung ausüben, kein externer Zwang zu Renditeoptimierung, keine Principal-Agent-Problematik, keine Widerstände gegen die Umsetzung von Strategien, die auf Unabhängigkeit und Verbleib des Unternehmens in Familienhand setzen.[38] „Familiengeführte Unternehmen genießen in Deutschland einen hervorragenden Ruf. Das liegt zum einen an der hierzulande ausgeprägten Skepsis gegenüber anonymen Aktiengesellschaften, die an der Börse dem Spiel einer zunehmend angloamerikanisch geprägten Investorenkultur ausgesetzt sind. Zum anderen sind gerade in Deutschland die familiengeführten Mittelständler und Großunternehmen vielfach wirtschaftlich sehr erfolgreich. Studien weisen das immer wieder

---

[35] Kormann 2008, S. 12 f.
[36] Kormann 2009, S. 50.
[37] Rother 2009, S. 25.
[38] Vgl. Berthold 2010, S. 45 ff.; Kormann 2012, S. 1 ff.; May 2012, S. 27 ff.

nach – auch eine neue Untersuchung der TU München zeigt eindeutig in diese Richtung: Danach haben börsennotierte Unternehmen mit starkem Familieneinfluss in den vergangenen zehn Jahren eine deutlich höhere Kapitalrendite erreicht als die Aktiengesellschaften mit breit gestreutem Besitz."[39]

Aus teils noch patriarchalischen Mindsets der Unabhängigkeit, Selbstbestimmung und Verantwortung resultiert empirisch sehr oft, dass Familienunternehmer strategische Aufgabenstellungen als ihr Privileg ansehen und Fremde i. d. R. daran nicht (oder nicht maßgeblich) beteiligen. In diese Überzeugung passt auch die verbreitete Abneigung gegenüber Strategieberatern, genauer deren standardisierten Vorgehensweisen und Handlungsempfehlungen. Daraus zu schließen, Familienunternehmer seien grundsätzlich gegen externe Beratung, ist falsch. Die skeptische Haltung gegenüber fremder Einmischung, vielfach ein Garant für Erfolg (dann meist „strategischer Weitblick" des Unternehmers genannt), wird zunehmend gefährlich in einer extern und intern sich immer schneller verändernden Unternehmensumwelt.[40] Denn Familie kann auch eine zerstörerische Wirkung haben, in Form von Eifersucht, Neid, Missgunst unter Geschwistern,[41] ebenso wie Allmachtphantasien von Gründern oder Nicht-Loslassen-Können des Unternehmers im weit fortgeschrittenen Alter.[42] Viele Familienunternehmen haben als mögliches Korrektiv freiwillige Beiratsgremien eingerichtet, die meisten setzen Fachberater in technologischen Fragen, in der IT, bei der Digitalisierung von Prozessen, hinsichtlich Umweltstandards, Qualitätsmanagement, Regulierung, Besteuerung, usw. ein. Auch bei anderen existenziellen Fragen, bspw. der Gestaltung von Nachfolgeregelungen, kommen regelmäßig externe Fachleute ins Spiel – hier jedoch eher mit organisationspsychologischem Know-how.[43]

Die Frage drängt sich also auf, wieso viele Mittelständler die strategische Ausrichtung im Wettbewerb aus Überzeugung selbst erledigen und weitgehend auf externen Rat verzichten. May liefert dazu einen Erklärungsansatz: „Für das Management eines Familienunternehmens ergeben sich daraus zwei wesentliche Schlussfolgerungen: (1) Sie dürfen traditionelle strategische Handlungsempfehlungen nicht unkritisch übernehmen [...]. (2) Darüber hinaus müssen die Führer von Familienunternehmen davon ausgehen, dass geeignete, ihren Bedürfnissen Rechnung tragende Strategiekonzepte noch gar nicht entwickelt sind."[44] In dieser Argumentationslinie bewegt sich auch Kormann, wenn er zu bedenken gibt, dass die „gelehrten Strategiemuster" zumeist auf Marktführerschaft, Differenzierung oder Kostenführerschaft abzielen. „Unser Familienunternehmen muss aber auch mit einer Nr. 3-Position zurechtkommen und zu den Strategieberatern, die diese Dominanzposition

---

[39] Fröndhoff 2019, S. 28.
[40] Vgl. Kagermann 2015, S. 25 f.
[41] Vgl. May 2012, S. XX.
[42] Vgl. Fröndhoff 2019, S. 28 mit Bespielen misslungener Familienstrategien.
[43] Vgl. von Schlippe u. a. 2008, S. 28 f.
[44] May 2012, S. 64

vorschlagen und ‚entschiedene Aktionsprogramme' zur Durchsetzung einfordern, hält man eher Distanz."[45]

Wie in Unternehmerfamilien bilden auch unter nicht-verwandten Gesellschaftern „Neid, Eifersucht und Missgunst sowie der Streit um Geld, Macht und Liebe ein Bermuda Dreieck, in dem viele Familienunternehmen auf Nimmerwiedersehen verschwinden."[46] Nur das dies unter Nicht-Verwandten oft weniger dramatisch abläuft. Man kann sich außerhalb der Firma freundlich aus dem Weg gehen, ohne deshalb unfreundlich miteinander umzugehen. Und im Falle einer „unternehmerischen Scheidung" ist es weniger kompliziert und schmerzhaft, weil es dann am Ende „nur um Geld und Macht" geht, nicht darum, wie man das nächste Weihnachtsfest miteinander verbringt. Es ist eben nicht das Gleiche, freiwillig oder – aus Familienräson – „zwangsweise" zusammen zu arbeiten. Diese Unterschiede können erhebliche Auswirkungen auf die strategische Arbeit im gemeinsamen Unternehmen haben.

Im strategischen Kraftfeld **Inhaberschaft** geht es nicht nur um Gesellschaftsverträge, Eheverträge oder Testamente – alles Themen, die in Familienunternehmen relevant sind. Es kommen in allen länger gemeinsam geführten Unternehmen unvermeidlich Fragen auf, bei denen es um den Eintritt neuer und/oder das Ausscheiden alter Gesellschafter geht.[47] Ein Beispiel aus der Welt der Freiberufler: Jede größere Sozietät von Anwälten, Steuerberatern und Wirtschaftsprüfern lebt solche Regelungen. Doch die Hoffnung oder gar der Plan, dass eines oder mehrere Kinder eines Equity Partners die Geschäfte nach seinem Ausscheiden aus der Kanzlei fortführen, ist strukturell nicht vorgesehen. Bei Partnerschaftsgesellschaften, Genossenschaften, Verbänden u. v. a. gesellschaftsrechtlichen Konstruktionen unter nicht miteinander verwandten Anteilseignern ist eine familieninterne Nachfolge durch Verwandte ersten Grades weder erwünscht noch realistisch. Im Gegenteil: es wäre ein massiver Störfaktor. Insofern sind hier andere Regeln zu beachten als verwandtschaftliche Beziehungen.

Eine sinnvolle und nötige **Inhaberstrategie** darf jedoch die Wettbewerbsstrategien des Unternehmens niemals konterkarieren. Vielmehr sollte sie diese sozusagen von innen heraus stützen. Zu denken ist hierbei in erster Linie an Fragen der Geschäftsführung, der Besetzung anderer Organe der Gesellschaft wie Beirat, Aufsichtsrat oder Verwaltungsrat. Neben diesen eher organisatorisch und juristisch abzusichernden Fragen ist in diesem Zusammenhang auch die Ermittlung des **Unternehmenswerts** – und damit die betriebswirtschaftlich finanzielle Dimension von Gesellschafterwechseln – am besten im Vorfeld zu regeln. Was bei börsennotierten Unternehmen jederzeit möglich ist, den Wert der Anteile in Geldeinheiten zu beobachten, ist im inhabergeführten Mittelstand nicht ohne Weiteres möglich. Der alte Rat der Dakota Indianer: „Wenn Du merkst, dass du ein totes Pferd rei-

---

[45] Kormann 2012, S. 67 f.

[46] May 2012, S. 44

[47] Sehr anschauliche Einblicke in ein authentisches Unternehmerleben in einer real existierenden Firma bietet: Burkard Spinnen, Der schwarze Grat. Die Geschichte des Unternehmers Walter Lindenmaier aus Laupheim, Frankfurt 2003.

test, steig ab ..." ist bedenkenswert, aber nicht immer realisierbar.[48] Insofern kommen auch sehr erfolgreiche mittelständische Unternehmen oftmals in Schwierigkeiten, wenn bei der Bestimmung eines „fairen" Unternehmenswerts nicht im Vorfeld geregelt worden ist, wie anstehende Bewertungsverfahren zu organisieren und zu strukturieren sind.[49] Ein Unternehmer ist kein Aktionär, sondern ein Gesellschafter, der ggf. sogar persönlich haftet. Große Teile seines Vermögens sind i. d. R. dauerhaft in seinem/n Unternehmen gebunden.[50] Zu den Inhaberstrategien gehören auch Regelungen bezüglich der Höhe des Einkommens der geschäftsführenden Gesellschafter, Absprachen zur Gewinnverwendung, das Verhältnis von privatem zu geschäftlichem Vermögen (bspw. private Grundstücke und Immobilien, die geschäftlich genutzt werden usw.).

5.4 Strategie als Denken und Handeln

Strategie sollte als Begriff und als Praxis nicht verwechselt werden mit Zielen, mit Ehrgeiz, Entschlossenheit oder innovativen Vorgehensweisen.[51] Es gibt unterschiedliche Ansichten darüber, was Strategie bedeutet, darüber, wie sie im Umfeld von Unternehmen und Märkten definiert werden kann, was sie praktisch zu leisten vermag. Mit der folgenden Grundüberzeugung sollte ein einfacher Einstieg in die komplexe Welt der Wettbewerbsstrategien gelingen: Eine Strategie ist etwas *grundsätzlich* anderes als ein Plan! Rumelt hat in einem 2011 veröffentlichten Aufsatz „gute" Strategie von „schlechter" Strategie scharf abgegrenzt.[52] Wichtig ist außerdem, dass Rumelts Strategieverständnis über die rein ökonomische Sicht hinaus geht. Er arbeitet mit vielen Beispielen aus der Unternehmenswelt (auch kleine Firmen), schöpft aber für sein Strategieverständnis auch zentrale Gedanken aus der Militärgeschichte, aus der Arbeit mit Regierungsorganisationen auf unterschiedlichen Ebenen, zitiert Beispiele aus Non-profit-Organisationen und dem Bildungssystem.

Reine Denkarbeit und Planung der Organisationsspitze (ggf. unterstützt von Beratern) ist für Rumelt noch keine Strategie, wohl aber eine notwendige Bedingung im Vorfeld. Nur die bis zu Ende durchdachte **Kombination** aus **Planung** und **Umsetzung** erfüllt für ihn die hoch gelegte Messlatte für eine gute Strategie. Strategie bezeichnet er als intelligentes Denken plus Handeln. Es geht darum, Überraschungsmomente und *Punch* zu erzeugen – in einer Ausgangssituation die kritischen Faktoren zu erkennen, sich kreativ damit auseinanderzusetzen und einen neuen Weg zu entdecken, wie koordinierter und fokussierter

---
[48] Vgl. Hans 2013, S. 35.
[49] Vgl. Thömmes/Wallau/Siepelt 2014, S. 12.
[50] Vgl. May 2012, S. 29 f. Dort wird von „generationenübergreifendem Unternehmerverständnis" ebenso wie vom bereits zitierten „dynastischem Willen" gesprochen.
[51] Vgl. Rumelt 2011.a, S. 4 f.
[52] Rumelt 2011.a „Gut" und „schlecht" beziehen sich bei Rumelt ausschließlich auf die handwerklichen Aspekte der Strategie, nicht auf deren Inhalte oder Zielsetzungen.

Krafteinsatz – am besten mit einem Hebel versehen – die Handlungen bestimmt, damit ein **Hindernis überwunden** werden kann. In dieser Denkfigur steckt also wesentlich mehr, als in Kategorien von Stärken und Schwächen zu reflektieren oder Ressourcen zu bündeln.

Ein guter Stratege sucht gezielt nach den Möglichkeiten, ein Hindernis zu überwinden, findet diese und erläutert den Weg, dorthin zu gelangen, mit **konkreten Handlungsoptionen**. Rumelts Strategieverständnis ist insofern das Gegenteil von „Try Harder" und geht über die Formulierung von zu erreichenden Zielen weit hinaus. Er wird in seinen Beschreibungen sehr konkret: „Leadership and strategy may be joined in the same person, but they are not the same thing."[53] Außerdem ist Charisma keine Voraussetzung für Leadership. „Dwight Eisenhower, George Marshall, and Harry Truman were singularly effective leaders, yet none possessed any more charisma than a dead mackerel ... Charisma does not by itself guarantee effectiveness as a leader."[54] Konzentration auf klassische Fragen des Leadership, so Rumelt, ist eine Ursache für „Bad Strategy", weil gute Führer Vision, Inspiration und Empowerment bei ihren Mitstreitern entfachen, aber dies nichts mit Strategie zu tun hat, wie er sie versteht. „Good strategy is not just 'what' you are trying to do. It is also 'why' and 'how' you are doing it."[55] Insofern wendet er sich entschieden gegen eine klassische akademische Herangehensweise, derzufolge eine Strategie zunächst entwickelt und dann umgesetzt werden müsse – und dass dies in den Verantwortungsbereich von Führungskräften auf unterschiedlichen Hierarchieebenen im Sinne einer Top-down-Kaskade falle.[56] Der alte Beraterwitz mit dem langen Bart: „Als ich den Raum verlassen habe, hat die Strategie noch funktioniert ..." würde Rumelt vermutlich nicht gefallen.

Gute Strategie erfordert für Rumelt eine „entrepreneurial component", etwas das weder gelehrt werden kann noch durch deduktive Vorgehensweisen zu entwickeln ist. „Given that we are working on the edge, asking for a strategy that is guaranteed to work is like asking a scientist for a hypothesis that is guaranteed to be true – it is a dumb request."[57] Mit der Geschichte von „Starbucks" in Abschn. 5.2 wurde diese Sichtweise bereits illustriert. Festzuhalten bleibt, dass nur eine holistische Vorgehensweise, die konsequente Analyse, kombiniert mit detaillierten Angaben zum Handeln, als Strategie angesehen werden sollte. Ohne die komplexe Gedankenführung Rumelts zu sehr zu vereinfachen, sollte unterstrichen werden, dass jede Strategie in seinem Verständnis darauf ausgerichtet sein sollte, genau beschreibbare **Hindernisse** mit genau beschreibbaren **Vorgehensweisen** zu überwinden. Insofern ist sein Strategieverständnis deutlich anspruchsvoller und präziser

---

[53] Rumelt 2011.b, S. 66.
[54] Rumelt 2011.b, S. 65.
[55] Rumelt 2011.b, S. 85.
[56] Vgl. Mintzberg 1999, S. 203 ff. zur sogenannten Lernschule; insbesondere S. 206: „Aber das eigentliche Problem geht weit darüber hinaus und besteht in der Trennung von Formulierung und Implementierung, in der Trennung von Denken und Handeln."
[57] Rumelt 2011.b, S. 243.

Abb. 5.1 The Kernel, eigene Darstellung, angelehnt an: Rumelt 2012.b, S. 77 ff.

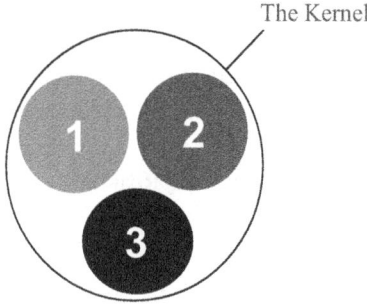

als das vieler anderer renommierter Experten.[58] Der scheinbare Widerspruch, das Strategiekonzept breit anzulegen, gleichzeitig aber vor inflationärem Umgang damit zu warnen, macht die Orientierung an Rumelt besonders interessant und anschlussfähig für die Praxis. Rumelt bringt es wie folgt auf den Punkt: „For many people in business, education, and government, the word 'strategy' has become a verbal tic. […] Further confusion is created by equating strategy with success or with ambition."[59] Rumelt formuliert einen Kern, der jeder guten Strategie Richtung und Stoßkraft gibt. Dieser **Kern** ist in Abb. 5.1 dargestellt und enthält drei Elemente:

1. **Diagnosis [Diagnose]**
2. **Guiding Policy [Leitlinien]**
3. **Coherent Set of Actions [Abgestimmtes Verhalten]**

1. Diagnose Sie beschreibt möglichst umfassend und genau die Art der Herausforderung, d. h. die zu überwindenden Hindernisse. Die Kernfrage lautet: „What is going on here?" Eine sorgfältig durchgeführte Diagnose **reduziert** die **Komplexität** der Wirklichkeit durch eine einfache Story, in der die Handlungsalternativen herausgehoben werden. Sie identifiziert bestimmte Aspekte der Situation als kritisch, genau die, wo Handlungen ansetzen könnten. Jede Diagnose ist eine Bewertung darüber, was die bekannten Tatsachen bedeuten, insofern eine individuelle Aneignung dessen, was als wirklich und als relevant angesehen wird (a judgement about the meaning of facts which cannot be proven). Anders formuliert: Individuelle Interpretation des Strategen statt Blaupausen.[60]

---

[58] Als Vertreter eher akademisch orientierter Strategielehre seien erwähnt: Martin K. Welge/Andreas Al-Laham/Marc Eulerich, Strategisches Management. Grundlagen, Prozess – Implementierung, 7. überarbeitete und aktualisierte Auflage, Wiesbaden 2017; Günter Müller-Stewens/Christoph Lechner, Strategisches Management. Wie strategische Initiativen zum Wandel führen, 5. Überarbeitete Auflage, Stuttgart 2016; Arthur A. Thompson/A. J. Strickland III/John E. Gamble, Crafting & Executing Strategy. The Quest for Competitive Advantage: Concepts and Cases, Boston u. a., 17. Auflage 2009.
[59] Rumelt 2011.b, S. 5.
[60] Vgl. Rumelt 2011.b, S. 79 ff.

2. Leitlinien erforderlich zur Überwindung der in der Diagnose identifizierten und beschriebenen Hindernisse. Sie sind handlungsleitend, d. h. es erfolgt eine Konzentration auf die *Stoßrichtung* von Handlungen, jedoch ohne sie im Einzelnen zu kennen oder benennen zu können. Sie geben Richtung und Begrenzung vor, wie Leitplanken auf der Autobahn, determinieren jedoch nicht, wohin und wie genau der Autofahrer fährt. Zudem werden Handlungen und Reaktionen anderer im Voraus bedacht. Dadurch ist eine Potenzierung der Wirkungen eigener Handlungen möglich, anstatt sie durch Mangel an Fokus zu neutralisieren.[61] Um im Bild der Autobahnfahrt zu bleiben: ich entscheide als Fahrer über Tempo, Spurwechsel, Überholvorgänge, Rast usw. – und dies angepasst an Wetter, Tageszeit, die Verkehrssituation und meine eigenen Vorstellungen über das Vorankommen. Zu fragen ist, dabei die Handlungen und Reaktionen anderer antizipierend: „Welche mir möglichen Handlungen bringen mich am besten weiter"?

3. Abgestimmtes Verhalten Strategien umfassen für Rumelt unbedingt auch Handlungen, die Durchschlagskraft entfalten. Aufeinander aufbauend, müssen die Handlungen die eingesetzte Energie der Ausführenden bündeln – im Rahmen der Leitlinien – und immer wieder neu ausgerichtet werden auf die zu überwindenden Hindernisse. Mit Abstimmung ist gemeint, dass Handlungen zwingend koordiniert werden müssen, am besten so, dass dabei eine **Hebelwirkung** entsteht. Strategiedurchsetzung erfolgt durch zentrale Koordination der auszuführenden Handlungen, allerdings auf das Wesentliche beschränkt.[62] „Was muss ich tun, um aus Gedanken Handlungsoptionen zu machen, wie kann ich „Punch" erzeugen?"

Nochmals kurz zusammengefasst: „The kernel reminds us to expand the scope of our thinking to include all three elements."[63] Der Kern einer guten Strategie führt zur Generierung neuer Stärken durch ein kohärentes Design, anstatt ausschließlich auf bereits vorhandene Stärken zu setzen. Diese neuen Stärken „liegen aber nicht auf der Straße", sie müssen identifiziert und durchgearbeitet werden, am besten durch sanfte Verschiebungen von vorhandenen Perspektiven (insightful reframing). Daraus können dann neue Konfigurationen von Stärken und Schwächen abgeleitet werden, die einer Strategie das erforderliche Überraschungsmoment (good strategy itself is unexpected) und die nötige Durchschlagskraft, den erwähnten Punch, verleihen.[64] Der Kern als logische Struktur einer Strategie setzt das notwendige kreative Denken und Handeln in Gang. Eine gute Strategie ist mehr als der Kern, aber ohne Kern ist keine gute Strategie möglich.

Zum *Insightful Reframing* ein praktisches Beispiel, um die Mechanismen aufzuzeigen, nicht eine konkrete strategische Lösung: Auf der 2. Deutschen Fußwegkonferenz im

---
[61] Vgl. Rumelt 2011.b, S. 84 f.
[62] Vgl. Rumelt 2011.b, S. 87 f.
[63] Rumelt 2011.b, S. 269.
[64] Rumelt 2011.b, S. 19.

5.4 Strategie als Denken und Handeln

Oktober 2018 wurde u. a. von Forschern berichtet, dass rund 80 % aller Mobilität in Deutschland zu Fuß erledigt wird.[65] Infas hat für das Jahr 2017 erhoben, dass von den rund 260 Mio. Kilometern, die täglich in Deutschland zurückgelegt werden, knapp ein Drittel zu Fuß oder mit dem Fahrrad erledigt werden.[66] Angesichts der Debatten über Verbrenner vs. Elektroautos, CO_2 Abgaswerte, ökologische Fußabdrücke einzelner Fahrzeugkategorien und Fahrverbote in Innenstädten ließen sich auf einem solchen Befund völlig andere verkehrspolitische Strategien konzipieren, die deutlich mehr wären als kommunale Mängelverwaltung und das ermüdende Gezänk aller möglichen Lobbyisten (völlig gleich, was diese konkret vertreten). Die bisher sichtbaren Initiativen zur Dekarbonisierung des Straßenverkehrs sind durch die Brille Rumelts betrachtet überwiegend „bad strategy".

Eine Warnung vor allzu simplen Vorgehensweisen, die Rumelts Argumente stark stützt, stammt von Henry Louis Mencken, einem amerikanischen Journalisten und Schriftsteller aus der ersten Hälfte des 20. Jahrhunderts: „For every complex problem there is an answer that is clear, simple, and wrong."[67] Für die Welt des Mittelstands hat Rumelt eine wichtige Empfehlung, die darauf hinausläuft, zu einem Zeitpunkt nicht mehrere Strategien gleichzeitig zu verfolgen. In einem 2012 veröffentlichten Interview merkte er folgendes an: „The US, for example, needs military/defense, economic, and social strategies. A medium-sized business, by contrast, is normally best off focusing its efforts on a single crucial objective."[68] Und bei der nächsten Frage nach der größten Fehleinschätzung von Senior Level Executives bezüglich Strategie hat er nachgeschoben: „The single most damaging misconception about strategy is that it is a set of financial performance goals."[69]

Wenn man denkt, die Strategie sei gut und einsatzbereit, dann empfiehlt Rumelt mit seiner mehr als 40-jährigen praktischen Expertise im Rücken das Folgende: „Trying to destroy your own ideas is not easy or pleasant. It takes mental toughness to pick apart one's own insights. In my own case, I rely on outside help – I invoke a virtual *panel of experts* [Hervorh. im Original, J.T.] that I carry around in my mind. This panel of experts is a collection of people whose judgements I value. I use an internal mental dialogue with them to both critique my own ideas and stimulate new ones. I try to do this before putting my ideas before others."[70] Ein guter Rat, auch für die Arbeit an Strategien und Geschäftsmodellen.

---

[65] https://fussverkehrskongress.de/ (Abruf 18.05.2021).
[66] http://www.mobilitaet-in-deutschland.de/pdf/infas_Mobilitaet_in_Deutschland_2017_Kurzreport.pdf (Grafik Seite 13, Abruf 18.05.2021).
[67] Mencken, zitiert nach Volkenandt 2016, S. 17.
[68] https://bobmorris.biz/richard-rumelt-on-good-and-bad-strategies-an-interview-by-bob-morris (Abruf 18.05.2021).
[69] Ebd.
[70] Rumelt 2012 b, S. 271.

5.5 Die Paradoxie des Entscheidens

In jeder Entscheidungssituation, also auch in jeder strategischen Entscheidung, steckt eine unter Soziologen wohlbekannte Paradoxie. Um auf der Basis von gesichertem Wissen oder unumstößlichen Fakten (beides eine individuelle Aneignung der Außenwelt, mit anderen Worten Interpretationssache) im Hier und Jetzt Entscheidungen für eine ungewisse Zukunft treffen zu können, müsste ich bereits Dinge wissen, die ich nicht mit Gewissheit wissen kann – über die ich also Aussagen nur mit Wahrscheinlichkeiten, nie aber mit 100 % Sicherheit treffen kann. Diese Einsicht lag auch dem Vorzug für ein induktives Vorgehen in der Strategieentwicklung zugrunde. Und zweitens steckt in jeder Entscheidungssituation Macht.[71] Dieser Aspekt des Entscheidens ist im vierten Kraftfeld, der Entscheidungsautonomie, deutlich sichtbar und von ganz wesentlichem Interesse. Armin Nassehi bringt diese Zusammenhänge in einem unterhaltsamen, kleinen Buch mit wissenschaftlicher Scharfsicht so auf den Punkt: „Die Paradoxie von Entscheidungen besteht darin, dass Entscheidungen immer dann anstehen, wenn man keine eindeutigen Kriterien fürs Entscheiden hat, dass man aber fürs Entscheiden eben das benötigt: möglichst konkrete Kriterien."[72]

Übertragen auf strategische Entscheidungen in Unternehmen lässt sich daraus ableiten, dass Faktenwissen als eindeutiges Entscheidungskriterium nicht genügt. Vielmehr sind andere Kriterien als Wissen *zusätzlich* erforderlich. Geschäftsleitungen müssen nach unternehmerischen Spielregeln und Prinzipien zu riskanten Entscheidungen kommen, die durch Expertenwissen gestützt werden, aber eben nicht determiniert werden können. „Wo es um das Gewicht von Macht und Einfluss im Zusammenhang mit Entscheidungen geht, sind drei Punkte wichtig. Erstens verändert eine Entscheidung allein nichts. Da können sie beschließen, ein neues Produkt zu lancieren, einen Stellenbewerber einzustellen, eine neue Fabrik zu bauen […] oder was immer – keine Entscheidung wird sich von selbst verwirklichen. Zweitens können wir im Augenblick der Entscheidung unmöglich mit Sicherheit wissen, ob sie gut oder schlecht ist. Ihre Qualität, falls an den Ergebnissen gemessen, kann sich erst herausstellen, wenn diese Entscheidungskonsequenzen bekannt werden. Die dritte und wahrscheinlich bedeutsamste Konsequenz ist jedoch die, daß wir – fast ausnahmslos – mit den Konsequenzen unserer Entscheidungen länger leben müssen, als wir an Zeit brauchen, um sie zu treffen."[73]

In dieser unbequemen und einsamen Position des Entscheiders befindet sich im eignergeführten Mittelstand alle Inhaber. Man kann es auch als das „das Privileg zu entscheiden"[74] sehen, aber viele Gesellschafter nehmen diese Aufgabe als äußerst ambivalent wahr. Aus der Kapitalmehrheit und der damit einhergehenden Stimmenmehrheit kristallisiert sich Macht heraus, die im Unternehmen fast nie jemand in Frage stellt. *Macht* ist insofern bei strategischen Entscheidungen ein *funktionales Äquivalent* für *Wissen*. Dies zu kritisieren, führt nicht weiter, denn das o. g. partielle Fehlen von Wissen darf ja nicht zum Stillstand bei Entscheidungen führen. Neben Macht, die insbesondere gegenüber den

---

[71] Vgl. Thömmes 1996, S. 27.
[72] Nassehi 2010, S. 111.
[73] Pfeffer 2019, S. 22.
[74] Nassehi 2010, S. 115.

5.5 Die Paradoxie des Entscheidens

Führungskräften des Unternehmens eingesetzt wird, kommen beim typischen geschäftsführenden Gesellschafter als Entscheidungskriterien regelmäßig exzellente Kenntnisse des Markts, der Kunden sowie der internen Leistungsfähigkeiten des Unternehmens hinzu. Insofern sind viele Entscheidungen des Unternehmers, die auf den ersten Blick wie „Bauchentscheidungen" aussehen mögen, in der Regel genau das Gegenteil.[75]

Die Tatsache, dass häufig in entscheidenden strategischen Fragen niemand im Unternehmen einbezogen wurde, ist i. d. R. weder Misstrauen geschuldet noch der Überzeugung, Mitarbeiter hätten prinzipiell keine guten Ideen. Vielmehr entsteht die „Einsamkeit des Entscheiders" dadurch, dass zumindest charakterstarke Persönlichkeiten wissen, dass die Verantwortung für Entscheidungen – im Guten wie im Schlechten – nicht geteilt werden kann und insofern andere gar nicht in die Bredouille bringen wollen. Die „Übernahme politischer Verantwortung", der bspw. Minister (manchmal) durch freiwilligen Rücktritt auch dann nachkommen, wenn sie tatsächlich nichts über das ethisch kritisierbare oder unrechtmäßige Tun ihrer Mitarbeiter wussten, ist für Unternehmer jedenfalls keine Option.

In diesem Zusammenhang ist eine Unterscheidung zwischen Wissen und Können hilfreich. *Können* ist die Fähigkeit einer Person, problemlösend zu handeln. *Wissen* ist das Ergebnis von Qualifikation, also allem, was schulisch oder akademisch vermittelt werden kann und mit Zeugnissen und Zertifikaten bestätigt wird. Beim Können geht es um in der Praxis erworbene *Kompetenzen*, also Möglichkeiten für das Individuum, selbstorganisiert zu handeln. Erpenbeck und von Rosenstiel sprechen von Kompetenzen als „Selbstorganisationsdispositionen."[76] In der französischen Tradition der Kompetenzforschung, welche übrigens eine wichtige Basis für deren deutsches Pendant gewesen ist, lautete der Dreiklang „savoir, savoir-faire, savoir-être".[77] Niemand kann durch zertifizierte Ergebnisse einer Wissensvermittlung auch selbstorganisiert und kreativ handeln. Es geht hier also um *praktische Nützlichkeit* und *Anschlussfähigkeit*, nicht um das, was abgeprüft werden kann, und schon gar nicht um Wahrheit. Wissen und Wissensvermittlung folgen eigenen Regeln. Wissen kann man bspw. sehr viel über das Schwimmen, Komponieren, Fußball spielen – zum Könner wird man aber nicht durch mehr Wissen oder Kommunikation über das Können, sondern nur durch permanentes Tun, durch Talent, Übung, Fleiß und Ausdauer.[78] „Die Zeiten, in denen es vor allem auf Wissen ankam, sind vorbei. Die hohe Marktdynamik des globalisierten Wettbewerbs erzeugt ein Umfeld, in dem häufiger mit Überraschungen umgegangen werden muss." [79]

Als Ergänzung des unvollkommenen Faktenwissens, welches die Entscheidungssituation prägt, ist es zwingend, Können einzusetzen. „There are lots of sausage making tools being hawked for strategy work, but good ideas don't come out of mechanical tools."[80] Übertragen auf die Unternehmensführung im Mittelstand kommen hier regelmäßig per-

---

[75] Vgl. Groß/Koeberle-Schmidt 2013, S. 45 ff.
[76] Vgl. Erpenbeck/von Rosenstiel 2007, S. XIX.
[77] Vgl. Thömmes/Kop 2000, S. 201 ff.
[78] Vgl. Wohland/Wiemeyer 2007, S. 36 ff.
[79] Wohland/Wiemeyer 2007, S. 38.
[80] Rumelt 2012.b, S. 263.

sönliche Eigenschaften des Inhabers zum Tragen, etwa Kreativität, Intuition, Mut zum Querdenken, persönliche Risikobereitschaft u. vm. Wir hatten weiter oben versucht, dies innerhalb der strategischen Kraftfelder Inhaberschaft, strategische Grundhaltung und Entscheidungsautonomie im Sinne von Heuristiken zu formalisieren. Diese Eigenschaften und Verhaltensweisen, die sich auch als **unternehmerische Kompetenz** subsumieren lassen, ermöglichen es dann, die Paradoxie der Entscheidungssituation so weit aufzulösen, dass strategische Entscheidungen getroffen werden können.

Die damit möglicherweise einhergehenden Gefahren sollten nicht verharmlost werden. Die starke Machtposition des Inhabers kann **missbraucht** werden, auch zum Schaden des Unternehmens und seiner Stakeholder. Wie May mit Beispielen belegt, gibt es „kriminelle Unternehmer zuhauf".[81] Doch auch wenn formal alles nach Recht und Gesetz abläuft, kann die Machtfülle eines dominanten Inhabers problematisch werden. Augenfällig wird dies besonders häufig bei objektiv falschen Personalentscheidungen, misslungenen Diversifikationsversuchen, fehlgeschlagenen Internationalisierungen, aber auch immer wieder bei der Nachfolge, etwa wenn Kinder in Verantwortung gebracht werden, die den Herausforderungen (noch) nicht gewachsen sind[82] oder wenn Inhaber keine Altersgrenze respektieren und viel zu lange an ihrem Posten festhalten.[83] Hinsichtlich dieses Aspekts der Machtkontrolle sind Mittelstandsunternehmen verwundbarer als große Kapitalgesellschaften. Da es keine verpflichtenden Governanceregularien für Inhaber gibt, können sie sich nur freiwillig und aus eigener Einsicht solche Regeln selbst auferlegen. Der von Peter May initiierte „Governance Kodex für Familienunternehmen" dient seit vielen Jahren als ein möglicher Orientierungspunkt für Unternehmer.[84]

Unter dem Stichwort „konstruktivistische Kommunikationstheorien" sind interessante Beiträge zum Verständnis von Macht und deren Kontrolle erarbeitet worden: „Die Wahrnehmung der äußeren Wirklichkeit ist selektiv, sie unterliegt systematischen Fehlerquellen wie Stereotypen oder Heuristiken, d. h. Faustregeln. Wahrnehmung wird interpretiert, gespeichert und bewertet. Die eigene Wahrnehmung unterscheidet sich fundamental von den Wahrnehmungen anderer Menschen."[85] Dieses Dilemma kann insbesondere für Inhaber kleiner und mittlerer Unternehmen zur **Falle** werden, wenn sich intern niemand traut, die Unternehmerin oder den Unternehmer darauf hinzuweisen, dass seine Weltsicht nicht mehr mit der von anderen Stakeholdern kompatibel ist. Starrsinn und Unbelehrbarkeit können zu einer Art „Scharfrichter" für die Weiterexistenz eines Mittelstandsunternehmens werden. Es lässt sich häufig beobachten, was Experten als „Narzissmus der zweiten Lebenshälfte" bezeichnen, ein Phänomen, das viele Unternehmensübergaben an die nachfolgende Generation erschwert oder – je nach Ausprägung des Leidens – zur Mission im-

---

[81] Vgl. May 2012, S. 24.
[82] Vgl. Borst 2008, S. 210 f.
[83] Vgl. May 2012, S. 37.
[84] Vgl. http://www.kodex-fuer-familienunternehmen.de/ (Abruf 18.05.2021).
[85] Ant u. a. 2014, S. 60.

possible macht.[86] Wie *Auswege* aus solchen negativen Kommunikationsschleifen möglich sind, zeigen u. a. systemisch orientierte Familientherapeuten mit einer Spezialisierung auf Familienunternehmen.[87]

Literatur

Ant, Marc/Nimmerforth, Maria-Christina/Reinhard, Christina: Effiziente Kommunikation. Theorie und Praxis am Beispiel der 12 Geschworenen, Springer Gabler, Wiesbaden 2014

Berthold, Florian: Familienunternehmen im Spannungsfeld zwischen Wachstum und Finanzierung, Josef Eul Verlag, Lohmar/Köln 2010

Borst, Ulrike: Psychische Störungen und Familienunternehmen. Die Angst des Juniors vor der Nachfolge, in: Arist von Schlippe/Almute Nischak/Mohammed El Hachimi (Hrsg.), Familienunternehmen verstehen. Gründer, Gesellschafter und Generationen, Vandenhoeck & Ruprecht, Göttingen 2008, S. 210–222

Casadesus-Masanell, Ramon/Ricart, Joan Enric: From Strategy to Business Models and onto Tactics, in: Long Range Planning, 43 (2010), S. 195–215

Christensen, Clayton M./Allworth, James/Dillon, Karen: How Will You Measure Your Life?, Harper Collins Publisher, New York 2012

Erpenbeck, John/Rosenstiel, Lutz von (Hrsg.): Handbuch Kompetenzmessung, Schäffer-Poeschel, 2. überarbeitete und erweiterte Auflage, Stuttgart 2007

Fröndhoff, Bert: (Ohn-)Macht der Familie, Handelsblatt 27.8.2019, S. 28

Fueglistaller, Urs/Müller, Christoph/Müller, Susan/Volery, Thierry: Entrepreneurship. Modelle - Umsetzung – Perspektiven, Springer Gabler, 4. Auflage, Wiesbaden 2016

Galloway, Scott: The Four. The Hidden DNA of Amazon, Apple, Facebook, and Google, Portfolio/Penguin, New York 2017

Gigerenzer, Gerd: Baucentscheidungen. Die Intelligenz des Unbewußten und die Macht der Intuition, C. Bertelsmann, München 2007

Groß, Joachim/Koeberle-Schmidt, Alexander: Professionelle Gesellschafter und ihre Verantwortung, in: Alexander Koeberle-Schmidt/Bernd Grottel (Hrsg.), Führung von Familienunternehmen. Ein Praxisleitfaden für Unternehmen und Familie, Erich Schmidt Verlag, Berlin 2013, S. 45–59

Hans, Norbert: Strategische Wettbewerbsvorteile. Mehr Umsatz, Gewinn und Marktanteile: das Praxisbuch für ihre Strategieorientierung, Springer Gabler, 2. Auflage, Wiesbaden 2013

Johnson, Mark W: Seizing The White Space. Business Model Innovation For Growth and Renewal, Harvard Business Press, Boston, Massachusetts 2010

Kagermann, Henning: Change Through Digitization – Value Creation in the Age of Industry 4.0, in: Horst Albach/Heribert Meffert/Andreas Pinkwart/Ralf Reichwald (Editors), Management of Permanent Change, Springer Gabler, Wiesbaden 2015, S. 23–45

Kormann, Hermut: Gibt es so etwas wie mittelständische Strategien, Heft 11 der Schriftenreihe des Kirsten Baus Instituts für Familienstrategie, Stuttgart 2008

Kormann, Hermut: Betriebswirtschaftslehre für Nicht-Betriebswirte – Ertüchtigung zu dezentralem Entscheiden durch Maximen und Normalien, in: revue [sic] für postheroisches Management, Heft 4 (2009), S. 50–57

---

[86] Fischer war ein besonders Aufsehen erregender und in gewisser Weise tragischer Fall: https://www.handelsblatt.com/unternehmen/mittelstand/generationswechsel-gescheitert-fischer-duebel-vermasselt-die-firmenuebergabe/6471610.html?ticket=ST-10665741-41FAJ7Cu1bjSlvuc9PZf-ap5 (Abruf 10.12.2020).

[87] Vgl. von Schlippe et al. 2008, S. 21.

Kormann, Hermut: Grundfragen des Familienunternehmens, in: Stephan Scherer/Michael Blanc/Hermut Kormann/Torsten Groth/Rudolf Wimmer, Familienunternehmen. Erfolgsstrategien zur Unternehmenssicherung, Deutscher Fachverlag, Frankfurt am Main, 2. überarbeitete Auflage 2012, S. 1–113

Lashinsky, Adam: Wild Ride. Inside Uber's Quest for World Domination, Portfolio Penguin, New York 2017

Levitt, Theodore: Die Globalisierung der Märkte, in: Cynthia A. Montgomery/Michael E. Porter (Hrsg.), Strategie, Ueberreuter, Wien 1996, S. 199–219

Linz, Carsten/Müller-Stewens, Günter/Zimmermann, Alexander: Radical Business Model Transformation. Gaining the Competitive Edge in a Disruptive World, Kogan Page, London 2017

May, Peter: Erfolgsmodell Familienunternehmen, Murmann, Hamburg 2012

Mintzberg, Henry/Ahlstrand, Bruce/Lampel, Joseph: Strategy Safari. Eine Reise durch die Wildnis des strategischen Managements, Ueberreuter, Wien 1999

Nassehi, Armin: Mit dem Taxi durch die Gesellschaft. Soziologische Stories, Murmann Verlag, Hamburg 2010

Ohmae, Kenichi: The Mind of the Strategist, McGraw-Hill, New York 1982

Osterwalder, Alexander/Pigneur, Yves: Business Model Generation, Wiley, Hoboken, N.J. 2010, S. 14

Pfeffer, Jeffrey Interview, in: Harvard Business Manager, Spezial 2019 "Macht", Hamburg 2019

Porter, Michael E./Heppelman, James E.: How Smart, Connected Products Are Transforming Competition, in: Harvard Business Review November 2014, S. 65–88

Reinemann, Holger: Mittelstandsmanagement, Schäffer-Poeschel, Stuttgart 2011

Rother, Mike: Die Kata des Weltmarktführers. Toyotas Erfolgsmethoden, Campus, Frankfurt am Main 2009

Rumelt, Richard: The Perils of Bad Strategy, in: McKinsey Quarterly, June 2011, S.1-9 [Rumelt, 2011.a]

Rumelt, Richard: Good Strategy, Bad Strategy, Profile Books, London 2011 [Rumelt 2011.b]

Scheuss, Ralph: Handbuch der Strategien, Campus Verlag, Frankfurt/New York 2008

Schlippe, Arist von/Nischak, Almute/El Hachimi, Mohammed: Familienunternehmen verstehen, in: dies. (Hrsg.), Familienunternehmen verstehen. Gründer, Gesellschafter und Generationen, Vandenhoeck & Ruprecht, Göttingen 2008, S. 19–29

Schramm, Carl J.: Burn the Business Plan. What Great Entrepreneurs Really Do, John Murray Learning, London 2018

Simon, Hermann: Aufbruch nach Globalia, Campus, Frankfurt am Main 2012

Stone, Brad: The Upstarts. How Uber, Airbnb and the Killer Companies of the New Silicon Valley are Changing the World, Bantam Press, London 2017

Thiel, Peter: Zero to One. Notes on Startups, or How to Build the New Future, Virgin Books, London 2014

Thömmes, Jürgen: Blinde Flecken in der Beurteilungspraxis? Eine systemtheoretisch-empirische Untersuchung zu Methoden der Potentialbeurteilung in Wirtschaftsorganisationen, Rainer Hampp Verlag, München und Mering 1996

Thömmes, Jürgen/Kop, Jean-Luc: Der bilan de compétences in Frankreich. Ein eigenständiges eignungsdiagnostisches Instrument der Potenzialbeurteilung, in: Lutz v. Rosenstiel/Thomas Lang-von-Wins (Hrsg.), Perspektiven der Potenzialbeurteilung, Verlag für Angewandte Psychologie, Göttingen 2000, S. 201–223

Thömmes, Jürgen/Wallau, Frank/Siepelt, Stefan: Aufsichtsräte und Beiräte im Mittelstand, Bundesanzeiger Verlag, Köln 2014

Volkenandt, Götz (Hrsg.): Mission: Unternehmen entwickeln. Arbeitsbuch für Führungskräfte, Knowledge & Trends, 1. Auflage, Berlin 2016

Wohland, Gerhard/Wiemeyer, Matthias: Denkwerkzeuge der Höchstleister, Murmann Verlag, Hamburg 2007

Geschäftsmodelle: Der Ort der Wahrheit im Markt

6

Zusammenfassung

Peter Drucker, der Begründer der Managementwissenschaft, warf eine entscheidende Frage auf: „Who is the customer and what does the customer value?" Die erste Erwähnung des Begriffs Business Model wird auf 1957 datiert. Wissen über Geschäftsmodelle ist relevant, wenn neue Wertketten entstehen. Der Internethype Ende der 1990er-Jahre hat das gezeigt. Gleichzeitig trat der Begriff Geschäftsmodell aus engen Fachzirkeln in eine breitere Öffentlichkeit. Heute wird er oft inflationär verwendendet, teils sinnentleert, etwa bei der Rede vom „Geschäftsmodell Deutschland". Wenn vereinzelt Politiker meinen, dieses funktioniere nicht mehr, ist das ein Topos, ein Versatzstück für Reden, keinesfalls ein Analysetool. Um zu einer präzisen Begriffsverwendung zu kommen, muss die ökonomisch wesentliche Perspektive der Werterzeugung und Monetarisierung des geschaffenen Werts eingenommen werden. Was will der Kunde, wofür zahlt er, wieviel hat das Unternehmen davon?

6.1 Geschäftsmodelle im Wandel

Es gibt – wie bereits erwähnt – wenige Begriffe aus der Unternehmensführung, die ähnlich stark verbreitet und gleichzeitig so unscharf definiert sind, wie das Konzept des Geschäftsmodells. Dafür gibt es zahlreiche Gründe: ein regelrechter **Boom** des Begriffs setzte in den späten 1990er-Jahren im Zuge der sogenannten „New Economy" ein, einer Art Goldrausch für digitale Geschäftschancen, die einige Gewinner und viele Verlierer hervorgebracht hat. „Hardly recognized or talked about until the end of the last century the concept oft he business model suddenly became ‚en vogue' in the mid-1990s, emerging as a key topic in conversations about new business opportunities and how to capture them."¹ Das Ende dieses Hypes ist als „Dotcom-Crash" bekannt. Dieser führte ab 2001 zu einer starken, wenn auch kurzzeitigen Abkühlung der Interneteuphorie.² Die Überzeugung, dass digitalen Geschäftsmodellen in der Zukunft eine überragende Bedeutung zukommen wird, blieb allerdings bestehen.

Es wurde auch außerhalb von ökonomischen Fachzirkeln „chic", über Geschäftsmodelle zu diskutieren. In der Startup-Szene ist der Begriff bis heute ein fixer Bestandteil der Kommunikation zwischen Gründern und Finanzierern. Ohne ein überzeugendes Geschäftsmodell gibt es kein Funding. Peter Thiel, der aus Deutschland stammende Multiunternehmer und Starinvestor aus dem Silicon Valley, formulierte die folgende Einsicht (von ihm selbst selbstbewußt „Thiel's Law" genannt): „A startup messed up at its foundation cannot be fixed."³ Zum Fundament gehört Klarheit über das zu verfolgende Geschäftsmodell. Insofern geht der Punkt an Thiel. Diese und weitere Aspekte der E-Ventures und ihrer digitalen bzw. mobilen Wertschöpfungsketten sind inzwischen auch wissenschaftlich sehr gut dokumentiert.⁴

Mit der Popularität des Begriffs ging keine befriedigende wissenschaftliche Klärung einher. Zumindest nicht in dem Sinne, dass sich in den Wirtschaftswissenschaften ein allgemein akzeptiertes Verständnis herauskristallisiert hätte.⁵ Dafür gibt es mehrere Gründe: Zum einen setzen die Annahmen über den Wettbewerb in traditionellen volkswirtschaftlichen Theorien kein Denken in Geschäftsmodellen voraus. Dies hängt, verkürzt gesagt, an Annahmen des perfekten Wettbewerbs (transparente Märkte, starker Schutz geistigen Eigentums, kostenloser Informationstransfer, perfekte Arbitrage, keine Innovation). Zum anderen hat das Geschäftsmodell in der Organisations-, Strategie- und Marketingforschung noch keinen festen Platz gefunden, u. a. wegen mangelnder Abgrenzung gegenüber etablierten Konzepten wie Strategie.⁶ Kritische Autoren weisen zudem darauf hin, dass Bequemlichkeit in der Anwendung einhergehe mit Unschärfe in der Bedeutung einerseits, einer Überschneidung mit dem Strategiebegriff andererseits, und sie plädieren für eine stärkere Formalisierung des Begriffs, insbesondere eine mikroökonomische Fundierung.⁷

In der wissenschaftlichen Strategiediskussion wird von Geschäftsmodellen seit Peter Drucker gesprochen. Seine berühmten Fragen lauteten: „Who is the customer and what does the customer value?" and „What is the underlying economic logic that explains how we can deliver value to the customers at an appropriate cost?"⁸ Wie Magretta mit explizi-

---

¹ Amit/Zott 2021, S. 4.
² Vgl. Amit/Zott 2021, S. 5 ff.
³ Thiel 2014, S. 107.
⁴ Vgl. Kollmann 2016, S. 10 f.
⁵ Vgl. Wirtz 2010, S. 3.
⁶ Vgl. Bieger/Reinhold 2011, S. 22.
⁷ Vgl. Johnson 2017, S. 1113.
⁸ Peter Drucker, zitiert nach Magretta 2002.b, S. 3.

tem Bezug auf Drucker feststellt, haben Geschäftsmodelle nichts Geheimnisvolles: „Sie erzählen einfach, wie ein Unternehmen funktioniert. Wie jede gute Story braucht auch ein Geschäftsmodell handelnde Personen, Motivationen für deren Handlungen und einen Plot."[9] Zudem verweist Magretta darauf, dass **neue Geschäftsmodelle** fast immer durch **Veränderungen an bestehenden Wertketten** entstehen.[10] Die Tatsache, dass die Wertkette als unternehmensspezifische Konfiguration genau aufeinander abgestimmter einzelner Tätigkeiten (heute würde man in diesem Zusammenhang statt von Tätigkeiten eher von Prozessen sprechen) der Ort ist, an dem Wettbewerbsvorteile errungen oder verspielt werden, geht auf Porter zurück. Dies wurde, wie bereits erwähnt, in den 1980er-Jahren im Zusammenhang mit Wettbewerbsstrategien postuliert.[11]

Die Einsicht, dass in der Wertkette alle Aspekte, die mit Herstellung und Verkauf zu tun haben, in irgendeiner einzigartigen, für das Unternehmen Identität stiftenden Art und Weise aufeinander abgestimmt sein müssen, steckt bis heute in den meisten Definitionsansätzen von Geschäftsmodellen, sei es explizit oder implizit. Ein solches Verständnis reißt sehr wichtige Grundgedanken zum Verständnis von Geschäftsmodellen an, hat aber zugleich den Nachteil, keine wirklich handhabbare Abgrenzung gegenüber dem Begriff der Strategie anzubieten.[12] Casadesus-Masanell und Ricart beziehen sich auf Fuller u. a., die ein Geschäftsmodell als "logic of the firm – how it operates and creates value for its stakeholders" gesprochen haben.[13] Die erste Erwähnung des Begriffs **Business Model** wird auf 1957 (in einem Aufsatz von Bellman und Clark) datiert.[14] Wenn man streng ist, lässt sich festhalten, dass seit Drucker in den 1950ern bis in die Nullerjahre wenig konzeptionell Neues aus akademischen Kreisen zum Thema Geschäftsmodelle beigetragen worden ist.

Ein Geschäftsmodell beschreibt, einfach ausgedrückt, wie ein Unternehmen nachhaltig Werte für Kunden, Partner und sich selbst schafft. Geschäftsmodelle sind gegen Strategien abzugrenzen, nicht nur aus konzeptioneller Notwendigkeit, sondern auch aus praktischen Erwägungen. Beide Konzepte sind eng miteinander verwoben, jedoch nicht identisch.[15] Zunächst soll unterstrichen werden, dass *jedes Unternehmen* ein Geschäftsmodell hat, besser gesagt *ein Geschäftsmodell nutzt* – möglicherweise auch, ohne sich darüber viele Gedanken zu machen. Das Bedürfnis, sich über sein Geschäftsmodell klar zu werden, ist sehr unterschiedlich ausgeprägt. Wenn viel Unsicherheit den Wettbewerb prägt, also strategische Entscheidungen große Unterschiede in einem Umfeld voller Kontingenz machen

---

[9] Magretta 2002.a, S. 64.
[10] Vgl. Magretta 2002.a, S. 68.
[11] Vgl. Porter 1985, S. 33 „Competitive advantage cannot be understood by looking at a firm as a whole. It stems from the many discrete activities a firm performs in designing, producing, marketing, delivering, and supporting its product."
[12] Vgl. Casadesus-Masanell/Ricart 2010 S. 195.
[13] Vgl. Casadesus-Masanell/Ricart 2010, S. 197.
[14] Vgl. Wirtz 2010, S. 7.
[15] Vgl. Casadesus-Masanell/Ricart 2010, S. 205.

können, ist eine klar gegen das Geschäftsmodell abgegrenzte und gut designte Strategie zwingend.[16]

Das Bedürfnis, sich über das verfolgte Geschäftsmodell Klarheit zu verschaffen, variiert z. T. erheblich mit der Phase des Branchen- und Unternehmenslebenszyklus, in der das Unternehmen sich befindet, mit der Wertschöpfungsstruktur, den Kundenbeziehungen, den Distributionskanälen oder dem Innovationsmanagement. Insofern ist es nicht überraschend, dass viele Mittelständler, die sich in einem ruhigen Wettbewerbsumfeld wähnen, kaum Aufmerksamkeit auf ihr Geschäftsmodell richten.

Zum Thema **Disruption** ein kleiner Einschub: Wenn nicht mehr dahintersteckt als ein vom Unternehmen selbst genutztes Buzzword, mit dem alles Trendhafte und Neue versehen wird, handelt es sich nicht um eine disruptive Technologie. Peter Thiel weist auf eine ernste Gefahr hin, welche die Marktpositionierung eines Unternehmens durchaus in eine Schieflage bringen kann. Sich selbst als disruptiv zu betrachten, bedeutet eben auch, sich als kleine(re)s Unternehmen mit den Augen der Platzhirsche im Markt zu beobachten – eine eher unglückliche Optik. Denn Disruption erzeugt Aufmerksamkeit und Gegenwehr. „Disruptors are people who look for trouble and find it."[17] Thiel hat in seinem 2014 erschienenen Buch „Zero to One" weitere überzeugende Überlegungen angestellt, was Wettbewerb ist und warum es für Gründer nicht erstrebenswert ist, den Wettbewerb aktiv zu suchen.

Thiel bezeichnet **Wettbewerb** als **Ideologie** und stellt die folgenden, unkonventionellen und kritischen Überlegungen an: „We preach competiton, internalize it's necessity, and enact its commandments; and as a result, we trap ourselves within it – even though the more we compete, the less we gain."[18] Als erfahrener Serien-Gründer und Risikokapitalgeber weiß er natürlich, dass es überall dort Wettbewerb gibt, wo Kundenbedürfnisse sind. Gleichwohl erscheint seine Sichtweise bedenkenswert, denn er belässt es nicht bei kritischen Anmerkungen zu einem falsch verstandenen Begriff von Wettbewerb (insbesondere an martialischen, der Kriegsführung entliehenen Bildersprachen), sondern er betont: "But really, it is competition, not business, that is like war: allegedly necessary, supposedly valiant, but ultimatively destructive."[19]

Am eigenen Beispiel illustriert Thiel, wie er mit seinem Mitgründer bei „PayPal" in eine Situation geriet, die strategisch außer Kontrolle zu geraten drohte. Zeitgleich, in der Endphase des ersten Dotcom Booms, hatte nämlich Elon Musk mit „X.com" eine ähnlich leistungsfähige Technologie und dasselbe Geschäftsmodell marktreif wie Thiel und sein Kompagnon. Er illustriert die Situation sehr anschaulich: „By late 1999 we were in all-out-war. Many of us at PayPal logged 100-hours workweeks. No doubt that was counterproductive, but the focus wasn't on objective productivity; the focus was defeating X.com. One of our engineers actually designed a bomb for this purpose; when he presented the

---

[16] Vgl. Casadesus-Masanell/Ricart 2010, S. 195.
[17] Thiel 2014, S. 57.
[18] Thiel 2014, S. 35.
[19] Thiel 2014; S. 37.

schematic at a team meeting, calmer heads prevailed and the proposal was attributd to extreme sleep deprivation. But in February 2000, Elon and I were more scared about the rapidly inflating tech bubble than we were about each other: a financial crash would ruin us both before we could finish our fight. So, on early March we met on neutral ground – a café almost exactly equidistant from our offices – and negotiated a 50-50 merger."[20]

Innovatoren von Geschäftsmodellen wie Thiel und Musk sind selten. Zu den immer wieder erwähnten Beispielen gehört aber auch „Hilti", ein traditionelles, nicht digitales Unternehmen. Dort ist man vom Verkauf der bekannten Bohrhämmer nebst Zubehör mehr und mehr zum Verleihen (inklusive Wartung) übergegangen, einschließlich einer gebrauchsabhängigen Abrechnung. „Pay-as-you-go", nicht nur beim Carsharing oder dem Mobilfunkvertrag, sondern für den Handwerker. So wurde aus einem Produktgeschäftsmodell ein *Lösungsmodell*. Hilti verkauft keine Bohrhämmer mehr, sondern Löcher.[21] Innovation ist jedoch auch zu einem Buzzword geworden. Der brandeins Autor Wolf Lotter bringt dies recht ungnädig, aber für mein Empfinden sehr treffend auf den Punkt: „Es geht auch darum, das Innovationsgerede – das wahre Innovation verhindern soll – als den Neusprech zu entlarven, der er ist. Innovation entsteht nicht in Powerpoint-Präsentationen, in Seminaren in langweiligen Meetings und anderen Absurditäten der Angestelltengesellschaft, sondern dort, wo Unternehmer arbeiten, ganz gleich, ob innerhalb einer Organisation oder außerhalb. *Unternehmer* im Sinne dieses Textes sind nicht Menschen, die einen Gewerbeschein für ihre Tätigkeit benötigen, sondern Selberdenker, Selberermächtiger. Menschen, Talente und Ermöglicher."[22]

6.2 Geschäftsmodelle setzen Strategien um

Es herrscht weitgehende Einigkeit unter den Fachautoren, „dass ein Geschäftsmodell keine Unternehmensstrategie darstellt und nur in Beziehung zu einer übergeordneten Strategie betrachtet werden soll."[23] Auch bewusste „Regelbrecher" wie z. B. Fielmann arbeiten häufig zunächst an einem neuen Geschäftsmodell, um die in der Branche bestehenden Geschäftsmodelle zu verändern.[24] Die Absicht, dadurch in eine günstigere Wettbewerbsposition zu gelangen, ist selbstverständlich strategisch. Ein anderes Beispiel für *disruptive* Geschäftsmodelle aus dem Mittelstand sind Online-Apotheken wie „DocMorris" o. ä., die sich über Jahre in einer extrem regulierten Branche – u. a. ist das sogenannte „Fremdbesitzverbot" für Apotheken in Deutschland vom EUGH 2009 bestätigt worden – legale Existenznischen für die Versorgung von Patienten mit apotheken- und verschreibungs-

---

[20] Thiel 2014, S. 42.
[21] Vgl. Kagermann und Österle 2006, S. 16.
[22] brand eins Thema Innovation 2018, S. 2.
[23] Wirtz 2010, S. 36.
[24] Vgl. May 2012, S. 77 ff.

pflichtigen Medikamenten per Internetversand geschaffen haben.[25] Für die meisten Mittelständler sind diese Ausgangslagen von Startups oder Regelbrechern allerdings nicht sonderlich relevant. Um nochmals Peter Thiel aufzugreifen: kaum ein etablierter Mittelständler möchte die geballte Aufmerksamkeit, den Zorn und die Gegenwehr einer gesamten Branche auf sich ziehen. Disruption und das damit verbundene „Trouble making" ist nicht jedermanns Sache und auch im Bereich der Geschäftsmodelle eher die Ausnahme als die Regel.

In einem Aufsatz, der in kaum einer ernst zu nehmenden Auseinandersetzung mit Geschäftsmodellen fehlt, liefern Casadesus-Masanell und Ricart neben definitorischen Präzisierungen auch eine für Praktiker interessante Perspektive. Sie bezeichnen das Geschäftsmodell als die *Spiegelung* (reflection) einer tatsächlich umgesetzten Strategie.[26] In der Gegenwart gelten andere Regeln im Wettbewerb als noch vor 20 oder 30 Jahren, einer Periode, in der sehr viele der heute noch genutzten Norm-Strategien entstanden sind. Fortschreitende Globalisierung, zum Teil heftige Deregulierung, demographischer Wandel, veränderte Lebensstile, Echtzeitwettbewerb aufgrund der weltweiten Durchdringung des Internets mit hoher Bandbreite – dies sind nur einige *Megatrends*, welche die Wettbewerbsarena für viele Mittelständler in der Gegenwart prägen. Bereits 1999 prophezeite Drucker: „Strategy, therefore, has to accept a new fundamental. Any institution- and not just business – has to measure itself against the standards set by each industry's leader anyplace in the world."[27] Auch wenn „Made in Germany" lange Zeit als Chiffre für Standards der Weltmarktführerschaft galt, die Welt dreht sich weiter.

Es gibt einen Konsens unter Wissenschaftlern und Praktikern, dass die weltweit am schnellsten und stärksten wachsenden Unternehmen jene sind, die dem strukturellen Wandel mit neuen Geschäftsmodellen begegnen. In diesem Zusammenhang ist die systematische Untersuchung von *Plattform-Geschäftsmodellen* in den vergangenen Jahren stark angewachsen. Traditionelle Geschäftsmodelle sind linear (häufig auch „pipe" genannt); sie wurden getrieben von Technologien wie Dampf, Eisenbahn, Telefon, Fernsehen usw. So sind teils sehr große, vertikal integrierte Unternehmen oder Industriekonglomerate entstanden, welche die Industrien des 20. Jahrhunderts dominiert haben. In vielen dieser im Einzelnen sehr unterschiedlichen globalen Konzerne gab es eine elementare Gemeinsamkeit: der geschaffene Wert (Wertstrom) floss immer nur in eine Richtung, vom Unternehmen zum Kunden. Die Supply Chain und ihre Konfiguration waren *linear*. Parallel gab es einen in entgegen gesetzter Richtung fließenden linearen Informationsfluss. Die dadurch erzielbare *Effizienz* war die große Stärke dieser Konfigurationen. Nachteilig war, dass zum Aufbau und Betrieb dieser linearen Geschäftsmodelle mit ihren effizienten Supply Chains große Investitionen in Arbeitskraft und Anlagevermögen (riesige Fabriken, große Vertriebsorganisationen usw.) nötig waren.[28]

---

[25] https://de.statista.com/themen/650/apotheken/ (Abruf 18.09.2018).
[26] Vgl. Casadesus-Masanell/Ricart 2010, S. 195.
[27] Drucker 1999, S. 63.
[28] Vgl. Moazed/Johnson 2016, S. 22 ff.

In einem Plattform-Geschäftsmodell verläuft die **Wertgenerierung** in mehr als einer Richtung; sie ist *multidirektional*, nicht linear. Wert wird sowohl auf der Seite der Kunden als auch auf der Seite der Produzenten erzeugt, und zwar im logisch exakt gleichen Moment, in dem eine Transaktion zustande kommt. Die Begriffe „Multisided Markets" bzw. „Multisided Platforms" beziehen sich auf diesen Aspekt der simultanen Werterzeugung. In diesen aktuellen Plattform-Geschäftsmodellen sind *Netzwerke* eine Art neuer „Aggregator" des ökonomisch geschaffenen Wertes. Sind es in traditionellen, linearen Geschäftsmodellen die Produzenten allein, so wandert diese Funktion hin zu den Plattformbetreibern.

Den heute größten und wertvollsten Unternehmen der Welt ist es gelungen, sehr große Netzwerke aufzubauen, dort Spielregeln durchzusetzen und dauerhaft für zwei unterschiedliche Kategorien von ökonomischenn Playern Wert zu generieren (Vgl. Facebook, Google, Airbnb usw.).[29] Unter den zehn größten Unternehmen der Welt, gemessen an der Marktkapitalisierung, ist Ende 2020 außer Saudi Arabian Oil keines mehr in der Liste, das ein traditionelles, lineares Geschäftsmodell verfolgt. Und acht dieser zehn Top-Ten verfolgen ein echtes Plattform-Geschäftsmodell oder ein plattformgetriebenes Geschäftsmodell.[30]

Casadesus-Masanell und Ricart haben ein sogenanntes „integrative framework" konzipiert, mit dem sie mehr Klarheit in die Verwendung der Begriffe Geschäftsmodell, Strategie und Taktik bringen wollen.[31]

Geschäftsmodelle, so legen sie fest, beziehen sich auf die Logik des Unternehmens, so wie es funktioniert und Wert für seine Stakeholder schafft. Sie sind eine Art Spiegelbild der realisierten Strategie eines Unternehmens.

Strategie, so argumentieren beide, bezieht sich auf die Wahl des Geschäftsmodells, mit dem das Unternehmen im Markt konkurrieren will. Mögliche Änderungen am Geschäftsmodell sind kostenintensiv und benötigen Zeit.

Taktik hingegen, so fassen sie zusammen, bezieht sich auf die übrigen Wahlmöglichkeiten innerhalb des gewählten Geschäftsmodells. Taktische Entscheidungen, bspw. im Rahmen der Preispolitik, wirken schnell und können einfach initiiert oder auch revidiert werden.

Der Nutzen dieser Unterscheidungen ist unmittelbar einsichtig, sie richten sich an Praktiker, ohne den Stand der wissenschaftlichen Diskussion zu ignorieren. So überzeugt ihre Analogie zum PKW: Unterschiedliche Automobildesigns führen zu unterschiedlichen Funktionslogiken; ein konventioneller Verbrennungsmotor funktioniert anders als ein Hybrid, eine Handschaltung ist keine Automatik usw. Um zu beurteilen, *wie gut* ein PKW funktioniert, kommt es auf das *Zusammenspiel der Komponenten* an. Die Konfiguration des PKW entspricht der Strategie (Änderungen sind möglich, aber aufwändig), der tatsächlich gekaufte und gefahrene PKW entspricht dem Geschäftsmodell (= realisierte Stra-

---

[29] Verrgl. Moazed/Johnson 2016, S. 26 f.
[30] Vgl. https://www.statista.com/statistics/263264/top-companies-in-the-world-by-market-capitalization/ (Abruf 14.01.2021).
[31] Vgl. Casadesus-Masanell/Ricart 2010, S. 196.

tegie) und das Fahren des Autos entspricht dem Taktikaspekt (schnell oder langsam, Fenster offen oder geschlossen usw. – alles sofort wählbare und reversible Entscheidungen).[32]

Anschließend wenden sich die Autoren der Frage zu, aus welchen Bausteinen ein Geschäftsmodell besteht. Auch hier bieten sie eine einfache Antwort an: zwei Mengen von Elementen, (1) die tatsächlich vom Management getroffenen Entscheidungen darüber, wie das Unternehmen funktionieren soll, (2) die Konsequenzen dieser Entscheidungen. Dabei werden drei Kategorien für Entscheidungen vorgeschlagen, Geschäftspolitik, Assets und Governance Strukturen.[33] Anstatt sich weiter mit filigranen Begriffsklärungen auseinanderzusetzen illustrieren Casadesus-Masanell und Ricart ihr Konzept am Beispiel von „Ryanair". In einer tabellarischen Aufzählung werden Entscheidungen des Managements und deren Konsequenzen aufgezählt. Diese Elementmengen lassen sich grafisch in einem sogenannten „causal loop diagram" darstellen.[34]

Dabei weisen sie darauf hin, dass es „positive Rückkopplungen" (virtuous cycles) im Zusammenwirken der Elemente geben kann, die bei jeder Anwendung das Zusammenwirken der unterschiedlichen Elemente positiv verstärken. Im Falle von Ryanairs Geschäftsmodell, gibt es drei dieser selbstverstärkenden positiven Rückkopplungen. Um nicht von der Komplexität eines Geschäftsmodells bei der konkreten Strategiearbeit behindert zu werden, bietet es sich an, eine besser handhabbare Darstellung zu wählen, bei der „Aggregation" und „Dekomposition" zur Anwendung kommen können. *Aggregation* läuft darauf hinaus, ein Geschäftsmodell aus der Distanz zu betrachten, um bestimmte Entscheidungen und deren Konsequenzen in größeren Zusammenhängen zu bündeln.

Die Autoren sprechen in diesem Zusammenhang von einer „business model representation" und meinen damit eine Expertenmeinung, wie die Schlüsselelemente eines Geschäftsmodells zusammenwirken.[35] Die richtige Distanz zu bestimmen, läuft eher auf eine intuitive Kunst als ein wissenschaftlich determiniertes Vorgehen hinaus. Geht man zu nahe, geht das Gesamtbild verloren; ist die Distanz zu groß, verschwimmen die entscheidenden Details. Mit *Dekomposition* ist gemeint, dass einige Entscheidungen und deren Konsequenzen nicht miteinander interagieren, folglich isoliert betrachtet und analysiert werden können. Abhängig von der zu beantwortenden Frage kann es also angemessen sein, nur ausgewählte Teilaspekte eines Geschäftsmodells genauer zu analysieren.[36]

Strategie und Geschäftsmodell bleiben unterschiedliche Konzepte, sind jedoch aufeinander zu beziehen. Das Geschäftsmodell ist eine direkte Folge der Strategie, aber nicht mit ihr identisch. Der entscheidende Unterschied liegt in den Kontingenzfaktoren, konkret u. a. sichtbar als Verhalten von Branchenteilnehmern (Wettbewerber, Kooperationspartner, Käufer, Lieferanten).[37] Taktik und Strategie sind ebenfalls klar voneinander unterscheid-

---

[32] Vgl. Casadesus-Masanell/Ricart 2010, S. 206.
[33] Vgl. Michael Metten, Corporate Governance, Gabler Research, Wiesbaden 2010, S. 12 ff.
[34] Vgl. Casadesus-Masanell/Ricart 2010, S. 198 f.
[35] Diese Konzeption prägt auch den Business Model Canvas von Osterwalder/Pigneur 2010.
[36] Vgl. Casadesus-Masanell/Ricart 2010, S. 200.
[37] Vgl. Casadesus-Masanell/Ricart 2010, S. 205.

6.2 Geschäftsmodelle setzen Strategien um

bar. Überall dort, wo das Verhalten des einen Marktteilnehmers das eines anderen beeinflusst, und zwar jeweils innerhalb der vom Geschäftsmodell gesetzten Grenzen, ist das Spielfeld für taktische Züge. Gezielte Handlungen, aber auch deren Pay-offs sind für Dritte beobachtbar – insofern muss man sie auch als Blaupause für die (Gegen-) Reaktionen des Wettbewerbs ansehen. Das Designen und Modifizieren von Geschäftsmodellen gleicht mehr handwerklichem Tun als wissenschaftlich exaktem Vorgehen. Ein auf die Empirie ausgerichtetes, nicht normatives **Framework**, ohne a priori hinsichtlich gut/schlecht oder effizient/nicht-effizient, wie das von Casadesus-Masanell und Ricart entwickelte kann Praktiker dabei unterstützen, die richtige Balance in der Geschäftsmodellentwicklung zu finden.[38]

Auch andere Autoren befassen sich intensiv mit den Wechselwirkungen zwischen Geschäftsmodellen und Strategien. Linz u. a. unterstreichen, dass jede Änderung des Geschäftsmodells eine wichtige Strategieänderung impliziert.[39] Volkenandt argumentiert ähnlich und geht davon aus, dass „jede Veränderung dann strategisch ist, wenn sie zur zielgerichteten Änderung des Geschäftsmodells beiträgt." Beide Sichtweisen sind mit jener von Masadesus-Casanell und Ricart durchaus kompatibel. Weiterhin geht Volkenandt davon aus, dass ein „Geschäftsmodell diejenigen Aspekte eines Unternehmens fasst, aus denen sich Wettbewerbsvorteile oder -nachteile ergeben." [40] Auch sehr praktische Hinweise sind dort nachzulesen. „Die meisten Führungskräfte sind mit ihren operativen Management-Aufgaben gut ausgelastet. Eine Strategie zusätzlich, quasi ‚nebenbei' umzusetzen, ist in der Regel kaum möglich ohne zusätzliche Kapazitäten und Kompetenzen."[41]

Zur wissenschaftlichen Geschichte des Begriffs Geschäftsmodell, einschließlich der Frage, wie er sich zu Strategie verhält, fassen Amit und Zott folgendes zusammen: „Quite simply, the business model had become one of the core strategic choices that general managers and entrepreneurs (and those who support and invest in them) need to consider. It answers the question: How should the firm do business? For decades, the key strategic decisions that managers and entrepreneurs were asked to address, which were also highlighted in management courses, centered on (i) corporate strategy issues, and (ii) business strategy issues."[42]

Für unsere Überlegungen ist nochmals zu betonen, dass im Mittelstand, so wie in Kap. 3 konzipiert, das Thema „corporate strategy" irrelevant ist. Das gilt zumindest dann, wenn man den Begriff verwendet wie Grant und darunter die Arbeit an globalen Strategien, Diversifikation und sonstigen Aspekten der Planung und Steuerung von „multibusiness firms" wie M&A und Allianzen versteht.[43] Auch wenn Mittelständler globale Märkte bedienen, tun sie das in der Regel als Ein-Produkt/Ein-Markt-Unternehmen. Spezialisie-

---

[38] Vgl. Casadesus-Masanell/Ricart 2010, S. 212 f.
[39] Linz. u.a. 2017, S. 42.
[40] Volkenandt 2016, S. 11.
[41] Volkenandt 2016, S. 15.
[42] Amit/Zott 2021, S. 6.
[43] Vgl. Grant 2013, S. 295 ff.

rung und internationale Geschäftstätigkeit können äußerst lukrativ sein, wir die Beispiele zu den Hidden Champions gezeigt haben. Aber dazu benötigen die Inhaber keine „corporate strategies", sondern eher Fokus und Konzentration auf eine Dimension, in der sie Weltklasse sind. Insofern ist die Konzentration auf das Verhältnis von Geschäftsmodell und Wettbewerbsstrategie, das sich bislang als roter Faden durch meine Argumentation zog, auch anhand einschlägiger Strategieliteratur leicht nachvollziehbar. Die Ausgestaltung des Geschäftsmodells ist eine wesentliche strategische Aufgabenstellung, und gleichzeitig ist ein genutztes Geschäftsmodell eine umgesetzte Strategie.

6.3 Der Business Model Canvas von Osterwalder und Pigneur

Osterwalder und Pigneur haben in ihrem 2010 erschienen Buch „Business Model Generation" die Belange von Praktikern ernst genommen. Zusammen mit 470 Mitwirkenden haben sie dem Begriff „Geschäftsmodell" zusätzliche Kontur gegeben und eine spielerisch visuelle Handhabung zur Geschäftsmodellanalyse und -konzeption eingeführt. Der Erfolg dieses Werks basiert zum einen auf der intuitiv verständlichen Herangehensweise – es gibt **neun Bausteine** eines Geschäftsmodells, systematisch angeordnet auf einer Art Leinwand (canvas) – zum anderen auf dem Verzicht jeder akademischen Begriffsklauberei. Es gibt dennoch eine unbestreitbare wissenschaftliche Substanz, einschließlich einer verständlichen Definition: „A business model describes the rationale of how an organization creates, delivers, and captures value."[44] In diesem kurzen Satz stecken bereits die noch zu beschreibenden neun Bausteine: eine sogenannte „Value Proposition", interne Ressourcen und Prozesse des Unternehmens und seiner Partner, die zur Wertgenerierung eingesetzt werden, sowie Kundensegmente, Kundenbeziehungen und Vertriebskanäle. Wenn die daraus resultierende Kostenstruktur niedriger ist als die erzielten Umsätze, ergibt sich ökonomischer Wert für die Kunden, die Partner und auch für das Unternehmen selbst. Insoweit ist das Modell völlig kongruent mit grundlegenden Lehrsätzen der Ökonomie.

Das Innovative an dem Ansatz von Ostwerwalder und Pigneur war, Praktiker beim Erarbeiten eines gemeinsamen Verständnisses von Geschäftsmodellen in einem **umfassenden Sinn** zu helfen. Das erscheint als Grundvoraussetzung für sinnvolle Kommunikation und zielgerichtete Praxis, ganz besonders dann, wenn Geschäftsmodelle nicht nur identifiziert, sondern auch modifiziert werden sollen. Wie gehen die Autoren vor, um dieses Ziel zu erreichen?[45] Zunächst stellen sie die in Abb. 6.1 visualisierten **neun Bausteine** vor, welche nach einer inneren Logik in vier Hauptgruppen (Wertversprechen in der Mitte, Wertgenerierung links, Kundenbeziehungen rechts, Gewinn und Kostenstruktur unten) auf der leeren Leinwand schematisch angeordnet werden. Dieser Aspekt der Anordnung bezieht sich auf die Visualisierungslogik. Konzeptionell sprechen sie in diesem Zusammen-

---

[44] Osterwalder/Pigneur 2010, S. 14.

[45] Zum gesamten Abriss des Business Model Canvas, Osterwalder/Pigneur 2010, S. 16-51.

6.3 Der Business Model Canvas von Osterwalder und Pigneur

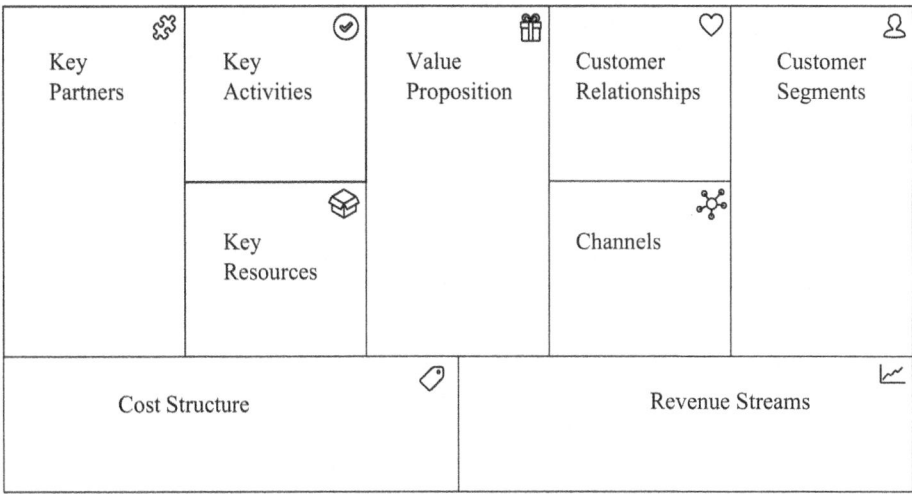

Abb. 6.1 Der Business Model Canvas, eigene Darstellung, angelehnt an Osterwalder und Pigneur 2010, S. 44

hang von den vier Hauptaspekten eines Geschäfts (*four main areas of business*): Kunden, Angebot, Infrastruktur und finanzielle Lebensfähigkeit.[46]

In der Mitte des Canvas steht die **Customer Value Proposition.** Sie soll eine Antwort auf die Frage geben, welcher Wert den Kunden des Unternehmens geboten wird. In diesem Zusammenhang ist häufig die Rede von einem „job to be done". Der Kundenwert eines Produkts oder einer Dienstleistung kann neben den klassischen Nutzwertdimensionen wie Design, Ergonomie, Qualität, Haltbarkeit, Effizienz in der Anwendung, Service usw. auch aus Status- und Prestigebedürfnissen resultieren, welche etwa durch die Exklusivität einer Marke geboten werden. Der treue „Miele" Kunde bspw. mag dies verdeutlichen. Oder Kundenwert entsteht aus Exklusivität und künstlicher Verknappung, die das Produkt oder die Dienstleistung nur für bestimmte Kundensegmente zugänglich machen, Beispiele: „Senator Status" bei Airlines, bestimmte „Hermès" Handtaschen, und zwar unabhängig von einer gegebenen Zahlungsbereitschaft. Doch auch der Preis selbst kann Kundenwert beinhalten: vergleichbaren Wert zu niedrigeren Preisen anzubieten funktioniert bei wenig differenzierten Produkten in preissensiblen Segmenten, in einigen Geschäftsmodellen sogar bis zu (nahe) null Euro. Beispiele: Low cost Carrier wie „Ryanair", Anti-Viren Software wie „Avira" usw.

Auch Aspekte der Risikominimierung können für Kunden Wert erzeugen, etwa in Form von Garantien bei neuen und gebrauchten Gegenständen, kostenlosen Rückgaben, Erstattung von Preisdifferenzen bei günstigeren Angeboten oder in Form von Verfügbarkeiten, bspw. im Rahmen von Service-Level Agreements bei Dienstleistungen. Beispiele: 7 Jahre Garantie bei Kia Fahrzeugen, 99,95 % Verfügbarkeit bei Industrierobotern von Kuka, 24h

---

[46]Vgl. Osterwalder/Pigneur 2010, S. 15.

Hol- und Bringservice bei Notebook Reparaturen, 100 % Zusicherung zu ausgewählten physischen Standorten (bspw. innerhalb der EU) bei Cloudservices usw.

Eine weitere Art, Kundennutzen zu generieren ist es, Zugang für neue Kundengruppen zu ermöglichen. Wenn Kundensegmente, die vorher keinen Zugang zu den Produkten oder Dienstleistungen hatten, diese zu erhalten, handelt es sich um eine spezifische Form von neuem Kundennutzen. Beispiele: Prepaidkarten für Smartphones für Kunden mit negativer Bonitätsauskunft, kostenlose Augenoperationen für Arme, die ein frühzeitiges Erblinden verhindert, durchgeführt in den spezialisierten Aravind Kliniken in Indien, die dadurch ermöglicht werden, dass zahlungsfähige Kunden freiwillig etwas mehr für ihre Behandlung bezahlen. Die Value Propositions in diesem Verständnis sind nicht zu verwechseln mit Alleinstellungsmerkmalen oder Wettbewerbsvorteilen. Zusammenfassend ist festzuhalten, dass die Value Propositions im Business Model Canvas Antworten auf drei Leitfragen geben: welche Kunden, welche Bedürfnisse, welcher relative Preis?

Links oben im Canvas befinden sich drei Boxen, welche die **Wertgenerierung** des Unternehmens strukturieren: die Key Resources, Key Activities und Key Partners. Die linke Seite wird auch Backstage oder Hinterbühne bezeichnet, weil diese Seite für die Kunden i. d. R. nicht einsehbar ist. Die Ressourcen, die erforderlich sind, um die Value Proposition zu erzeugen, dem Kunden zur Verfügung zu stellen, Zahlungseingänge zu sichern und mit dem Kunden in Kontakt zu bleiben, lassen sich folgendermaßen sortieren: Physische Ressourcen wie Gebäude, Maschinen, Verkaufsflächen, Infrastruktur, Logistiknetzwerke u. v. m. Intellektuelle Ressourcen wie Patente, Marken, technologisches Know-how, Daten und Auswertungsroutine, Partnerschaften usw. Menschliche Ressourcen: wichtig für alle Geschäftsmodelle, besonders in kreativen und wissensintensiven Bereichen oder bei intensiven Vertriebsaktivitäten. Finanzielle Ressourcen: Neben dem erforderlichen Eigen-/Fremdkapital auch Kreditlinien, Bürgschaften, Lieferantenkredite, Subventionen usw. Es geht also generell darum, was alles zur Wertgenerierung erforderlich ist.

Unter den **Key Activities** verstehen die Autoren die Schlüsselaktivitäten in unterschiedlichen Geschäftsmodellen, welche wie folgt gegliedert werden können: Produktion: alle Prozesse der Produktentstehung vom Design über die Fertigung bis zur Outbound-Logistik. Problemlösung: individuelle Kundenprobleme werden mit standardisierten oder kundenindividuellen Leistungen gelöst. Plattformen und Netzwerke stellen Reichweiten, Aufbau und Weiterentwicklung, Verfügbarkeit und Zuverlässigkeit von Dienstleistungen sicher. Was muss ein Unternehmen besonders gut können? Antworten auf diese Frage liefern die Schlüsselaktivitäten.

Key Partners: Viele Geschäftsmodelle sind ohne leistungsfähige Partner nicht vorstellbar. Ohne die große Leistungsbandbreite der Logistikbranche wäre bspw. der Onlinehandel, wie wir ihn kennen, überhaupt nicht denkbar. Die Anlässe für Partnerschaften sind dabei unterschiedlich, etwa Fokussierung, basierend auf Lernkurven und Verbundvorteilen (Economies of Scope) oder Skaleneffekte, auch Fixkostendegressionseffekte genannt (Economies of Scale) durch Mengenausweitung. In der Praxis sind Partnerschaften häufig als Outsourcing zu beobachten oder als gemeinsame Nutzung von Infrastrukturen, bspw. als Shared Services. Risiko und Unsicherheit lassen sich reduzieren durch strategische

Allianzen oder durch beidseitig akzeptierte, parallele Kunden-/Wettbewerbsverhältnisse. Auch der Zukauf bestimmter Ressourcen und Fähigkeiten kann Geschäftsmodelle stärken. Eine Konzentration auf Kernaktivitäten erfordert häufig, von Partnern Kow-how oder Kapazitäten zu beziehen, Lizenzen zu erwerben oder für Zugang zu Vertriebskanälen und Kunden zu zahlen, anstatt selbst entsprechende Ressourcen aufzubauen. Die Reichweite von Plattformen und deren Leistungsfähigkeit in der Zahlungs- und Logistikabwicklung, etwa bei „Amazon", „Alibaba" oder „Rakuten", ist für viele kleinere Onlinehändler zu einer Art Existenzsicherung geworden. Sie können sich auf Einkauf, Sortiments- und Preismanagement konzentrieren und haben mit den physischen Aspekten ihres Geschäfts nichts zu tun.

Die rechte Seite des Canvas bildet die **Vermarktungsseite** ab (auch als Stage oder Vorderbühne bezeichnet); diese Funktionen werden für die Kunden in Form unterschiedlicher Touchpoints sichtbar und erlebbar. Es werden systematisch die Customer Segments, die Customer Relations und die Channels dargestellt.

Die **Customer Segments** widmen sich der Frage, welche Kunden(-gruppen) mit den Produkten oder Dienstleistungen erreicht werden sollen. Die klassischen Segmentierungskriterien des Marketings sind hier konzeptionell leitend. Wenn der Massenmarkt adressiert wird, besteht keine Notwendigkeit zur Segmentierung (Beispiel: Smartphones). Handelt es sich um einen Nischenmarkt, dann ist Fokussierung auf ein einzelnes Segment des Gesamtmarkts mit entsprechender Spezialisierung die passende Vermarktungslogik. Viele Beispiel dazu liefern die Hidden Champions, bspw. „Kässbohrer Pistenraupen", aber auch zahlreiche andere mittelständische Unternehmen. Geht es um verschiedene, aber verwandte Marktsegmente, dann ist eine unternehmensindividuelle Marktsegmentierung mit leicht abgewandelten Wertversprechen (Value Propositions) eine notwendige Bedingung. So ist es bspw. im Bankgeschäft ein wichtiger Unterschied, ob das Institut für alle Kunden offen ist und alle Standardleistungen des Bankgeschäfts anbietet oder ob es sich um das Segment des sogenannten Private Banking handelt, bei dem zu vermögenden Individuen oder Familien eine sehr intensive persönliche Beziehung aufgebaut und meistens über viele Jahre stabilisiert wird. Diese Leistungen werden beschränkt auf die „High Net Worth Individuals". Wenn das Unternehmen hingegen Diversifizierung betreibt, also Segmente bedient, die völlig unabhängig voneinander sind, werden diese mit unterschiedlichen Wertversprechen bedient. (Beispiel: Amazon Versandhandel vs. Amazon Webservices).

In der Box **Customer Relations** werden die Beziehungsmodelle zu den Kunden erfasst. Entweder handelt es sich um persönliche, aber austauschbare Betreuung: Kunden werden von Verkaufs-/Servicemitarbeitern persönlich adressiert und kontaktiert, etwa bei einfachen Bankgeschäften vor Ort. Dasselbe kennzeichnet den stationären Einzelhandel. Auch hier ist die Betreuung persönlich, aber nicht individualisiert. Es ist nicht immer dieselbe Verkäuferin in der Bäckerei, wenn man zum Brötchenholen geht. Wenn die Kundenbetreuung hingegen individuell erfolgt, steht dauerhaft derselbe Mitarbeiter dem Kunden zur Verfügung, etwa als Bankbetreuer im Private Banking oder als Key Account Manager im B2B Bereich. Die Kundenbeziehung kann aber auch stark reduziert werden, bspw. bei allen Arten der Selbstbedienung. Denkt man an Tankautomaten statt an Tankstellen mit Verkaufspersonal, so wird der Unterschied schnell sichtbar. Auch automatisierte Kundenkontakte sind in der heutigen Geschäftswelt üblich und wachsen stark: IT-gestützte, automatisierte Leistungen, gekoppelt mit Selbstbedienung, ggf. automatisch generierte Hinweise laut Kundenhistorie, Beispiel: Online-Shopping bei Amazon – hier liegt keine persönliche, wohl aber eine durch Vergangenheitsdaten immer stärker verfeinerte, individualisierte Kundenbeziehung vor. Last but not least ist das Konzept der Co-Creation zu erwähnen: Kunden werden in den Werterstellungsprozess aktiv eingebunden oder sogar gleichzeitig zu Content-Lieferanten, als Beispiel seien Facebook, Youtube oder Instagram erwähnt.

Channels: Der richtige Mix aus Kommunikations- und Vertriebskanälen hat entscheidenden Einfluss auf die Value Proposition. Es ist zu differenzieren zwischen direkten und indirekten Kanälen. Direktvertrieb via Vertriebsmitarbeiter oder in eigenen Shops, indirekt über Onlinekanäle oder Mittler. Und jede Kombination im Sinne Multi- oder Omni-Channel. Osterwalder unterscheidet zudem in fünf Kontaktphasen: Awareness, Evaluation, Purchase, Delivery und After Sales – leicht abgewandelt auch bekannt unter dem Begriff „Sales Funnel". Osterwalder und Pigneur geben zu bedenken: „The trick is to find the right balance between the different types of Channels, to integrate them in a way to create a great customer experience, and to maximize the revenues."[47]

Vervollständigt wird der Canvas durch die systematische Darstellung der Einnahmen- und Ausgabenseite – beide im Modell unten auf der linken und rechten Seite angeordnet.

Die *Revenue Streams* sind aufzusplitten in: Eigentumsübertragung, also Erwerb von Eigentum an einem physischen Produkt oder einer Dienstleistung; nach der Zahlung findet eine auf Dauer angelegte Übertragung statt, der Kunde nutzt oder veräußert Eigentum, wie er möchte. Davon abzugrenzen wären Benutzungsgebühren: Im Zusammenhang mit Dienstleistungen auch bekannt als „pay-as-you-go", Beim Carsharing oder Energieverbrauch bspw. haben sich solche Modelle durchgesetzt. Abos sind eine weitere Variante der Umsatzgenerierung: der Zugang zu einer Dienstleistung wird gewährt durch eine fixe Gebühr je Zeiteinheit, Beispiele: Fitnessstudios, Streamingdienste, Cloudservices o. ä. Abzugrenzen davon sind Verleih, Miete und Leasing: Für eine fixe oder variable Gebühr erhält der Kunde ein zeitlich begrenztes Nutzungsrecht an physischen Produkten. Typische Beispiele sind: Autoverleih, Mietwohnung, Kopierer. Das Modell der Lizenzierung: Geschütztes geistiges Eigentum darf von Kunden gegen eine Gebühr (einmalig oder wiederkehrend) genutzt werden, Beispiele wären Artnet, Statista, Microsoft Office 365, Dropbox. Patentnutzungen usw. Auch eine prozentuale Beteiligung ist realisierbar: Dienstleistungen, die für zwei oder mehr Parteien erbracht werden, bspw. auf Plattformen, erbringen einen Prozentsatz des Umsatzes als Einnahmen für die Plattformbetreiber, bspw. Ebay, Airbnb, Paypal.

Die *Cost Structure* eines Geschäftsmodells ist unten links auf der Wertgenerierungsseite abgetragen. In Anlehnung an Porter unterscheiden Osterwalder und Pigneur zwischen zwei groben Kategorien von Geschäftsmodellen: kostengetriebenen vs. wertge-

---

[47] Osterwalder/Pigneur 2010, S. 27.

triebenen. In beiden Fällen ist das Geschäftsmodell zu beschreiben in Hinblick auf Fixkosten (mengenunabhängig), variablen Kosten (mengenabhängig), Economies of Scale (Kostendegression durch Mengenerhöhung), Economies of Scope (Kostendegression durch Verbundvorteile, bspw. gemeinsame Nutzung von Forschungs- oder Marketingaufwendungen). Die Möglichkeiten, durch Tempo, Qualität oder Innovation Kostenvorsprünge gegenüber Wettbewerbern herauszuarbeiten, werden von Osterwalder und Pigneur nicht erwähnt, sollten aber in jeder Geschäftsmodellanalyse dennoch berücksichtigt werden.

6.4 Vorgehen bei der Strategie- und Geschäftsmodell-Analyse

In diesem Abschnitt geht es um Umsetzungsmöglichkeiten der bisher dargestellten Vorgehensweise im Unternehmensalltag. Geht man davon aus, dass die Wettbewerbsstrategien im Geschäftsmodell umgesetzt werden, so bieten sich zwei unterschiedliche Richtungen des Vorgehens an. Die *Analyse* erfolgt rückwärts – vom Konkreten zum Konzeptionellen: ausgehend vom Geschäftsmodell werden die Wettbewerbsstrategien auf den Prüfstand gestellt; von dort in einer weiteren Rückwärtsbewegung die Einflüsse in den vier strategischen Kraftfeldern eins nach dem anderen analysiert. Diese Vorgehensweise ist jederzeit anlassbezogen möglich.

Als typische *Anlässe* sind insbesondere Veränderungen im Kundenverhalten, strategische Bewegungen von Wettbewerbern, Regulierungen und gesetzliche Vorgaben, technologische Änderungen und Innovationen, das Auftauchen von neuen Wettbewerbern oder von Substituten, aber auch unternehmensinterne Veränderungen wie Gesellschafterwechsel, Kapital- und Expansionsmaßnahmen usw. zu betrachten. Es gibt zahlreiche weitere Anlässe, die eigene Wettbewerbsstrategie kritisch zu hinterfragen und das Geschäftsmodell entsprechend anzupassen. Die weiter oben angeführten Überlegungen zu den Effekten der zunehmenden Digitalisierung gehören ebenfalls zu den zu berücksichtigenden Anlässen.

Die bereits diskutierte *Daumenregel*, dass bei Veränderungen in drei oder mehr der neun Felder des Business Model Canvas (= graphisch, inhaltliche Repräsentation des Geschäftsmodells) von einem neuen Geschäftsmodell auszugehen ist, sollte auch als Anlass für eine eingehende Überprüfung betrachtet werden. Ein neues Geschäftsmodell und eine unveränderte Wettbewerbsstrategie passen nicht zusammen.

Geht es für Unternehmer darum, eine vorwärts gerichtete *Gestaltung* vorzunehmen, bietet sich eine im Verglich zur Analyse um 180 Grad versetzte Vorgehensweise an. Die Konzeption einer Wettbewerbsstrategie und die Anpassung des Geschäftsmodells beginnt mit dem Konzeptionellen und endet beim Konkreten. Startpunkt bei der Gestaltung sind die vier strategischen Kraftfelder. Für inhabergeführte Unternehmen, seien es Gründerunternehmen, Familienunternehmen oder Unternehmen, die von nicht Verwandten gemeinschaftlich geführt werden, sind die vier strategischen Kraftfelder – wie ausführlich dargestellt – von besonderer Relevanz. Wesentliche Aspekte der diskutierten Konzepte Geschäftsmodell, Wettbewerbsstrategien und vier strategische Kraftfelder werden in der folgenden praktischen Anregung in einem *7-Schritte-Plan* praxisnah für mittelständische Unternehmer dargestellt. Es geht nicht darum, alle denkbaren Möglichkeiten (der drei Konzepte Kraftfelder, Wettbewerbsstrategie und Geschäftsmodell) intensiv und in einer vorgegebenen Reihenfolge abzuarbeiten, sondern eine für den Anlass nützliche Auswahl zu treffen. An dieser Stelle sei deshalb noch einmal an das Bild von Baden-Fuller und Morgan erinnert, die Geschäftsmodelle als eine Art von Kochrezepten ansehen (Abschn. 2.1). Insofern als jeder Ansatz für eine Wettbewerbsstrategie und ein Geschäftsmodell individuell angefertigt werden muss, soll die folgende Anregung wie ein Rezept genutzt werden: wie weit man sich davon entfernt, was man weglässt, hinzufügt oder variiert, hängt von den ganz spezifischen Umständen des geplanten Menus ab.

Anregung für das praktische Vorgehen
Schritt 1: Die *Customer Value Proposition* (CVP) rückt ins Zentrum der Betrachtunung. Den Kunden in den Mittelpunkt zu stellen, ist eine Mittelstandstugend par excellence. Diese Fokussierung erfolgt, um die tendenziell sehr hohe Komplexität im Strategieprozess und im genutzten Geschäftsmodell ganz gezielt zu reduzieren. Sowohl die Familienunternehmensforschung als auch die Untersuchungen zu Hidden Champions liefern zahlreiche Belege dafür, dass mittelgroße und kleinere Unternehmen durch höchste Kundennähe, Flexibilität und Zuverlässigkeit Wettbewerbsvorteile für sich gewinnen können. In diese Argumentation passt auch, dass kapitalmarktorientierte Großunternehmen Nischenmärkte häufig mit Absicht nicht bedienen, diese also bewusst kleineren Firmen überlassen.[48] Es geht bei dieser Empfehlung darum, sich nicht bei dem Versuch zu verheddern, im Strategieprozess eine Art Wirkungsmatrix mit den zahlreichen, z. T. interdependenten Variablen aufzubauen. Gegen einen solchen Versuch spricht, dass es schlicht zu viele Wechselwirkungen zwischen den neun Feldern gibt. Und es ist in der Praxis nicht zu leisten, alle diese Wechselwirkungen zu verstehen und zu quantifizieren. Immer dann, wenn vieles miteinander zusammenhängt, ist Konzentration auf die Faktoren mit dem größten Hebel praxistauglich. Neben dem Argument der nicht beherrschbaren Komplexität aus den neun Feldern gilt es noch zusätzlich zu bedenken, dass jedes Unternehmen, das zwar seine Kunden sehr gut versteht und deren Reaktionen treffsicher voraussagen kann, aber dabei scheitert, dasselbe für bestehende oder neue Wettbwerber hinzubekommen.[49]

Der Kundennutzen ist ein Faktor mit großem Hebel. Simon beschreibt die Kundennähe der Hidden Champions sehr anschaulich, ein Befund, der auch auf viele andere Mittelständler übertragbar sein dürfte: bis zu fünfmal mehr Mitarbeiter mit regelmäßigem Kundenkontakt als Großunternehmen, direkte, regelmäßige Kundenkontakte der Eigner, Topkunden werden auch als Leistungstreiber angesehen, es gibt eine Präferenz für den Direktvertrieb. „Diese Einsichten und Empfehlungen entsprechen dem gesunden Menschenverstand. Dennoch ist ihre Umsetzung in der Praxis alles andere als einfach. Im

---

[48] Vgl. May 2012, S. 68. Eine identische Argumentation bei: Simon 2012, S. 158.
[49] Vgl. Rosenzweig 2007, S. 83, online https://www.dea.univr.it/documenti/OccorrenzaIns/matdid/matdid411355.pdf (Abruf 15.06.2021).

Umgang mit den Kunden, in Kundenbeziehungen und Kundennähe zeigen sich vielleicht die größten Unterschiede zwischen mittleren und großen sowie zwischen guten und schlechten Unternehmen."[50] Auch dieser Befund stützt die Empfehlung, dass volle Konzentration auf den geschaffenen Kundenwert für Mittelstandsunternehmen eine strategische Prämisse sein sollte.

Schritt 2 Ist ein Überarbeitungsbedarf an den Wettbewerbsstrategien und dem Geschäftsmodell erkennbar, ist es sinnvoll, die zu diesem Zeitpunkt aktuelle Situation in den *vier Kraftfeldern* durchzugehen und das Ergebnis auch schriftlich festzuhalten. Am Beginn eines Strategieerneuerungsprozesses ist es bspw. wichtig, ob in absehbarer Zeit Veränderungen bei der Inhaberschaft des Unternehmens anstehen. Viele Veränderungen in Gesellschafterkreisen zeichnen sich lange vorher ab, etwa Schenkungen im Zuge von Erbfolgen oder geplante Nachfolgeregelungen aus der Familie. Andere ergeben sich plötzlich durch schwere Krankheiten oder plötzliche Todesfälle. Auch im Kreis der Unternehmen von nicht Verwandten kann es in diesem Kraftfeld zu Veränderungen kommen. Im Sinne einer ernsthaften Analyse dieses Kraftfelds geht es selbstverständlich nicht um Spekulationen, was alles geschehen könnte, sondern um die Frage, wie „stabil" die Eigentumsverhältnisse für die kommenden zwei bis drei Jahre eingeschätzt werden können. Und es geht möglicherweise auch darum, Vorsorge für nicht planbare Ereignisse zu treffen, bspw. durch einen „Notfallkoffer" oder eine klare, schriftlich verfasste Vertretungsregelung.

Im zweiten Kraftfeld Kapital wird überprüft, in welcher Bandbreite sich die Eigenkapitalquote für die kommenden Jahre bewegen soll. Hier Grenzwerte nach unten, ggf. auch nach oben zu setzen, ist eine strategische Leitplanke par excellence. In diesem Zusammenhang sollte auch die Kapazität der Fremdkapitalbeschaffung betrachtet werden, auch wenn es keine Handlungsabsichten zu Kapitalaufnahme gibt. Zu wissen, was im Bedarfsfall mit hoher Wahrscheinlichkeit aufgenommen werden könnte, ist als Strategievoraussetzung wichtig.

Die strategische Grundhaltung wird in Schritt 4 betrachtet.

Mit Blick auf die Entscheidungsautonomie sollte überprüft werden, ob in der Strategieplanungsperiode mit Veränderungen zu rechnen ist. Bei geschäftsführenden Alleingesellschaftern ist dieser Aspekt irrelevant; in allen Mehrgesellschafterverhältnissen ist eine Abschätzung sinnvoll. Dieses Kraftfeld entzieht sich einer Quantifizierung, weil es hier um informelle Machtstrukturen geht. Das führt dazu, dass viele Gesellschafter sich mit dieser Frage nicht beschäftigen. Es gibt sicher sehr viele Fälle von Mehrgesellschafterverhältnissen, wo diese Frage tatsächlich ohne Belang ist. Dort, wo es anders ist, kann die Wirkung allerdings stark sein und sollte als ein Feld für mögliche Konflikte in der Strategieentwicklung bedacht werden. Die Einbeziehung eines professionellen Coachs oder therapeutisch geschulten Beraters ist in solchen Fällen empfehlenswert. Betroffene haben hier gezwungenermaßen blinde Flecken und sind i. d. R. mit der Klärung überfordert.

---

[50] Vgl. Simon 2012, S. 231.

Zusammenfassend zu den Kraftfeldern: Nicht alle erwähnten Themen sind für alle Unternehmen relevant. Und es gibt Fälle in der Praxis, wo Aspekte bedacht werden müssen, die in diesem kurzen Durchgang durch die vier strategischen Kraftfelder fehlen.

Schritt 3 Als nächstes werden *Optionen*, die aus Schritt 2 sichtbar werden, sortiert und bewertet. Im Anschluss kommt es zu konkreten Festlegungen, bspw. keine Veränderungen bei der Inhaberschaft für die kommenden X Jahre, Steuern der Eigenkapitalquote so, dass immer >50% zur Verfügung stehen, offensive Produktinitiative bei A, B, C oder Einsetzen eines Beirats mit Top-Experten für Digitalisierung, Marketing, Logistik usw. Die genannten Maßnahmen sind selbstverständlich Platzhalter. Entscheidend für unsere Vorgehensweise ist nicht die inhaltliche Dimension, sondern die Ableitung der Maßnahmen aus einer Box des Canvas und den Möglichkeiten und Limitierungen, die sich aus den Kraftfeldern ergeben.

Schritt 4 Maßgeblich für diesen Schritt ist es, die Festlegungen aus Schritt 3 darauf hin zu überprüfen, ob sie konsistent sind. Mit Konsistenz ist die Frage angesprochen, ob alle Maßnahmen eine der drei strategischen Grundhaltungen unterstützen:

a) Aggressiv
b) Offensiv
c) Defensiv

Die Festlegung eines **konsistenten** strategischen ***Modus*** ist besonders deshalb wichtig, weil es darum geht, mit einer Wettbewerbsstrategie Schlagkraft („punch" im Sinne von Rumelt) zu erzeugen. Zur Überwindung identifizierter Hindernisse kann es angezeigt sein, eine aggressive oder offensive Grundhaltung zu wählen. Geht es darum, passende Antworten auf aggressive oder offensive Strategien des Wettbewerbs zu finden, so ist eine defensive Grundhaltung meist zielführender. Aggressive Bewegungen mit aggressiven Gegenbewegungen zu beantworten, führt sehr häufig zu Preis- und Konditionenkämpfen, bei den langfristig alle Marktteilnehmer verlieren. Dennoch gilt auch hier: es gibt kein schematisches Vorgehen, das stets passt.

Schritt 5 Die eigentliche *Ausformulierung* der Wettbewerbsstrategien erfolgt nach den bislang getroffenen Festlegungen. Als Basis dienen zusätzlich Budgets und Planungsunterlagen, Markt- und Wettbewerbsanalysen sowie sonstige nützliche Werkzeuge aus dem Baukasten der Strategiewissenschaft.[51] Hierzu könnten die Branchenstrukturanalyse mit den fünf Wettbewerbskräften zählen, ebenso SWOT-Analysen, Strategieprofilanalysen zur Bestimmung relativer Stärken und Schwächen der Hauptwettbewerber in einem Wettbe-

---

[51] Vgl. bspw. Simon/von der Gathen 2002; Scheuss 2008.

werbsvergleich, Reaktionsprofilanalysen zur Abschätzung des zu erwartenden Wettbewerberverhaltens (auf die eigene Strategie), Leistungsprofilanalysen zur Beurteilung des Leistungsprofils (hinsichtlich Preis-Leistungsverhältnis und Design), mit dem relevante Wettbewerber im Markt positioniert sind usw. Entscheidend für die Auswahl bei den zur Verfügung stehenden Werkzeugen sollten pragmatische Überlegungen hinsichtlich der Informationsbeschaffung, der zeitlichen und finanziellen Ressourcen für die Strategieformulierung, aber auch hinsichtlich der Wettbewerbsintensität sein. Auf die Bedeutung von „tacit knowledge", Intuition, Kreativität und Überraschungsmoment in der Strategieformulierung sei nochmals hingewiesen. Es geht in diesem Schritt darum, tatsachenbasiert kreative Wege ins ungewisse Terrain zu skizzieren und in Überlegungen einzutauchen, durch welche Handlungen Hindernisse überwunden werden können.

Schritt 6 Überprüfen, in welchen der neun Felder des Canvas *Änderungen* durch die neue Wettbewerbsstrategie zwingend sind, in welchen sie sinnvoll erscheinen, was unverändert passt.

Schritt 7 Abschließend wird das Geschäftsmodell kongruent zu den Festlegungen in den Wettbewerbsstrategien vollständig *neu ausgerichtet*. Im Sinne der dargestellten Vorgehenslogik fließen die Erkenntnisse aus den Möglichkeiten und Limitierungen aus den vier Kraftfeldern in die Ausformulierung der Wettbewerbsstrategien ein. In der Beschreibung des Geschäftsmodells sollten klare Handlungen festgelegt werden, nicht vage Absichten oder Zielsetzungen (in Anlehnung an Rumelt).

Literatur

Amit, Raphael/Zott, Christoph: Business Model Innovation Strategy: Transformational Concepts and Tools for Entrepreneurial Leaders, Wiley, Hoboken, New Jersey 2021

Bieger, Thomas/Reinhold, Stefan; Das wertbasierte Geschäftsmodell – Ein aktualisierter Strukturierungsansatz, in: Thomas Bieger/Dodo zu Knyphausen-Aufseß/Christian Krys, (Hrsg.), Innovative Geschäftsmodelle, Springer-Verlag, Berlin und Heidelberg 2011, S. 13–70

Casadesus-Masanell, Ramon/Ricart, Joan Enric: From Strategy to Business Models and onto Tactics, in: Long Range Planning, 43 (2010), S. 195–215

Drucker, Peter: Management Challenges for the 21st Century, Harper Business, New York 1999

Grant, Robert M.: Contemporary Strategy Analysis, Eighth Edition, Wiley, Chichester, West Sussex 2013

Johnson, Peter: Business Models: Formal description and economic optimization, in: Managerial Decision Economics, No. 39 (2017), S. 1105–1125

Kagermann, Henning/Österle, Hubert: Geschäftsmodelle 2010, F.A.Z. Institut für Management, Frankfurt am Main 2006

Kollmann, Tobias: E-Entrepreneurship: Grundlagen der Unternehmensgründung in der Digitalen Wirtschaft 6., überarbeitete und erweiterte Auflage, Gabler-Verlag, Wiesbaden 2016

Linz, Carsten/Müller-Stewens, Günter/Zimmermann, Alexander: Radical Business Model Transformation. Gaining the Competitive Edge in a Disruptive World, Kogan Page, London 2017

Magretta, Joan: Basic Management, DVA, Stuttgart und München 2002 [Magretta 2002.a]

May, Peter: Erfolgsmodell Familienunternehmen, Murmann, Hamburg 2012

Metten, Michael: Corporate Governance. Eine aktienrechtliche und institutionenökonomische Analyse der Leitungsmaxime von Aktiengesellschaften, Gabler Research, Wiesbaden 2010

Moazed, Alex/Johnson, Nicholas L.: Modern Monopolies. What It Takes to Dominate the 21st-Century Economy, St. Martin's Press, New York, N.Y. 2016

Osterwalder, Alexander/Pigneur, Yves: Business Model Generation, Wiley, Hoboken, N.J. 2010, S. 14

Porter, Michael E.: Competitive Advantage, The Free Press, New York 1985

Scheuss, Ralph: Handbuch der Strategien, Campus Verlag, Frankfurt/New York 2008

Simon, Hermann/Gathen, Andreas von der: Das große Handbuch der Strategieinstrumente, Campus, Frankfurt am Main 2002

Simon, Hermann: Aufbruch nach Globalia, Campus, Frankfurt am Main 2012

Thiel, Peter: Zero to One. Notes on Startups, or How to Build the New Future, Virgin Books, London 2014

Volkenandt, Götz (Hrsg.): Mission: Unternehmen entwickeln. Arbeitsbuch für Führungskräfte, Knowledge & Trends, 1. Auflage, Berlin 2016

Wirtz, Bernd W.: Business Model Management. Design – Instrumente – Erfolgsfaktoren von Geschäftsmodellen, Gabler, Wiesbaden 2010

Die vier strategischen Kraftfelder in der Unternehmenspraxis 7

> **Zusammenfassung**
>
> In sechs Fallbeispielen aus dem Mittelstand soll die Nützlichkeit der strategischen Kraftfelder in der Praxis überprüft werden. Es geht um Interpretationen beschreibbarer Zusammenhänge. In jedem einzelnen Fallbeispiel wird auf alle vier dargestellten Kraftfelder verwiesen. Sowohl die Stärke ihrer Wirkung auf die beschriebenen Strategien und Geschäftsmodelle als auch ihr Zusammenspiel variieren erheblich. Insofern als es sich um unterschiedliche Branchen und Größenklassen von Unternehmen sowie um jeweils einzigartige strategische Herausforderungen handelt, ist dies nicht anders zu erwarten. Entscheidend für den Leser ist weniger, was im Einzelnen beschrieben wird, sondern das Aufzeigen der Systematik. Was hier ex-post dargestellt wird, könnte als Kraftfeldanalyse der erste Schritt in jeder neuen Strategieentwicklung sein, ganz gleich, wie man das Konzept nennt.

7.1 Simon, Kucher & Partners

Eine im Vorhinein durchdachte Position im Wettbewerb zu finden und zu halten ist sehr anspruchsvoll. Viele Angaben erfolgreicher Unternehmer untermauern immer wieder, dass sie ihre heutige Wettbewerbsposition nicht (oder erst zu einem relativ späten Zeitpunkt) im eigentlichen Sinne strategisch geplant haben. Doch das bedeutet nicht, dass sie zufällig oder durch „good luck" zu Erfolgen gekommen wären. Hermann Simon erzählt dazu eine anschauliche Anekdote zu dem von ihm gegründeten Unternehmen *Simon, Kucher & Partners,* dem Weltmarktführer für Management Consulting in Pricing-

Fragestellungen.[1] „Hatten wir bei der Gründung im Jahre 1985 die Marktführerschaft (oder gar die Weltmarktführerschaft) für Preisberatung als Ziel? Die klare Antwort lautet nein! Selbst zehn Jahre später hatte sich dieses Ziel noch nicht herauskristallisiert. [...] Aus heutiger Sicht darf man allerdings feststellen, dass gewisse Wurzeln und Fundamente für die Globalisierung viel früher gelegt wurden, ohne dass uns dies seinerzeit bewusst war. [...] In unserem Fall kann man wie bei vielen Hidden Champions mit Mintzberg von einer ‚emergent strategy' sprechen."[2]

Dieses Muster einer sich nach und nach erst herausbildenden, **emergenten** Strategie ist empirisch sehr häufig anzutreffen. In diesem Zusammenhang wichtig ist die Feststellung, dass die Frage „emergent or deliberate" keine Vorfestlegung auf Erfolg oder Misserfolg zulässt. Beide Wege können funktionieren, oder scheitern. Hierzu ein Statement von Simon, um zu verdeutlichen, was genau mit diesem Argument gemeint ist: „Erst dann fassten wir den Entschluss, mit unserem zweiten Büro gleich den großen und riskanten Sprung über den Atlantik zu wagen. Hierbei spielte die Ambition, ein auf unserem Gebiet führendes, globales Consultingunternehmen zu werden, eine Schlüsselrolle.[3] Wir glaubten, dieses Ziel nur zu erreichen, wenn wir uns in den USA, dem größten und härtesten Beratungsmarkt der Welt, durchsetzen konnten. Ohne diese Ambition hätten wir unser zweites Büro in Zürich oder Wien, also im deutschsprachigen Raum, eröffnet. Aus heutiger Sicht darf man allerdings feststellen, dass gewisse Wurzeln und Fundamente für die Globalisierung und die heutige Marktführerschaft viel früher gelegt wurden, ohne dass uns dies seinerzeit bewusst war."[4] Wie der Harvard Professor Clayton Christensen ausgeführt hat, ist die Frage „emergent" oder „geplant" keine dauerhafte Festlegung.[5] Vielmehr ein Pfad, auf dem man hin- und her navigiert und sich immer wieder abwechselnd für geplante Strategien oder unvorhergesehene Alternativen, welche auftauchen (to emerge), entscheidet. Keine der beiden Möglichkeiten ist per se überlegen. „Understanding this – that strategy is made up of these two disparate elements, and that your circumstances dictate which is best – will better enable you to sort through the choices [...].[6]

Glück und Zufall gelten nicht als klassische Erfolgsfaktoren, wenngleich sie eine Rolle spielen mögen. Der Anspruch, diese Faktoren durch strategisches Denken und Handeln

---

[1] Weltmarktführerschaft reklamiert Simon Kucher ausschließlich für das Beratungssegment Preisberatung. Das Unternehmen ist trotz seines beachtlichen Wachstums im Weltmarkt für Management Consulting immer noch klein. Die zehn größten Beratungsunternehmen im Weltmarkt lagen 2019 alle über 10 Mrd. US-$ Jahresumsatz. Simon hat vielmehr das von ihm seit 1985 verfolgte Thema „Hidden Champions" [den Begriff hat er geprägt] mit seinen Partnern konsequent im eigenen Unternehmen umgesetzt. Getreu dem Motto „durch Tiefe fachlich überzeugen in einer Nische, dann den Markt groß machen durch Globalsisierung" konnte die o. g. Weltmarktführerschaft errungen und bis heute verteidigt werden.
[2] Simon 2012, S. 139.
[3] Vgl. https://www.weltexporte.de/umsatz-unternehmensberatungen/ (Abruf 04.06.2021).
[4] Simon 2012, S. 139 und https://www.simon-kucher.com/de/ueber-uns (Abruf 04.06.2021).
[5] Vgl. Christensen u. a. 2012, S. 48.
[6] Christensen u. a. 2012, S. 48.

irrelevant werden zu lassen, kennzeichnet jeden seriösen Strategieansatz. Bei Simon und seinen Mitstreitern gab es nicht nur Ehrgeiz und Risikobereitschaft,[7] sondern auch sehr gute Vorbereitung: „So hatten alle meine früheren Assistenten, die heute Partner und Co-CEOs von Simon, Kucher & Partners sind, und ich selbst Forschungsaufenthalte an amerikanischen Top-Universitäten verbracht. Wir wussten, was die Amerikaner und was wir selbst konnten. Die erste Scheu und ein übergroßer Respekt vor den Amerikanern lagen hinter uns."[8] Kompetenzen auf Spitzenniveau zuzüglich persönlicher Netzwerke können durchaus als Strategieelemente verstanden werden. Der Ansatz der Günder war nicht im strengen Sinne strategisch geplant und basierte eher auf dem Verfolgen von Gelegenheiten, insofern tendenziell emergent. Allerdings gab es ein handlungsleitendes, starkes Ziel. „Unsere Strategie bestand [1985] im Wesentlichen darin, dass wir wild entschlossen waren, alle drei Jahre den Umsatz zu verdoppeln."[9] Zwischen 1995 und 2019 hat das Unternehmen seine Umsätze um das mehr als 41-fache gesteigert. Simon nennt diese Entwicklung, für die er neben dem von ihm gegründeten zwei weitere eindrucksvolle Unternehmen (Formel D und Rofa Group) aufführt: „Vom Zwerg zum Hidden Champion."[10]

Auf die vier strategischen Kraftfelder eingehend kann man für Simon, Kucher & Partners festhalten, dass im Bereich der **Inhaberschaft** von Anfang an ein klares Konzept der Partnerschaft stand. Die vier Gründungsgesellschafter Simon, seine Frau (als stille Gesellschafterin) und seine ehemaligen Assistenten Kucher und Sebastian, haben im weiteren Verlauf der Unternehmensgeschichte den Einstieg neuer und das Ausscheiden alter Partner über eine Art interne Börse geregelt. Dadurch haben sie eines der dornenreichsten Probleme lösen können, das in Professional Service Firms regelmäßig ansteht und das schon in sehr vielen Fällen für Streit und Frustration gesorgt hat: Was sind Anteile ausscheidender Partner wert, und wieviel müssen neue Partner für ihre Anteile bezahlen? Das Modell von Simon Kucher ist möglicherweise einmalig, in jedem Fall aber dort erdacht und feinjustiert worden.

Die Preise für Firmenanteile werden bei Simon Kucher seit 1998 nach Angebot und Nachfrage reguliert. Dadurch sind die Partner Unternehmer im vollen Wortsinn (im Sprachgebrauch professioneller Dienstleistungsunternehmen „Equity Partner", d. h. im Falle der GmbH Rechtsform Gesellschafter); Geschäftsanteile werden wertvoller mit zunehmendem Erfolg – Geschenke gibt es nicht, auch keinen Nepotismus oder spezielle Deals. Inzwischen sind die Anteile breit über mehr als 140 Partner gestreut.[11] Dazu sagt Simon: „Dieses voll unternehmerische Partnerschaftsmodell hat zahlreiche Vorteile. Es ist für Unternehmertypen attraktiv, und wir sind auf unsere unternehmerische Kultur besonders stolz. […] Diese Unternehmer sind die Treiber des Wachstums, und das Wachstum

---

[7] Insofern genau auf Rumelts Pfad einer „guten" Strategie.
[8] Simon 2012, S. 139.
[9] Simon 2018, S. 238.
[10] Simon 2021, S. 63.
[11] Vgl. Simon 2018, S. 231 ff.

seinerseits ist Treiber des Unternehmenswerts."[12] Das Kraftfeld Inhaberschaft stellt sich als komplex dar wegen der vielen beteiligten Gesellschafter, aber durch ein Führungsmodell mit einem CEO bzw. zwei Co-CEOS' (ein wesentlicher Unterschied zu einem „Managing Partner", der eher Primus inter pares ist) und die interne Anteilsbörse nicht zwingend als kompliziert.

Wenn Einstimmigkeit in einer so großen Gruppe von Teilhabern bei entscheidenden strategischen Punkten nicht erreicht werden kann, steigt – zumindest theoretisch – bei nicht miteinander verwandten Gesellschaftern die Gefahr, das häufiger überstimmte Partner möglicherweise frustriert sind und ein Ausscheiden in Betracht ziehen. Bei Simon Kucher ist dies nach Angaben des Gründers nicht der Fall. Laut Simon verließen in den ersten 30 Jahren der Unternehmensexistenz 25 Partner, also etwa 0,8 % Partner pro Jahr, das Unternehmen. Die Fluktuation bei den angestellten Beratern ist deutlich höher und liegt bei branchenüblichen 15 bis 20 % pro Jahr.[13] Die geringe Fluktuation auf der Partnerebene deutet klar darauf hin, dass im Kraftfeld Inhaberschaft bei Simon Kucher trotz der sehr hohen Zahl der beteiligten Gesellschafter eine große Kontinuität herrscht. Alle bislang dem Gründer nachgefolgten CEO's sind 15 Jahre oder länger im Unternehmen.[14]

Bezüglich des *Kapitals* lässt sich festhalten, dass das Unternehmen finanziell äußerst stabil aufgestellt ist. Ein jährliches Umsatzwachstum von 24 % in den frühen Jahren 1985 bis 2008 und 15 % zwischen 2009 und 2017 deuten an, dass die Kapitalbasis ausgesprochen kommod sein muss. Über den 25-Jahres-Zeitraum 1995 bis 2019 lag das gemittelte jährliche Wachstum bei 18 %.[15] Der Jahresumsatz 2020 betrug 362 Mio. Euro, erwirtschaftet von über 1400 Mitarbeitern.[16] Auch ohne detaillierte Bilanzanalyse der Unternehmensgruppe ist bezüglich dieses Kraftfelds nur eine Schlussfolgerung möglich[17]: Maximale strategische Unabhängigkeit von Dritten, große Freiheitsgrade für die Partner bei Investitionsentscheidungen und hohe Resilienz gegen einzelne strategische Fehlentscheidungen.

Die *strategische Grundhaltung* bei Simon Kucher & Partner wurde über drei Jahrzehnte maßgeblich von Hermann Simon geprägt. Er beschreibt in seiner Biographie „Zwei Welten, ein Leben – Vom Eifelkind zum Global Player" eindrücklich einige prägende Erlebnisse aus seiner Kindheit und Jugend in armen Verhältnissen und gibt freimütig zu, dass

---

[12] Simon 2018, S. 253 f.

[13] Simon 2018, S. 242.

[14] https://www.simon-kucher.com/de/entwicklung (Abruf 04.06.2021).

[15] https://www.simon-kucher.com/sites/default/files/2020-02/2019_Simon-Kucher%20in%20numbers_Website.pdf (Abruf 04.06.2021).

[16] https://www.simon-kucher.com/de/entwicklung (Abruf 04.06.2021).

[17] Für das Geschäftsjahr 2019 sei (pars pro toto) lediglich auf zwei aussagekräftige Kennzahlen hingewiesen: Barvermögen (Wertpapiere, Kassenbestand und Guthaben bei Kreditinstituten) knapp 117 Mio. Euro; Konzernbilanzgewinn: 73,4 Mio. Euro. https://www.unternehmensregister.de/ureg/result.html;jsessionid=65AF4AD989CF8289C5647F6BCA061043.web04-1?submitaction=showDocument&id=27822933 (Abruf 04.06.2021).

7.1 Simon, Kucher & Partners

finanzielle Unsicherheit ihn persönlich belaste.[18] Ein Indiz für eine risikominimierende Grundhaltung ist die folgende Aussage: „Um Rechtsstreitigkeiten zu vermeiden, empfiehlt sich eine gewisse Prophylaxe. Diese besteht darin, Geschäfte mit Leuten, denen man nicht traut oder die mit juristischen Finessen agieren, möglichst zu unterlassen."[19] Es wäre ein Missverständnis, eine solche Haltung rundheraus als defensiv zu bezeichnen.

In seiner Autobiografie erinnert sich Simon auch an beinharte Auseinandersetzungen in einzelnen Projekten und gibt zu erkennen, dass er entschlossen kämpft, wenn er überzeugt ist, dass Kämpfen angezeigt ist. Ein Ausschnitt aus einer Anekdote zu einem von ihm als „unangenehm" bezeichneten Geschäftspartner: „Die Verhandlung beginnt frostig. [...] Riss und ich starren uns in die Augen. Argumente fliegen hin und her. Riss und ich starren uns in die Augen, endlos ohne zu reden. Das Klima verhärtet sich, eine Einigung rückt in die Ferne. So geht es nicht. Ich lasse unseren Partner und Riss, die sich seit längerem kennen, alleine im Raum und warte vor der Tür. [...] Aber letztlich unterzeichnen wir eine Vereinbarung [...] und sind ab sofort wieder frei, für andere Unternehmen der Branche zu arbeiten."[20] Das strategisch Relevante an dieser Anekdote: „Wir haben noch nie einem Prozess mit einem Kunden geführt. Das will ich nicht ändern. Diese Freiheit ist uns ein finanzielles Zugeständnis wert."[21]

Die Internationalisierung ist ein Beleg für die Grundhaltung, erhebliche wirtschaftliche Risiken genauso wie Reputationsrisiken nicht zu scheuen. Die Haltung, Risiken möglichst umfassend zu erkennen, diese zu bewerten und dann möglichst kontrolliert einzugehen, kennzeichnet Simon Kucher seit den Anfängen und ist sicher auch durch die Persönlichkeit des Gründers zu erklären. Wenn es ein „Go" gibt, dann mit vollem Einsatz und ohne kleinliche Kostenkontrolle. Die weiter oben erwähnte Entscheidung, das erste Auslandsbüro nicht in Europa, sondern in Boston, Mass. zu eröffnen, kann auf jeden Fall als sehr mutiger Ansatz aufgefasst werden. In den USA, dem härtesten Markt für Management Consultants, sind andere namhafte deutsche Beratungsunternehmen (bspw. Roland Berger, Horváth, Kienbaum) entweder gar nicht erst angetreten oder ihre Markteintrittsversuche hatten wenig Erfolg. 2021 hat Simon Kucher 46 Büros in 25 Ländern, eine beeindruckende Bilanz für einen offensiven, aber risikominimierenden Strategieansatz.

Als Resümee für dieses Kraftfeld ist festzuhalten, dass es im Unternehmen dauerhaft einen offensiven, unternehmerischen Drang zum Wachstum gibt, der ohne jeden Kompromiss bei der Qualität funktioniert und ausbalanciert wird durch strenge Kostenkontrolle und ein hohes Maß an Risikobeherrschung. Mit Bezug auf seine Branche und unbedingt erforderliches Vertrauen in die Mitarbeiter sagt Simon dazu etwas sehr Einleuchtendes: „Bei Wissensarbeitern lässt sich der Prozess der Wertschöpfung nicht kontrollieren. Wenn ein Wissensarbeiter aus dem Fenster schaut, weiß man nicht, ob er gerade nichts tut, ob er

---

[18] Vgl. Simon 2018, S.
[19] Simon 2018, S. 324.
[20] Simon 2018, S. 237.
[21] Ebd.

träumt oder eine brillante Lösung für ein Problem entwickelt."[22] Und er ergänzt: „Man hört oft, dass alles vom Chef abhängt. [...] Für Geistkapitalunternehmen trifft das weit weniger zu. Wenn eine solche Firma eine gewisse Größe erreicht, hängt der Erfolg eher von den Partnern als vom Boss ab."[23]

Die *Entscheidungsautonomie* des CEO war in den Jahren 1985 bis 2009, als Simon allein an der Spitze des Unternehmens stand, sicher maximal. Seine Persönlichkeit, sein Netzwerk und Renommee, aber auch seine vielfältigen internationalen Erfahrungen waren nicht nur der Garant einer beeindruckenden Unternehmensentwicklung, sondern schlugen sich auch nieder in seinem Führungsstil, den er als „ambivalent, nämlich sowohl autoritär als auch partizipativ" bezeichnet.[24] Simons Rückblick auf seine Jahre an der Spitze gibt folgende Einblicke, die Rückschlüsse auf seine Autonomie als CEO zulassen: „Zu meiner Zeit lief das alles sehr handwerklich ab, wie es für Gründer typisch ist. [...] Mein Übergang war weit weniger abrupt als der eines typischen Managers. Ich blieb Partner und behielt mein Büro. Allerdings war meine formale Macht dahin. Als Gründer und ältester Partner wurde ich dennoch häufig um Rat gefragt."[25]

Seine Nachfolger im Amt des CEO hatten vermutlich nicht dieselbe, uneingeschränkte Entscheidungsautonomie, aber dadurch, dass sie vom gesamten Partnerkreis gewählt worden sind, hatten sie großen Rückhalt im Unternehmen und – ganz sicher entscheidend – das volle Vertrauen Simons. An dieser Stelle ist ein Blick auf die Unternehmenskultur sicher hilfreich. „Unser Wertekanon wurde von vier Prinzipien getragen: Ehrlichkeit, Qualität, Kreativität, Schnelligkeit. Alle Prinzipien gelten nach außen, gegenüber unseren Klienten, wie nach innen gegenüber unseren Mitarbeitern."[26] Dieses Wertesystem wurde von Simons Nachfolgern nach 2008 konsequent weiterentwickelt. Das Motto des Gründers gilt für die von ihm postulierten Werte ebenso wie für die Werte, für die sich seine Nachfolger stark machen: „Wichtiger als die Worte sind jedoch die Taten."[27]

Übertragbar im Sinne einer *Good practice* sind in Hinblick auf Wettbewebsstrategien, deren Umsetzung im Geschäftsmodell und immer wieder erforderliche Anpassungen die folgenden Gedanken:

- Die Gründer hatten auf ihrem Gebiet sehr gute, möglicherweise sogar überragende persönliche Kompetenzen in allgemeiner BWL, im Marketing und Vertrieb, in der Anwendung komplexer statistischer Verfahren.
- Die ersten Jahre waren eher „strategiefrei" bzw. von einem visionären Ziel geprägt (alle drei Jahre Umsatzverdopplung) – zumindest in dem Sinne, dass nicht aktiv eine globale Marktführerposition in einer Nische angestrebt wurde.

---

[22] Simon 2018, S. 250.
[23] Ebd.
[24] Simon 2018, S. 317.
[25] Simon 2018, S. 257.
[26] Simon 2018, S. 238 f.
[27] Simon 2018, S. 241.

7.1 Simon, Kucher & Partners

- Der Fokus lag gleichzeitig auf Differenzierung und einer Nischenpolitik. Der Markt für Unternehmensberatung war in den 1980er Jahren in Deutschland breit und tief. Simon und seine Mitgründer haben sich stark abgegrenzt und stark spezialisiert, Trade-offs sogar gesucht (keine Restrukturierung, keine Sanierung, keine operative Effizienz, keine IT usw.). Insofern haben sie früh, in aller Bewusstheit, eine – zumindest vorläufige – Marktposition mit Differenzierungsfokus bezogen und nie ernsthaft über einen Kostenfokus nachgedacht (preiswertere Büros, knappere Gehälter, kleinere Dienstfahrzeuge u. v. m.).
- Damit einher gingen zwingend (sehr) hohe Tagessätze, überdurchschnittliches Wachstum, interner Aufbau von Expertise, der zu weiterer Spezialisierung genutzt wurde – alles also, was eine „spitze Positionierung" ausmacht. Verhandlungen über Konditionen wurden mit aller Härte geführt, Preiskonzessionen ohne inhaltliche Abstriche abgelehnt. O-Ton eines Partners: „Man muss auch wissen, wann man vom Tisch aufsteht …"
- An einer entscheidenden Wachstumsschwelle waren die Partner risikobereiter als andere, damalige Wettbewerber. Ein erfolgreicher US-Markteintritt war ein Selbstverstärker für das eingeschlagene Geschäftsmodell.[28] Zahlreiche Beratungsunternehmen, die Mitte bis Ende der 1980er-Jahre in Deutschland deutlich größer, aber auch breit und generalistisch aufgestellt waren, sind strategisch andere Wege gegangen und heute teilweise vom Markt verschwunden.
- Erst nach der erfolgreichen US-Expansion setzte eine stärker formalisierte Strategiearbeit ein. Was zuvor intuitiv von wenigen Partnern richtig gemacht wurde, musste mit zunehmendem Umsatz-, Mitarbeiter- und Partnerwachstum expliziter werden, also weniger emergent.
- Eine klare Wertorientierung, definiert von den Gründern, wird vorgelebt und kompromisslos von allen Mitarbeitern eingefordert. Ehrlichkeit als Basis für Vertrauen; Qualität, gesichert mit modernsten quantitativen Methoden; Kreativität im Sinne von Mitdenken – im Sinne des Kunden; Schnelligkeit als positives Überraschungsmoment. „Diese vier Prinzipien habe ich meinen Mitarbeitern immer wieder eingehämmert." (Simon 2018, S. 241)
- Das von Simon Kucher zur Umsetzung der Wettbewerbsstrategie verwendte Geschäftsmodell lässt sich benennen: „Tagessatzbasierte, hochwertige Wissensdienstleistung, die in enger Zusammenarbeit mit den Kunden erbracht wird". Das Wertversprechen an Kunden ist Gewinnoptimierung, insbesondere durch systematische Anwendung des gesamten Instrumentariums des Preismanagements. Das Unternehmen verwendet dieses Geschäftsmodell seit der Gründung. Revisionen im Kleinen hat es sicher gegeben, aber ein neues Geschäftsmodell war bislang nicht erforderlich.

---

[28] Vgl. Casadesus-Masanell/Ricart 2010, S. 199.

7.2 Bella Ciao

Die Geschichte von **Bella Ciao**, einem 2008 in Berlin gegründeten und seitdem dort ansässigen, inhabergeführten Einzelunternehmen, das klassische Retrofahrräder, ausschließlich mit handgefertigten Stahlrahmen aus Italien, herstellt, montiert und vertreibt, wird als Fallbeispiel für Strategiearbeit in einem kleinen Unternehmen analysiert.[29] Auch wenn im Sinne Christensens „deliberate" und „emergent" die strategische Arbeit im permanenten Wechsel strukturieren, kann Bella Ciao als Beispiel für sehr gute Planung und Umsetzung angesehen werden. Die Kategorisierung als „kleines Unternehmen" erfolgt auf der Basis der aktuellen KMU Kriterien des IfM Bonn über den Umsatz. Es handelt sich jedoch nicht um einen „Solounternehmer", da versicherungspflichtige Angestellte im Unternehmen tätig sind.

Bei der Gründung hatte der Allein-Inhaber Matthias Maier sehr klare Vorstellungen über sein Produkt, die Herstellung und die Vermarktung. Als langjähriger Strategieberater mit breitem Erfahrungsspektrum hat er eine detaillierte Branchenanalyse des Fahrradmarktes in Deutschland durchgeführt. Sein lang gehegter persönlicher Traum waren Retroräder. Folgende Eckpunkte waren gesetzt: eigenständige Entwürfe (Geometrie, Rohrsätze usw.), ausschließlich in Italien von Hand gefertigte Rahmen, Finish und Montage in Deutschland, minimalistische Ausstattung, Premiumprodukte, Vertrieb ausschließlich über den qualifizierten Fachhandel. Zu diesem Zeitpunkt, Ende des Jahres 2008, lief die erste große Welle an Retrobikes an. Diese wurden von den Anbietern teils klassisch mit Stahlrahmen, teils auch aus Alu gefertigt. Weltweit dominierend als Fertigungsstandorte für Rahmen und Kompletträder waren auch in den Nullerjahren bereits Taiwan, Kambodscha und Bangladesh (vorwiegend für große Stückzahlen) und Italien, Frankreich, Holland Belgien, Deutschland und Polen (tendenziell kleine(re) Serien oder custom built).[30] Zu 100 % handgefertigte Rahmen aus Italien wurden im Zeitverlauf zu einem Alleinstellungsmerkmal von Bella Ciao. Abb. 7.1 zeigt das Volumenmodell „Ingeniere".

Die **Marktpositionierung** von Bella Ciao (der Markenname erinnert bewusst an ein altes italienisches Partisanenlied) führte der Gründer nach den folgenden Maßgaben durch: Handarbeit, Premium durch bewusst klein gehaltene Stückzahlen, keine Vorfertigung, sondern konsequentes built-to-order, kleine Sondereditionen, Vertrieb nur zweistufig über ausgewählte Fachhändler, die der Inhaber alle persönlich kennen gelernt und ausgewählt hat. Dieser Ansatz war in der Frühphase riskant (offensive Komponente in der Grundhaltung), weil es sehr anspruchsvoll war, ein flächendeckendes Händlernetz aufzubauen und zu stabilisieren. Diese Konsequenz in der Positionierung, führte zwingend in die Nische exklusiv/hochpreisig. Sie war jedoch die Bedingung für den Aufbau einer Marke, die für etwas steht, die nicht ohne weiteres austauschbar ist. Die Markenbekanntheit von Bella Ciao war bereits sehr früh hoch (nach ca. zwei Jahren), die Absätze und

---

[29] https://www.bellaciao.de/pages/bella-ciao-uber-uns (Abruf 22.06.2021).
[30] Vgl. https://de.statista.com/statistik/studie/id/7228/dokument/fahrradindustrie-statista-dossier/ (Abruf 15.06.2021).

Abb. 7.1 Das Modell Ingeniere von Bella Ciao, online https://www.bellaciao.de/ (Abruf 08.06.2021)

Umsätze allerdings volatil. Der Inhaber bezeichnet die Positionierung und den jahrelangen Feinschliff als „erste Klippe, die es zu überwinden galt". Die Produkte hinlänglich „spitz" zu positionieren, also auf eine klar abgrenzbare Nische des Gesamtmarkts abzielend einerseits, eine nicht zu kleine Zielgruppe adressierend andererseits.

Hierzu berichtet Matthias Maier über einen Wettbewerber aus der Frühphase, der an einer zu spitzen Positionierung gescheitert ist. „Fixie-Inc."[31] aus Karlsruhe war in den späten Nuller- und frühen Zehnerjahren eine feste Größe in der Nische Retrobikes aus Stahl. Die Produkte waren so designt und gefertigt, dass sie die hohen Anforderungen der Zielgruppe Fahrradkuriere perfekt abdeckten. Allerdings war diese Zielgruppe sehr klein, hatte sehr spezielle Anforderungen an Haltbarkeit und Handling und eine gering ausgeprägte Zahungsbereitschaft. Maier, der heute noch mit viel Respekt von diesem Startup spricht, kommt zu folgendem Fazit: „Der Versuch, sich exklusiv in der Fahrradkurierszene zu verankern scheiterte an drei Gründen: die Zielgruppe war zu klein und anspruchsvoll, die Fertigung hochwertiger Rahmen in Taiwan zu wenig flexibel (Kostenvorteile waren abzuwägen gegen hohe Kapitalbindung und niedrige Reaktionsgeschwindigkeit bei built-to-order) und es konnten keine Investoren gefunden werden für diese insgesamt zu eng gewählte Marktausrichtung."[32]

Der Claim von Bella Ciao lautet: „La Poesia della Libertà". Ein wesentlicher Kern der Marke ist die Handarbeit. Als wichtiges Motto wird diese nicht nur proklamiert, sondern gelebt: „So kann in der Summe etwas entstehen, das die Poesie und das Genie Italiens mit deutscher Zuverlässigkeit verbindet."[33] Die Entwürfe für die Rahmen stammen alle vom Inhaber selbst, beginnend mit dem Modell „Ingeniere" aus dem Jahr 2008 (bis heute das erfogreichste, gemessen an Stückzahlen, aber auch Kundenfeedback) bis hin zum neuesten Entwurf mit Riemenantrieb.

---

[31] Vgl. https://web.archive.org/details/fixie-inc.com (Abruf 22.06.2021).
[32] Gespräch am 22.06.2021.
[33] https://www.bellaciao.de/pages/bella-ciao-uber-uns (Abruf 22.06.2021).

Die Oberflächen werden für alle Modelle bei einem Spezialisten in der Region Berlin durch eine Pulverbeschichtung (statt des in der Fahrradindustrie domierenden, kostengünstigeren Nasslacks) veredelt. Dieser Beschichter gilt als Qualitätsführer in seiner Branche und wurde mit zahlreichen Industriepreisen ausgezeihnet. Bella Ciao verfügt über Exklusivfarben, die der Maier selbst konzipiert hat. Eine kundenspezifische Montage an Einzelarbeitsplätzen, einschließlich aufwändiger 100 % Qualitätskontrolle in Berlin sowie Verpackung und Versand bilden die letzten Stufen im Wertschöpfungsprozess.

Der Vertrieb erfolgte in den Anfangsjahren ausschließlich über Fachhändler in Deutschland, der Schweiz und den USA. Teil der Marktpositionierung war es, nur ausgewählte Fachhändler zu beliefern, welche ein erkennbares Faible für custom built Retrobikes hatten und „die Marke verstanden haben".[34] Es stellte sich im Laufe der Unternehmensentwicklung immer mehr heraus, dass es durch die zunehmende Anzahl von Wettbewerbern und teils aggressiv geführten Preiswettbewerb schwieriger geworden war, kompetente und engagierte Händler für die junge Marke neu zu begeistern bzw. vorhandene Händler dauerhaft zu binden.

Seit einigen Jahren sind Direktverkäufe via Webshop und ein Werksverkauf in Berlin hinzugekommen. Matthias Maier analysiert einige der aktuellen Trends in der Fahrradindustrie wie folgt: Fast alle Rahmen für die unterschiedlichsten Kategorien von Fahrrädern werden in Asien hergestellt, der Markt ist auf Herstellerseite stark fragmentiert, einige Teilelieferanten haben eine sehr hohe Marktmacht (auch bei E-Bikes), der stark steigende Teilebedarf für E-Bikes in Kombination mit der Corona Pandemie führt zu teils massiven Lieferengpässen (die bis vor Kurzem undenkbar erschienen), es lassen sich erste Anzeichen einer Resegmentierung erkennen (Auslieferungsservices, mobile Reparaturdienstleistungen, Software Know-how wird wichtiger, die Bedeutung des Facheinzelhandels geht tendenziell zurück). Doch auch vor dem Hintergrund dieser Veränderungen lautet sein Fazit: „Diese neuen Trends verändern die langjährige Industriestruktur nicht grundsätzlich."[35]

Eine Kostenführerschaft wurde von Bella Ciao nie angestrebt, stattdessen eine klare Differenzierung über Design, Marke, Qualität und hochgradig kundenindividuelle Ausstattung. Insbesondere die Beschaffung der Anbaukomponenten, die Synchronisierung der Supply Chain zwischen Rahmenbauer, Beschichter und Endmontage, aber auch die Lieferfähigkeit und Kapitalbindung waren zeitweise kritische Prozesse. Aufgrund der front-up Finanzierung von Rahmen und Anbaukomponenten war die Kapitalsituation in einigen Phasen der Unternehmensentwicklung angespannt. Sporadisch gewährte Lieferantenkredite und eine gewachsene Vertrauensbasis zur Hausbank waren in diesen Phasen wesentlich für die Fortführung.

Das Kraftfeld *Inhaberschaft* stellt sich für Bella Ciao von Beginn an so dar, dass immer 100 % bei Matthias Maier lagen. Über die Jahre hat es einzelne Gespräche mit Private Equity Interessenten gegeben, die aber nicht zum Einstieg eines Investors geführt haben.

---

[34] Gespräch am 22.6 2021.
[35] Gespräch am 22.06.2021.

Auch Versuche der Minderheitsbeteiligung von Vertriebsmitarbeitern erwiesen sich als nicht praktikabel. Im Marketing wurde der Ansatz Premiumanbieter unterstützt durch das exklusive Anbieten selbst entworfener Farben, zahlreiche (nicht bezahlte) Artikel in hochwertigen Lifestyle-Magazinen und ausgewählten Retro Fahrradzeitschriften sowie Testimonials von bekannten Persönlichkeiten in sozialen Medien, die selbst ein Bella Ciao fahren. Das Unternehmen war, wie erwähnt, binnen zwei bis drei Jahren im Markt bekannt, und bekam, gemessen an den verkauften Stückzahlen, überdurchschnittlich viel Aufmerksamkeit.

So bekam der nächste Schritt der Wettbewerbsstrategie Grip in Form von Händleranfragen, die die Produkte ebenfalls in ihr Sortiment aufnehmen wollten – und dies nicht nur im Heimatmarkt, sondern im internationalen Umfeld. Heute werden Bella Ciao Modelle in vielen EU Ländern, der Schweiz, in Russland, Australien, Kanada und den USA gefahren. Zur Inhaberschaft ist im Falle Bella Ciao zu unterstreichen, dass das kleine Unternehmen ohne den permanenten, sehr hohen persönlichen Einsatz des Gründers und Inhabers nicht überlebensfähig wäre. An dieser Stelle der höchst persönlichen Bindung von Kunden, Lieferanten und Mitarbeitern an eine Person ergeben sich selbstverständlich strategische Restriktionen: So wäre bspw. ein Verkauf nicht ohne Weiteres denkbar, auch die Hereinnahme operativ arbeitender Gesellschafter wäre nicht unproblematisch. An dieser Stelle ist ein Vergleich mit hochgradig personalisierten Dienstleistungen wohl nicht zu weit gegriffen, wenn man an die Abhängigkeit von Köpfen denkt. Denn beinahe alles Wissens- und Vertrauenskapital des Unternehmens ist an den Inhaber gebunden.

Kraftfeld *Kapital*: Die Grenzen einer bewussten Strategieplanung und -umsetzung erlebte der Unternehmer in einer typischen Lebenszyklusphase nach den ersten fünf durchaus erfolgreichen Jahren. Eine zunehmende Komplexität bei den Anbauteilen (Folge der Kundenindividualisierung), Montageengpässe und Lieferprobleme (Folge der Abhängigkeit vom externen Montagebetrieb), Rückschläge bei der Suche und Bindung geeigneter Mitarbeiter zum Aufbau eigener Montagekapazitäten, zur Verstärkung der Produktentwicklung und des Händlermanagements erwiesen sich als harte Wachstumsschwellen. Die Kapitaldecke des Unternehmens war zeitweise dünn, die Fremdkapitalaufnahmekapazität ausgeschöpft. Investitionen in einen Webshop und leistungsfähige Lagerverwaltungssysteme mit Anbindung der wichtigsten Lieferanten waren in den mittleren Zehnerjahren nicht finanzierbar. Dies schränkte den strategischen Spielraum entsprechend ein. Eine starke Abhängigkeit vom externen Montagebetrieb, mit dem eine enge Kooperation bis 2020 lief, erwies sich nach einem Inhaberwechsel dort zunehmend als Störfaktor.

Durch die Umstellung auf eine Endmontage unter eigener Regie in Berlin ist dieser Engpass beseitigt worden. Die erforderlichen Investitionen wurden durch stark wachsende Cashflows ab 2019 möglich. In diesem Zusammenhang erwies sich ein Strategieelement als nützlich, das als „Standardisierung" bezeichnet werden kann. Alle Modelle haben dieselbe Gabel, die Breite des Hinterbaus kann für alle verwendeten Schaltungen identisch gehalten werden, nur ein Typ von Schutzblechen (soweit verbaut) wird verwendet, unabhängig vom Endpreis des Komplettrads. Durch diese Straffungen der Supply Chain in kleinen Schritten konnten über mehrere Jahre deutliche Fortschritte bei der Kapitalbindung erzielt werden.

Zum Kraftfeld **Strategische Grundhaltung**: Die strategischen Gestaltungsmöglichkeiten innerhalb des realisierten Geschäftsmodells „zweistufiger Absatz" waren bis vor etwa zwei Jahren klar begrenzt. Einige direkte Wettbewerber sind durch eine bessere Kapitalbasis, teils über Private Equity, finanziell deutlich besser aufgestellt. Bis Ende der Zehnerjahre sah es für Bella Ciao so aus, als sei eine Revision des Geschäftsmodells unumgänglich. Denkbar erschien, verstärkt auf Direktverkäufe ab Werk zu setzen und bevorzugt über einen eignenen Webshop zu vertreiben. Das Händlergeschäft wäre in einem solchen Szenario des Parallelvertriebs zurückgegangen. Neue Produktlinien mit weniger Komplexität und niedrigeren Herstellkosten wären ebenfalls als defensive strategische Bewegung denkbar gewesen. Um die lange aufgebaute Identität als Premiumanbieter nicht zu verwässern, wurde diese strategische Option der Komplexitätsreduktion und Kostensenkung nach gründlicher Prüfung vom Inhaber verworfen.

Satt dessen erschien eine offensive Variante deutlich erfolgversprechender: Eine konsequente Hochpreispolitik, die darauf ausgerichtet ist, nicht nur alle Kostensteigerungen an die Kunden weiter zu geben, sondern durch moderate Preisanhebungen auch die Gewinnmarge zu erhöhen. Im Grunde genommen ist diese Haltung zugleich offensiv (gegenüber Händlern und Endkunden) und defensiv (freiwilliger Verzicht auf Händlerumsätze). Diese Variante, bekannt als „cutting out the middleman, wurde durch den von Corona ausgelösten Fahrradboom jedoch als die Erfolg versprechendste angesehen und erfolgreich umgesetzt.

Die Marktspielregeln haben sich seit der im Winter 2020 einsetzenden Corona Pandemie radikal verändert: Lieferfähigkeit ist inzwischen der entscheidende Erfolgsfaktor, Design und Qualität bleiben wichtige Differenzierungsfaktoren, der Preis ist (zumindest vorläufig) zu einem nachrangigen Faktor geworden. Die Spielregeln in der Wettbewerbsarena haben sich stark verschoben. Viele Standardteile wie Reifen, Bremsen, Schaltungen, die im Grunde genommen immer ohne Engpässe in der Fahrradindustrie verfügbar waren, sind inzwischen so knapp, dass viele Hersteller ihre Ausbringungsmenge stark reduzieren müssen. Für alle Anbieter, die Kostenführerschaft anstreben, eine (vorübergehend) katastrophale Ausgangslage.

Entscheidungsautonomie: Die Rahmenfertigung in Italien läuft seit Jahren weitestgehend ohne Probleme. Der Familienbetrieb in Norditalien wird in der dritten Generation geführt, Bella Ciao ist dort ein A-Kunde und Matthias Maier und die Inhaber haben über die Jahre ein sehr vertrauensvolles Verhältnis aufgebaut. Die Beschichtung der Rahmen in Deutschland ist von höchster Qualität, in der Terminplanung und bei den Durchlaufzeiten unproblematisch und in jeder Hinsicht absolut prozesssicher. Im September 2020 vernichtete ein Großfeuer im ehemaligen externen Montagebetrieb in Sachsen Anhalt nicht nur deren Immobilien und Anlagevermögen vollständig, sondern auch das dort geführte Teilelager mit Rahmen und Komponenten von Bella Ciao.[36] Dieses Unglück war für Bella Ciao

---

[36] Vgl. https://www.nonstopnews.de/meldung/34005 (Abruf 07.06.2021).

eine enorme Herausforderung, einerseits wegen der vernichteten Werte und erforderlichen Abschriften, aber auch wegen der daraus resultierenden Probleme bei der Lieferfähigkeit in einem boomenden Markt. Durch entschlossenes Vergrößern der Montagekapazitäten in Berlin gelang es dem Unternehmen, alle Bestellungen des Geschäftsjahres 2020 vollständig (teils stark verspätet) auszuliefern. Da Lieferschwierigkeiten aber in diesem Ausnahmejahr 2020 auch bei allen Wettbewerbern der Normalfall waren, hat das bei Bella Ciao nicht zu nennenswerten Stornierungen auf Kundenseite geführt. In dieser Situation, die gleichzeitig von einer Krise als auch von unerwartet hohen Absatzschancen geprägt war, war es für den Inhaber von höchster Relevanz, eine hundertprozentige Entscheidungsautonomie und unterstützende Partner im Lieferantenkreis zu haben, weil die Entscheidung innerhalb weniger Tage getroffen und umgesetzt werden musste.

Das Fallbeispiel Bella Ciao zeigt bezüglich der Kraftfelder und der Wettbewerbsstrategien folgendes:

- Bei der Positionierung des neu gegründeten Unternehmens waren die Einflüsse aus allen vier Kraftfeldern förderlich: Klare Alleininhaberschaft, Eigenkapital und Solvenz für Fremdkapitalaufnahme, eine offensive, Risiken kontrollierende strategische Grundhaltung und 100 % Entscheidungsautonomie des Gründers. Die sich daraus ergebende maximale Freiheit bei der Konzeption und Umsetzung der Wettbewerbsstrategie wurde konsequent genutzt.
- Sehr gutes Marketing muss nicht teuer sein, dasselbe gilt für den Aufbau einer Marke. Allerdings nur, wenn der Inhaber ein sehr gutes Verständnis für Produkt, Design, Technik und Lifestyle hat, die Wünsche seiner Kernzielgruppe genau versteht und darauf basierend die Markenkommunikation konsequent steuert. Zudem erwiesen sich der Aufbau und die Pflege eines Netzwerks (Händler, Lieferanten, Testimonials, Medien) als wichtige Kernkompetenzen.
- Die Digitalisierung und das Internet haben den Markenaufbau in den Zehnerjahren, so wie er Schritt für Schritt umgesetzt wurde, erst ermöglicht. Ohne professionelle Präsenz in diversen Social-Media-Kanälen wären die erreichte Bekanntheit und die hohe Kundenbindung nicht möglich gewesen. Diese Aufgabe liegt seit 2010 in der Hand desselben Mitarbeiters. Das professionelle Bildmaterial kann der Inhaber selbst erzeugen, weil er ein passionierter Fotograf mit professionellem Ausbildungshintergrund ist und hier ohne Fremdleistungen auskommt.
- Der „deliberate" Ansatz, also bewusst entwickelte und konsequent umgesetzte Wettbewerbsstrategien zeigen im vorliegenden Fallbeispiel auch die Grenzen der Planbarkeit und Kontrolle auf. Alles weiterhin so minutiös zu planen, zu steuern und umsetzen wie in den Anfangsjahren von Bella Ciao hat sich als für den Inhaber als deutlicher Enpassfaktor erwiesen. Diese Effekte haben ihren Ursprung im vierten Kraftfeld. Auch wer strategisch zu 100 % selbst plant und die Entscheidungen alleine trifft, kann sie auf Dauer nicht allein umsetzen.
- Auftretende Wachstumsschwellen immer wieder mit Erfolg zu überwinden, ist eine der größten strategischen Herausforderungen für alle Unternehmen. Für Bella Ciao's zu-

künftigen Erfolg wird es maßgeblich sein, neue Antworten in den Kraftfeldern Inhaberschaft und Kapitalausstattung zu finden.
- Das von Bella Ciao verfolgte Geschäftsmodell „Unabhängiger Herstellbetrieb hochwertiger Retro-Fahrräder" ist auf der Fertigungsseite und absatzseitig im Laufe der Jahre angepasst worden: Die Endmontage, die lange vollständig in einen Lohnbetrieb ausgelagert war, ist inzwischen zu einer eigenen Wertschöpfungsstufe geworden. Die teilweise Ablösung vom exklusiven Vertrieb über den stationären Fachhandel bedeutete für Bella Ciao den Aufbau eines Onlineshops und einen stetig steigenden Anteil an Werksverkäufen. Da der stationäre Handel keine Provisionen aus Gebietsschutz erhält, haben diese Veränderungen im Absatzkanal die Gewinnsituation positiv beeinflusst.

7.3 2HMforum

Eine weitere Fallstudie zur Wertkette kommt aus dem Umfeld Unternehmensberatung, genauer Management- und Vertriebsberatung, einschließlich Marktforschungsdienstleistungen. *2hm* war bis 2018 eine inhabergeführte Unternehmensberatung aus Mainz, die 1999 von drei Gesellschaftern gegründet worden ist. Das Unternehmen hat in seiner rund zwanzigjährigen Geschichte stabile Wachstumszahlen erreicht, war stets profitabel und innenfinanziert. Zuletzt wurde es von zwei geschäftsführenden Gesellschaftern, nämlich von Frank Meyrahn und Leif Steinbrinker geführt, ein weiterer Gesellschafter (Hochschullehrer) war im operativen Alltagsgeschäft nicht aktiv, sondern als wissenschaftlicher Beirat tätig. Im April 2018 kam es zur Fusion mit dem ebenfalls in Mainz ansässigen Markforschungs- und Beratungsunternehmen *forum!*, das von Roman Becker gegründet und sich ebenfalls sehr erfolgreich im Markt entwickelt hat. Seit dem 01.04.2018 firmieren die beiden ehemaligen Teilwettbewerber unter *2HMforum.* mit Sitz in Mainz.[37]

Einer der Gesellschafter des neuen Unternehmens 2HMforum. ist Frank Meyrahn, einer der Gründer von 2hm (ausgeschrieben „Herrmann Huber Meyrahn") und über die gesamten vergangenen knapp 20 Jahre neben Leif Steinbrinker Hauptgesellschafter und Geschäftsführer von 2hm. Mit ihm habe ich am 25.06.2019 ein rund zweistündiges Experteninterview geführt, in dessen Verlauf der Fusionsprozess, die strategische Ausrichtung von 2HMforum. sowie weitere strategisch relevante Aspekte diskutiert worden sind. Im strategischen Kraftfeld Inhaberschaft herrscht Kontinuität und Klarheit.

„Erfolg allein ist eine fatale Zielgröße." Das war das Eröffnungsstatement von Meyrahn. Erstaunen mag diese Aussage vordergründig, doch im Verlauf des Interviews wurde völlig klar, wie diese Überzeugung entstanden und zur Gewissheit gereift ist. Die Branche der Marktforschung und der Unternehmensberatung ist u. a. dadurch gekennzeichnet, dass ständig Neues zu lernen ist, ständig Grenzen des eigenen Wissens und Könnens weiter hinausgeschoben werden müssen. Das empfinden viele professionelle Berater als einerseits anstrengend und aufreibend, andererseits aber auch als Privileg. Denn persönliches

---

[37] Einzelheiten dazu: https://2hmforum.de/ (Abruf 18.05.2021).

Wachstum ist in diesem Metier an der Tagesordnung, und entsprechende Befriedigungsmomente sind garantiert, solange man diese Grundspielregel im Sinne seiner Kunden ernst nimmt. Wie kann es dann geschehen, dass ein sehr erfolgreicher Berater, selbst Firmengründer und -inhaber, nach 20 Jahren im Business zu einer solchen Einschätzung kommt?

Prägend ist u. a. die Erfahrung gewesen, dass unfokussiertes Wachstum es erfordert, sich als Unternehmen immer breiter aufzustellen: neue Kunden aus Branchen, in denen bisher keine Expertise vorlag, neue Projekte mit alten Kunden auf „neuen Baustellen", immer wieder neue Mitarbeiter mit neuen Erfahrungen und Talenten, und schlussendlich ein beinharter Wettbewerb um Projekte, Konditionen und Timelines. Darunter leidet der Spaß an der Arbeit, denn es werden andauernd Situationen erzeugt, die man als „Kompetenz-Stretch" beschreiben könnte. Stets über sich hinaus wachsen zu müssen, wird zur Routine! „Satt werden reicht nicht." Das klingt zunächst wie das Jammern auf höchstem Niveau, vorgetragen von einem saturierten Unternehmer ... materiell mag das sogar zutreffen, doch das ist, wie mir Meyrahn eindrücklich geschildert hat, eben nur eine Facette von Erfolg. Die sichtbare Seite, Geld als Erfolgsmaßstab. Er hält dies für relevant, aber für sein Unternehmerdasein als vollkommen nachgeordnet. Das hier im Mittelpunkt stehende strategische Kraftfeld **Entscheidungsautonomie** ist komplexer strukturiert als die Inhaberschaft im von 2hm Jahr 2018 es vermuten lässt. Es gab dort zwei Minderheitsgesellschafter, die Meyrahns Vorschlägen zur Fusion mit Forum nicht folgen wollten, den Plan sogar aktiv bekämpften. Diese divergierenden strategischen Ansichten konnten schlussendlich durch das Ausscheiden der beiden Minderheitsgesellschafter überwunden werden.

Als erste Begründung für seinen Schritt nennt Frank Meyrahn etwas, das aus den Sozialwissenschaften wohlbekannt ist: den fortschreitenden Gratifikationsverfall. *More of the same* macht auf Dauer nicht glücklich, weil zum einen elementare Zufriedenheitskomponenten mit Geld nicht korrelieren (Freude, Spaß, persönliches Wachstum), zum anderen, weil relativ schnell Abnutzungserscheinungen bei den Belohnungen auftreten. Und dieses Rad dreht sich immer schneller: mehr Erfolg = mehr Geld/aber gleichzeitig auch (für Unternehmer) die Aufforderung, mehr zu investieren, höhere Risiken einzugehen. Am Ende dieses Prozesses droht Hybris, also eine Form von Abstumpfung der Sinne, die möglicherweise nur derjenige nachempfinden kann, der es selbst schon erlebt hat. Der fünfte Champions League Titel ist nicht mehr so überwältigend süß wie der erste.

„Immer breiter, immer mehr – da war ich irgendwann nicht mehr ich selbst. Authentizität und Unabhängigkeit, sowohl im Denken als auch materiell, können über lange Zeitstrecken des Erfolgs tatsächlich unter die Räder kommen." Genau an diesem Scharnierpunkt setzten Meyrahns Erläuterungen an. Ihm war absolut bewusst, dass, vordergründig betrachtet, sein Statement von vielen anderen als „falsch" bzw. „unverständlich" aufgenommen werden musste. Gesteigert wurde das Unwohlsein noch durch das, was er die „Angst vor Veränderung" nennt: hohe Fixkosten resultieren in Auslastungszwang, welcher wiederum die Tendenz zur Breite forciert, welche wiederum neue Fixkosten und neue Investitionen nach sich zieht usw. Diese Beschreibung ist völlig kompatibel mit dem, was betriebswirtschaftlich in einem stark wachsenden Unternehmen Jahr für Jahr passiert. Meyrahn erinnert im Gespräch daran, warum er Unternehmer geworden ist und greift zwei Punkte heraus: Freude und Unabhängigkeit. Er fühlte sich 2016/17 an einem Punkt seines Lebens als Unternehmer, wo er diese beiden für ihn elementaren Motivationsquellen zunehmend versiegten. „Ein Cut war unvermeidlich, ich wollte nochmal richtig Gas geben." Zum Kraftfeld *strategisches Grundtemperament* lautet das Fazit in diesem Fallbeispiel: offensiv.

Ausschlaggebend für die Fusion mit forum! war aus seiner Sicht, dass dieses Unternehmen (im Gegensatz zur alten 2hm) ein Alleinstellungsmerkmal hatte: das Management-Steuerungssystem „Fan-Prinzip".[38] Dieses System ist nach Überzeugung von 2HMforum. geeignet, eine Kalamität des Marketings systematisch zu beseitigen, nämlich dass eine hohe Kundenzufriedenheit – empirisch nachgewiesen – keineswegs zu einem entsprechend hohen Kundenbindungswert führt. „Mit dem Fan-Prinzip verschaffen wir Ihnen Klarheit über die Zufriedenheit und emotionale Bindung Ihrer Zielgruppen und helfen Ihnen dabei, sich auf Ihre Stärken zu besinnen, Ihre Ressourcen optimal einzusetzen und Ihre Organisation erfolgreich zu steuern. Das Fan-Prinzip öffnet den Blick für einen dringend benötigten Paradigmenwechsel im Beziehungsmanagement. Der Kerngedanke: Versuchen Sie nicht länger, Ihre Kunden mit immer mehr Leistung und immer größerem Aufwand immer zufriedener zu machen. Besinnen Sie sich stattdessen auf Ihre Stärken – weniger ist alles!"[39]

Fans, so die Produktverantwortlichen, sind treue Kunden, und sie werben sogar neue Kunden, ohne dafür Gegenleistungen zu erwarten. Zufriedene Kunden gibt es, so weisen empirische Erhebungen von forum! seit Jahren nach, deutlich mehr als Fans. Zufriedene Kunden können systematisch zu Fans aufgebaut werden, und genau an diesem Punkt setzt das Fan-Prinzip an. Gefangene, Gegner und Söldner bringen einem Unternehmen, unabhängig von Branche und Unternehmensgröße, messbar weniger Umsatz und Deckungsbeiträge. Der Fan ist sogar häufig bereit, viel Zeit und Geld in „seinen Verein" [nicht nur metaphorisch: das Unternehmen] zu investieren, ist leidensfähiger bei wichtigen Leistungskennzahlen wie Preisen, Qualität, Produktverfügbarkeit oder Lieferzeit – also aus Unternehmenssicht ein „Traumkunde", steckt er sogar regelmäßig andere mit seiner Begeisterung an. Die Wertkette beider fusionierter Unternehmen wurde modifiziert: 2hm wandelte sich von der klassischen Marketingberatung mit angegliederten Marktforschungstöchtern zu einem Lösungsanbieter rund um das Fan-Prinzip (d. h. gibt auch z. T. angestammtes Geschäft auf) – forum! veränderte seine klassische Wertkette als Marktforschungs- und Beratungsinstitut in die neue gemeinsame Richtung und ist zum Produktanbieter geworden.

Neue unternehmerische Motivation holte sich Meyrahn aus dem in ihm gereiften, jedoch nicht verschriftlichten strategischen Plan, rund um das Fan-Prinzip eine neue, zeitgemäße Softwarelandschaft zu bauen und das Produkt sowie seine Umsetzung bei Kunden

---

[38] Vgl. Becker/Daschmann 2016, S. 10 ff.

[39] https://2hmforum.de/fan-prinzip/das-fan-prinzip/ (Abruf 18.05.2021).

konsequent zu vermarkten. Und er stieß mit diesem Plan bei Roman Becker auf ein offenes Ohr. Meyrahn, Becker und der dritte Gesellschafter Leif Steinbrinker haben die Fusion zu einem gemeinsamen Unternehmen weder akribisch mit Strategieplänen vorbereitet, noch haben sie sich auf Kompromisse eingelassen. Denn nach der Auffassung der drei sind Kompromisse mit hohen „Kompromisskosten" versehen. Die Ansage Meyrahns lautete: Auch ein Chef hat das Recht, sich neu zu erfinden, „sein" Unternehmen zu verlassen, auch um den Preis, dabei zum kreativen Zerstörer zu werden. Ein wesentliches Moment für die „Gründer" war, sich aus einem gefühlten Korsett des permanenten *„Weiter, höher, besser"* konsequent zu befreien, entsprechend alte Brücken abzubrechen und das Lebenszeitfenster um die 50 herum zu nutzen, um noch einmal gemeinsam als Unternehmer Vollgas zu geben. Vollgas heißt auch, zusammen zu arbeiten mit Menschen mit hoher Passung. Das Unternehmen 2HMforum. beschäftigte einschließlich Tochtergesellschaften zum Zeitpunkt des Interviews rund 150 MitarbeiterInnen und erwirtschaftete seit dem „Warmstart" in jedem Quartal Gewinne, die z. T. höher als geplant ausgefallen sind.

Alle MitarbeiterInnen von 2hm und forum! haben von Becker, Meyrahn und Steinbrinker in Mitarbeiterversammlungen die Einladung erhalten, inklusive einer nicht an Bedingungen geknüpften „Arbeitsplatzgarantie", in das fusionierte Unternehmen zu wechseln. Auch wenn dies bei einer Fusion arbeitsrechtlich zunächst eine Selbstverständlichkeit ist, so wurde dieses „Angebot" jedoch auch gelebt und klar kommuniziert, was bleibt und was sich ändern wird. Die allermeisten haben sich für den unternehmerischen „Neubeginn" entschieden; einige sind gegangen, ohne dass es zu unternehmensseitigen Kündigungen gekommen wäre. Einige neue Mitarbeiter wurden seit der Fusion eingestellt, die Gesellschafterkreise beider Alt-Unternehmen sind zu einem zusammengeführt worden. Die Einflüsse aus dem Kraftfeld **Inhaberschaft** waren in diesem Fallbeispiel beträchtlich, da es Auseindersetzungen um den Firmenwert der alten 2hm und angemessene Abfindungsregelungen gegeben hat. Alle Altgesellschafter, die ausscheiden wollten (oder sollten), haben den Schritt letztlich vollzogen – allerdings nach harten Auseinandersetzungen.

Ein *schriftliches Committent* von einer ¾ Seite diente den neuen Gesellschaftern als Startvoraussetzung für das neue, gemeinsam geführte Unternehmen 2HMForum. Diese Knappheit im Formalen mag einem Außenstehenden gewagt erscheinen; es ist allerdings zu bedenken, dass sich die Unternehmer seit rund 15 Jahren persönlich kennen und auch das Geschäft des jeweils anderen bereits vor der Fusion sehr gut überblickt haben. Festgehalten sind in diesem Papier lediglich Rahmenbedingungen: Freude an der Gemeinsamkeit, dem Zusammenhalt, Respekt, Vertrauen, Freiheit. Außerdem: „Teilen Können", konkret heißt das auch ein großer Teil des Jahresergebnisses an die Mitarbeiter ausgeschüttet wird. Zur Kultur im neuen Unternehmen sagt Meyrahn: „Niemand soll sich bei uns krank arbeiten, es muss Spaß machen – aber Hängematten bieten wir natürlich auch nicht".

Zudem ist schriftlich vereinbart und auch an die Mitarbeiter kommuniziert, dass die Hälfte des Betriebsgewinns zur weiteren Eigenkapitalsteigerung verwendet wird, um weiterhin bankenunabhängig investieren und wachsen zu können. Es wird eine hohe Umsatzrendite angepeilt, um Freude an Erfolg auch monetär erlebbar zu machen; bei Abweichungen nach unten ist genügend Eigenkapital vorhanden, dass kurz- und mittelfristig keine finanziellen Engpässe entstehen können. Insofern waren im Kraftfeld **Kapital** keine Hindernisse bei der Realisierung der Fusion zu überwinden. Ein letzter Punkt betrifft die Governancestruktur: beim Erreichen eines bestimmten Jahresumsatzes wird ein neues Unternehmen gegründet, in das einzelnen Wertschöpfungsaktivitäten ausgelagert und um neue angereichert werden. Dieses Zellteilungsprinzip hilft laut Meyrahn dabei, agil und kundenzentriert zu bleiben. Denn ein neues Tochterunternehmen bedeutet auch stets, neben neuen Aktivitäten, neue Talente zu gewinnen die auch bereit sind, unternehmerische Verantwortung zu übernehmen.

- Das alte Geschäftsmodell von 2hm und das aktuelle von 2HMforum unterscheiden sich deutlich. 2hm verfolgte das klassische Geschäftsmodell „Managementconsulting" – hochwertige Wissensdienstleistungen, die eng an die verantwortlichen Partner und die ausführenden Berater gekoppelt waren.
- Das fusionierte Unternehmen folgt einem „Produktansatz": Das dargestellte Fanprinzip hat sowohl Elemente des klassischen Consultings, aber auch eine starke Verwurzelung in der Marktforschung und in Big Data Anwendungen. Das neue Unternehmen verfügt über eine hochgradig digitalisierte Wertkette, ist deutlich weniger abhängig von Vor-Ort-Präsenz der Berater bei den Kunden.
- Die Customer Value Proposition hat sich entsprechend verschoben: eher weg von kurz- und mittelfristigen Effizienzsteigerungsmaßnahmen und Prozessoptimierungen hin zu einer langfristigen Ausrichtung in einem nachhaltigen Beziehungs- und Kundenmanagement. Zufriedene Kunden haben viele Unternehmen, Fans – so zeigt die Forschung im Umfeld von 2HMforum, deutlich weniger. Die Zielsetzung des Umsatzwachstums und der Gewinnoptimierung sind in beiden Geschäftsmodellen ausgeprägt, das Wertversprechen unterscheidet sich allerdings deutlich in Bezug auf Comitment des Kunden und den erforderlichen Zeithorizont.

7.4 TENTE International

Die Unternehmensgruppe **TENTE** mit Stammsitz in Wermelskirchen (bzw. die Holding „TENTE International" mit Sitz in Köln) ist ein deutscher Hidden Champion. (Die Versalienschreibung des Firmennamens soll nach Unternehmensangaben auch zur Unterscheidung vom Wermelskirchener Ortsteil Tente dienen, wo das Unternehmen gegründet wurde.) Die Weltmarktführerschaft bezieht sich dabei auf einen Teil des Produktportfolios, sogenannte „zentral feststellbare Rollen für Krankenhausbetten." Das Unternehmen wurde 1923 in Wermelskirchen von Adolf Schulte als Vertriebsgesellschaft gegründet zu einer Zeit, als in der Region rund 50 Hersteller von Rollen und Rädern ansässig waren. Eine eigene Fertigung nahm TENTE zehn Jahre später in der sprichwörtlichen Garage auf. Seitdem ist die Firmengeschichte von Wachstum und Internationalisierung geprägt. Im Geschäftsjahr 2019 beschäftigte die Unternehmensgruppe TENTE weltweit in 30 Tochter-

7.4 TENTE International

gesellschaften ca. 1500 Mitarbeiter.[40] Die Konzern-Gewinn- und Verlustrechnung für die Zeit vom 1. Januar 2019 bis 31. Dezember 2019 weist einen Umsatz von gut 226 Mio. Euro aus bei einem Ergebnis nach Steuern von 9,44 Mio. Euro.[41] Die Netto-Investitionstätigkeit von 17,3 Mio. Euro ist bemerkenswert und kann als ein wesentliches Strategieelement angesehen werden. Die Markenwerte, denen sich TENTE verschreibt, heißen Globalität, Effizienz und Inspiration.[42]

Begonnen hat das internationale Engagement des Unternehmens 1971 in Südafrika, gemeinsam mit der Protea Holding Group als Vertriebsgesellschaft. Der damalige Mitgesellschafter und Geschäftsführer Dr. Dietrich Fricke hatte private Kontakte nach Südafrika. Zusammen mit einem stabilen Bedarf an Rädern und Rollen eines in ganz Afrika marktführenden Herstellers von Krankenhausbetten ergab sich so eine wichtige strategische Gelegenheit zur Expansion. Dieses Muster der Nähe zu wichtigen Kunden wurde im Laufe der Jahrzehnte mehrmals bei der Internationalisierung wiederholt, sowohl in der EU als auch in den USA (Fertigung und Vertrieb), in Japan (Vertrieb) und China (Fertigung und Vertrieb). Die Standortwahl im Ausland ist weniger Folge einer dezidierten Expansionsstrategie, sondern erfolgte eher anlassbezogen. Strategisch im Sinne des Grundtemperaments erscheint hingegen die langjährige Geschäftspolitik, im Ausland nur Locals mit sehr guter Marktkenntnis zu Geschäftsführern zu machen.

Im Sinne der vier strategischen Kraftfelder stellt sich TENTE wie folgt dar: Die **Inhaberschaft** ist eindeutig und mit dem Ziel der Fortführung in Familienhand geregelt. Kontinuität innerhalb der Eignerfamilie Fricke wird bei TENTE gelebt. Peter Fricke übernahm die Geschäftsführung 1998 von seinem Vater und ist seit 2002 in der Rolle des geschäftsführenden Hauptgesellschafters, der in der Steuerung der TENTE Gruppe mit familienfremden operativen Geschäftsführern eng zusammenarbeitet. In der Holding sind seit rund fünf Jahren die Funktionen CFO, CTO und CCO etabliert und mit Geschäftsführern besetzt, die zwischen acht und über 20 Jahren im Unternehmen tätig sind. Diese drei Top-Führungskräfte sind ebenfalls Familienfremde. Peter Fricke hat in der jüngeren Vergangenheit Gesellschaftsanteile innerhalb der Familie übertragen, hält jedoch mit 60 % der Anteile die Mehrheit. Die „TENTE Stiftung"[43] ist seit vielen Jahren mit 10 % beteiligt. „In Bezug auf die Unternehmensanteile ist es – mit Blick auf eine Nachfolgegeneration – sehr wichtig, dass es geregelte Verhältnisse gibt. Mit dem Gesellschafterstatus ist bei uns eine aktive Tätigkeit im Unternehmen weder zwingend verbunden, noch ist sie ausgeschlossen. Aber auch für potenzielle Nachfolger gibt es Zeitfenster, die sich nicht beliebig lange offenhalten lassen, wenn es irgendwann einmal um die Nachfolge in der Geschäftsführung geht. Für die Mitarbeiter ist es auch wichtig, dass es im Gesellschafterkreis eindeutige Regelungen gibt."[44]

---

[40] https://www.tente.com/de-de/ueber-uns (Abruf 01.06.2021).
[41] https://www.bundesanzeiger.de/pub/de/suchergebnis?18 (Abruf 01.06.2021).
[42] https://www.tente.com/de-de/ueber-uns/unsere-markenwerte (Abruf 01.06.2021).
[43] https://www.im.nrw/tente-stiftung (Abruf 28.06.2021).
[44] Gespräch am 28.06.2021 in Köln.

In die Strategieentwicklung werden bei TENTE oberste Führungskräfte traditionell mit eingebunden. Peter Fricke bezeichnet seine Vorgehensweise in Strategiefragen als partizipativ. Das Geschäftsmodell steht weniger häufig im Fokus. Lediglich bei besonderen Projekten wie der aktuell laufenden SAP Einführung werden Aspekte des Geschäftsmodells analysiert und ggf. angepasst. „In einem klassischen Industrieunternehmen mit langjährig bestehenden Wertketten und Kundenbeziehungen werden wir selten mit der Frage konfrontiert, ob unser Geschäftsmodell angepasst werden muss." So Peter Fricke im persönlichen Gespräch.[45] „In der jetzigen Phase allerdings haben wir uns, auch aufgrund der Nachfragen unserer SAP Berater, intensiver mit der Wertschöpfungstiefe, den Kundenbeziehungen und den weltweit vorhandenen Lägern auseinandersetzen müssen."

Die Überzeugung, dass nur intensive Kommunikation, kulturübergreifend gelebte Werte, Respekt und Vertrauen langfristig tragende Säulen für das Geschäft sein können, sind Teil einer von persönlichen Werten getragenen Strategie. Diese Werte sind wichtige Bestandteile der Unternehmenskultur. Im Zusammenhang mit der Inhaberschaft ist ein weiteres Strategieelement zu erwähnen. TENTE steuert seine Internationalisierung bis heute so, dass ein Einstieg immer nur in einem neuen Markt zu einem Zeitpunkt X stattfindet. Dazu noch ein O-Ton von Peter Fricke: „Wir als Mittelständler müssen uns konzentrieren, dürfen uns nicht zu viel auf einmal vornehmen. Das gilt hinsichtlich der Finanzierung, aber auch mit Blick auf die zur Verfügung stehenden Kapazitäten der Führungskräfte, die am Aufbau einer Auslandsniederlassung beteiligt sind."[46]

Ein weiterer Aspekt, der die Investitionstätigkeit bei TENTE betrifft, ist sehr aufschlussreich, weil abgeleitet aus dem Kraftfeld Inhaberschaft. Es geht hierbei weniger um die Investitionshöhe (die als solche beachtlich ist), sondern um die Tatsache, dass an jeder Maschine und Anlage in der Fertigung ein Schild hängt, auf dem neben Hersteller und Baujahr auch die Kosten ganz exakt in Euro ausgewiesen werden. Dazu sagt Peter Fricke: „Die Mitarbeiter sollen konkret sehen, was wir in den Standort Wermelskirchen investieren. Da nicht alle in die Geschäftsberichte schauen, wollen wir ganz bewusst diese Informationen allen unseren Leuten zur Kenntnis geben." Es handelt sich dabei nicht um einmaliges „Window-Dressing", sondern um eine langjährige und durchgängig gelebte Praxis. Ähnlich offen geht der Hauptgesellschafter auch mit Informationen zu großen Investitionsvorhaben um, bspw. dem Hochregallager. Er berichtet während eines Betriebsrundgangs bspw. über die erforderliche zweistellige Millioneninvestition, einschließlich eines riesigen Löschwasserbeckens unter der über 30m hohen Halle.[47]

Im Sinne der Analyse der vier strategischen Kraftfelder ist unter *Kapital* die außergewöhnlich hohe Eigenkapitalausstattung von TENTE zu erwähnen, die zuletzt mehr als 76 % betrug.[48] Diese Eigenkapitalausstattung macht die Unternehmensgruppe unabhängig von Fremdkapitalgebern. So werden zahlreiche strategische Freiräume eröffnet, die viele

---

[45] Gespräch am 28.06.2021 in Köln.
[46] Aus einem persönlichen Gespräch mit Peter Fricke im August 2019.
[47] Persönliche Informationen von Peter Fricke aus dem Jahr 2018.
[48] https://www.bundesanzeiger.de/pub/de/suchergebnis?18 (Abruf 01.06.2021).

7.4 TENTE International

vergleichbar große Familienunternehmen nicht haben.[49] Als Beispiel für die strategische Unabhängigkeit, die sich daraus ergibt, sei der Bau eines Informations- und Forschungszentrums auf dem TENTE Werksgelände in Wermelskirchen genannt. Der so genannte **TENTE Campus**, der Mitte 2018 feierlich im Beisein von Kunden und Geschäftsfreunden aus aller Welt eingeweiht wurde, steht als multifunktionell konzipierter Bau sowohl für Kundenevents als auch für Kreativsitzungen den Mitarbeiter zur Verfügung. Verbunden mit der Eröffnung war ein vollständiger Relaunch des Firmenauftritts, in dessen Mittelpunkt die neue Vision des Unternehmens unter dem Motto „Better Mobility. Better Life" steht.

Der Anspruch, Lösungen für Mobilitätsprobleme anstatt eines disparaten Produktportfolios von Rädern und Rollen anzubieten, ist als deutliche Priorität der Wettbewerbsstrategie in sichtbarer Weise durch den Campus manifestiert und materialisiert. Viele Hidden Champions sind in den vergangenen Jahren vergleichbare Wege gegangen, um ihre eher unscheinbaren Produkte, welche oftmals in den Endprodukten nicht weiter auffallen, stärker in den Fokus zu rücken. Im TENTE Campus wird dies u. a. dadurch erfahrbar, dass Kunden dort ganz unterschiedliche Transportlösungen für Innenräume auf Hindernisbahnen ausprobieren können, so dass sie den Unterschied zwischen verschiedenen Rollen live erleben. Dies ist deutlich einprägsamer als konventionelle Werbe- und Kommunikationsmittel.[50]

Die vorzeitige Rückführung gewährter Kredite ist eine Kapitalmaßnahme, die TENTE hin und wieder nutzt, wenn sich eine entsprechende Gelegenheit bietet. Für das laufende Geschäftsjahr 2021 wurden die budgetierten Investitionen nochmals aufgestockt. „Wir haben vor vielen Jahren einmal rund zwei Drittel Eigenkapital angestrebt. Jetzt ist der Wert noch höher. Man muss aber auch sinnvolle Möglichkeiten zum Investieren schaffen. Natürlich wollen wir das Geld nicht einfach nur ausgeben mit Blick auf Kennzahlen."[51] Eine weitere Erklärung für die sehr hohe Eigenkapitalquote ist die langjährige Ausschüttungspolitik gegenüber den Gesellschaftern, die Fricke als „zurückhaltend" charakterisiert. Er betont, in dieser Hinsicht viel von seinem Vater gelernt und übernommen zu haben, der mit früheren Gesellschaftern diesbezüglich „seine Erfahrungen gemacht habe."

Größere Millioneninvestitionen wie den Relaunch des Unternehmensauftritts oder den Bau des TENTE Campus aus Eigenmitteln zu stemmen, ohne dafür Investitionen im operativen Geschäft zu reduzieren, ist nur wirklich kapitalstarken Unternehmen möglich. Wenn sie, wie TENTE, zudem in Familienhand sind, entfällt auch die oft mühsame Entscheidungsfindung in Gremien wie etwa einem Aufsichtsrat oder Beirat. Der Hauptgesellschafter kann bei Bedarf allein umsetzen, was er strategisch für richtig hält.

---

[49] Die mittlere Eigenkapitalquote für Mittelstandsunternehmen mit über 50 Mitarbeitern lag 2019 bei 37 %. https://de.statista.com/statistik/daten/studie/150148/umfrage/durchschnittliche-eigenkapitalquote-im-deutschen-mittelstand/ (Abruf 01.06.2021).
[50] Während eines Besuchs 2019 konnte ich mich davon selbst überzeugen.
[51] Gespräch am 28.06.2021 in Köln.

Zum dritten Kraftfeld, dem strategischen **Grundtemperament**, lässt sich bei TENTE festhalten, dass der Inhaber dies für die Jahre der internationalen Expansion als „aggressiv" beschreibt. Die Internationalisierung von TENTE, die bereits der Vater von Peter Fricke, Dr. Dietrich Fricke, eingeleitet und über viele Jahre vorangetrieben hat, ist die Basis der Weltmarktführerschaft bei Rollen für Krankenhausbetten. Bei dieser auf das gesamte Portfolio gesehen sehr wichtigen Produktgruppe beschreibt Peter Fricke sein strategisches Temperament immer noch als offensiv. „Weltmarktführerschaft bedeutet auch, sofort zurück zu schlagen, wenn ein Wettbewerber irgendwo auf der Welt unsere Kunden abzuwerben versucht."

Mit Bezug auf andere Produktbereiche, bspw. Schwerlastrollen, wo TENTE keine Marktführerschaft innehat, schätzt der Inhaber sein strategisches Temperament anders ein. Nach der erfolgreichen Internationalisierung, insbesondere abseits des wichtigsten Bereichs Rollen für Krankenhausbetten sei das Temperament auch manchmal neutral, selten sogar defensiv. Als Beispiele erwähnt er, dass TENTE bislang in Indien oder Brasilien nicht mit eigenen Niederlassungen vertreten ist.[52] Diese differenzierten Einschätzungen, je nach Kundensegmenten und Produktkategorien, erscheinen nachvollziehbar, weil es sich bei TENTE nicht um ein klassisches Einprodukt-/Einmarktunternehmen handelt. Peter Fricke beschreibt sein ganz persönliches Temperament als „eher stetig" und führt aus, dass es ihm leichtfällt, langfristige Ziele (fünf bis zehn Jahre) zu formulieren und sein Handeln und das seiner Mitarbeiter danach auszurichten.

Zum Kraftfeld vier ist festzuhalten: Die **Entscheidungsautonomie** des geschäftsführenden Hauptgesellschafters ist im Falle TENTE ausgesprochen hoch. Peter Fricke betont aber, dass er großen Wert darauf legt, strategisch Relevantes mit langjährig vertrauten Geschäftsführern abzustimmen, ganz besonders mit dem CFO, der fast ebenso lange im Unternehmen tätig ist wie er selbst. Die Gesellschafterversammlung, Beiräte oder Berater spielen derzeit keine nennenswerte Rolle in Strategiefragen. In der Unternehmensgruppe findet ein Mal im Jahr ein großes, weltweites Strategiemeeting mit allen Geschäftsführern statt. Diese „Weltkonferenz" wird regelmäßig von Strategieberatern vorbereitet und moderiert, deren Input aber weitgehend methodisch bleibt. Die Entscheidungsfindung trennt der Inhaber von der Kommunikation ab. Mit über 20 Geschäftsführern ist eine gemeinsame Strategieentwicklung von A bis Z nicht sinnvoll, wahrscheinlich auch nicht möglich. „Wenn es mit den engsten Vertrauten in wichtigen Strategiefragen nicht auf Anhieb einen Konsens gibt, wird so lange weitergearbeitet, bis wir auf eine Lösung kommen, die jeder mit gutem Gewissen mitträgt."[53]

Der Fall TENTE zeigt, wie Kontinuität bei Produkten und Strategien, verbunden mit hoher Dynamik bei der Internationalisierung, Eigenständigkeit und Unabhängigkeit mit gelebten Werten in einem Familienunternehmen funktionieren. Eine von vielen Bedingungen dafür ist sicher auch das persönliche Engagement des geschäftsführenden Hauptgesellschafters, der es sich bspw. selbst als Aufgabe setzt, alle „wichtigen" Kunden mindes-

---

[52] Gespräch am 28.06.2021 in Köln.
[53] Gespräch am 28.06.2021 in Köln.

tens einmal im Jahr persönlich zu treffen – weltweit. Das *Geschäftsmodell* „Hersteller von Rädern und Rollen für Industriekunden und mit eigenem, weltweiten B2B Vertrieb" ist stabil; Notwendigkeiten zu einer Revision sind derzeit nicht erkennbar.

- TENTE bekennt sich seit Jahrzehnten zu Internationalität, ohne Wenn und Aber. Wichtigen Kunden folgte man ins Ausland, insbesondere nach Afrika, in die USA, nach Japan und China. Alle Geschäftsführer im Ausland sind Locals, keine Expatriates.
- Der Traditionsstandort Wermelskirchen wird konsequent gestärkt, und dies wird Kunden, Mitarbeitern, Lieferanten und sonstigen Stakeholdern immer wieder gezeigt und kommuniziert.
- TENTE setzt seit einigen Jahren konsequent auf Lösungen statt auf Produkte. In einem reinen B-2-B Marktumfeld mit für den Endkunden „unsichtbaren" Produkten ist dies ein Paradigmenwechsel, der auch im Geschäftsmodell bei den Customer Relations und den Key Activities zu leichten Modifikationen geführt hat. Grundsätzlich wird das seit Jahrzehnten verfolgte Geschäftsmodell weitergeführt.
- Die Konzentration auf Kapitalstärke und hohe Eigenfinanzierungskraft zeichnet das Familienunternehmen traditionell aus. Investitionen in die Marke, der TENTE Campus, die Höhe der Investitionen in die Fabriken u. v. m. sind so in großer Autonomie realisierbar.
- Werte vorzuleben, ökonomisch, ökologisch, sozial – auch wenn dabei vereinzelt ein Geschäft nicht zustande kommt – ist dem Inhaber sehr wichtig. Sein unternehmerisches Handeln richtet sich stark an diesen Werten aus, die auch sein Vater bereits im Unternehmen verankert hatte.
- Die Fortführung des Unternehmens in Familienhand wird vom Inhaber angestrebt, wobei zurzeit noch offen ist, ob im Sinne eines familiengeführten oder familienkontrollierten Unternehmens.

7.5 Sascha Wolff

Der Inhaber Sascha Wolff ist ein Softwareentwickler und Experte für Webdesign, Anwendungen innerhalb des Angular Frameworks von Google sowie dazugehörige Hardwarekonfigurationen. Im Bereich moderner Web-Applikationen sind solche Experten heute sehr gesucht und in der Regel ausgebucht. Das 2012 gegründete Unternehmen hat seinen Sitz in Düsseldorf; Wolff ist von Beginn an Alleininhaber.[54] „Meinen Code muss ich auch noch nach sechs Monaten verstehen." So bringt es der junge Unternehmer auf den Punkt, wenn er „Wertarbeit" als seine oberste Priorität erläutert. Nach seiner Einschätzung arbeiten bis zu 90 % der Entwickler nicht so, was regelmäßig zu Problemstellungen bei Kunden führt, wenn ein Experte Code weiterbearbeiten oder verändern soll, den ein Kollege geschrieben hat.

---

[54] Vgl. https://saschawolff.de/ (Abruf 18.05.2021).

Die bisherige Untenehmensentwicklung verlief ohne eine explizite „deliberate strategy" – nicht untypisch für eine Gründung, die eher Inhalte als Geschäftsmodelle in den Vordergrund stellt. Die **Kapitalausstattung** erfolgte im Wesentlichen über thesaurierte Gewinne; nennenswerte Fremdkapitalanteile gibt es nicht. Sascha Wolff ist seit der Unternehmensgründung **Allein-Inhaber**. Tiefgehende Expertise, hohes Lerntempo und Anpassungsfähigkeit an die sehr dynamische Marktumgebung der Programmierung von Browser-Applikationen verhalfen dem Gründer und seinen Mitarbeitern zu einem erfolgreichen Start. Auftragserweiterungen bei neu gewonnenen Kunden und deren Weiterempfehlungen trugen das Startup durch die ersten zwei bis drei Jahre. Bei der Auftragsvergabe in dieser Expertenwelt haben sich seit einigen Jahren Plattformen für Freelancer etabliert, auf denen sogenannte „Jobs" – zumeist komplexe Teilbereiche umfassender Anwendungen –, aber auch sogenanntes „Body-Leasing" in laufenden Kundenprojekten vor Ort gehören. Die Akquisition von Aufträgen verläuft folglich nach anderen Regeln als bspw. in der klassischen Unternehmensberatung, der IT-Beratung oder der Kreativwirtschaft, etwa bei klassischen oder digitalen Werbeagenturen, wo vor der Beauftragung stets „Pitches" gewonnen werden müssen.

Um sich unter diesen Branchenspielregeln einer gewissen Austauschbarkeit zu differenzieren verfolgte Wolff bereits sehr früh eine dezidierte Marktpositionierung als „Experte für die schwierigen Probleme", mit anderen Worten, er wählte sehr genau aus, auf welche Jobs er sich bei den Plattformen bewarb. „Ich mache alles, so lange, bis es wirklich funktioniert."[55] Dieses Credo im Alltag zu leben setzt voraus, sowohl im Frontend- als auch im Backendbereich über umfassende Expertise zu verfügen. In einer Entwicklergemeinde mit sehr starken Spezialisierungseffekten (unterschiedliche Programmiersprachen und Frameworks, Frontend vs. Backend, usw.) sowie hoher Arbeitsteiligkeit und Fragmentierung komplexer Aufgaben in zahlreiche Einzel-Jobs stellte sich diese Positionierung als tragfähig heraus.

Diese Positionierung war ein geplantes Strategieelement. Mit zunehmender Kenntnis der Wettbewerbsarena plante Wolff ein weiteres Element zur Festigung seiner Marktstellung: Engagements als Speaker auf Entwicklerkonferenzen, bspw. bei „Meetup Webworker", einer regelmäßig bei Zipgate in Düsseldorf stattfindenden Veranstaltung.[56] Über diese Engagements ist es eine Frage der Zeit, bis spezialisierte Headhunter auf einzelne Experten aufmerksam werden, und sich so neben den Plattformen ein weiterer Akquisitionskanal öffnet. Innerhalb der Angular Entwicklergemeinde gelang es ihm, sich deutschlandweit einen Namen als Top-Experte zu machen. In einer Branche, in der es sehr schwierig ist, sich über die Wertkette zu differenzieren (alle Experten produzieren Codezeilen), ist diese Form der Marktpositionierung als geplantes Strategieelement bislang für den Inhaber tragfähig. Dennoch betont Wolff, keine zuvor festgelegte Wettbewerbsstrategie (im engeren Sinne) verfolgt zu haben. Was sich im Rückblick als Strategie darstellt, bezeich-

---

[55] Gespräch am 09.10.2019 in Düsseldorf.
[56] Vgl. https://www.meetup.com/de-DE/Webworker-NRW/ (Abruf 08.06.2021).

net er klar als zunächst „emergent" in dem Sinne, dass Gelegenheiten ergriffen wurden, wo sie sich geboten haben.

Die von Wolff verfolgte *strategische Grundhaltung* kann als defensiv beschrieben werden. Als Startup Unternehmer, der die erste Wachstumsschwelle – die Einstellung fest angestellter Mitarbeiter – früh und erfolgreich überwunden hat, waren zudem Unabhängigkeit und selbstbestimmtes Arbeiten zu entscheidenden Strategieelementen geworden. Für ihn war es bislang wirtschaftlich nicht erforderlich und entsprach auch nicht seinen persönlichen Vorlieben, Anteile seines Unternehmens an fremde Gesellschafter abzutreten. Auch die Aufnahme von Fremdkapital oder Private Equity hat der junge Unternehmer nicht in Betracht gezogen. Gleichzeitig arbeitet er sehr eng mit zwei weiteren Gründern zusammen, allerdings ohne gesellschaftsrechtliche Verbindungen. „Ich arbeite gerne im Team, und ich delegiere auch gerne." Engpässe für weiteres Wachstum zeigen sich nach Einschätzung des Unternehmers an zwei Stellen besonders prägnant: Nachwuchs auf Top-Niveau zu finden einerseits, Forderungen von Bestandskunden nach Facetime des Inhabers andererseits. Die Position „Top Experte" ist nicht skalierbar; viele Kunden wollen Wolff persönlich regelmäßig im Projekt sehen. Dieser Engpass ist ein Wachstumshemmnis, wenn es dem Inhaber nicht gelingt, Mitarbeiter auf dasselbe Level eines Top-Experten zu entwickeln und Kunden davon zu überzeugen, dass deren Arbeit genau so gut ist wie seine eigene.

In dieser Phase der Unternehmensentwicklung erscheint eine deutlichere Priorisierung der Strategieplanung aussichtsreich. „Emergent und deliberate sind für mich keine Gegensätze, man braucht wohl beides. Derzeit schlägt das Pendel stärker in Richtung deliberate." Weiteres Wachstum plant Wolff über eine Erweiterung vom reinen Dienstleistungsgeschäft hin zu einer zusätzlichen Produktstrategie. Vor dem Hintergrund der eben beschriebenen Wachstumsschwelle erscheint dieser Plan zielführend. „Software as a Service für IT-Entwickler" (also Software für Softwareprofis), so lautet der Arbeitstitel des Jungunternehmers. Der Versuch, die Positionierung als Top-Experte in die Produktwelt zu transferieren, erscheint aussichtsreich, birgt aber zahlreiche neue Herausforderungen. Die Risikobereitschaft des Eigners müsste sich verändern.

Ohne offensive Elemente in der strategischen Grundhaltung erscheint ein Einstieg in das Produktgeschäft kaum machbar. Der Hauptgrund ist, dass nicht mehr alle Wertschöpfung der Mitarbeiter (sprich: jede Codezeile) fakturierbarer Leistung entspricht. Produktentwicklung bedeutet u. a. unbezahlte Vorleistung mit ungewissem Ausgang. Der Aufbau zusätzlicher Entwickler-Kapazitäten bzw. die Auslastung vorhandener Mitarbeiter mit nicht sofort fakturierbarer Leistung führt zu höherem Aufwand und zu einer veränderten Fixkostenstruktur. Maßgebliche Änderungen an der Wertkette oder der Marktpositionierung erscheinen nicht erforderlich. Die Fähigkeit, Code auf Top-Level produzieren zu können, ist sowohl im Dienstleistungs- als auch im Produktgeschäft ein Wettbewerbsvorteil.

In dieser Hinsicht wäre es folgerichtig, die bisher tragfähige defensive strategische Grundhaltung aufzugeben. Ein von Wolff langfristig verfolgtes Ziel ist es, etwa 30 Mitarbeiter auslasten zu können. Ein wichtiger Bestandteil der defensiven Grundhaltung war bislang, Wachstum aus dem eigenen Cashflow zu finanzieren. Hinsichtlich der *Entschei-*

dungsautonomie zeigt diese Fallsutudie folgendes: Eine nennenswerte Fremdkapitalausstattung bei fortgesetzter Alleininhaberschaft ist eine strategische Option. Eine andere Option könnte ein gesellschaftsrechtlicher Zusammenschluss mit anderen Experten sein, die über eine vergleichbare Marktpositionierung und Wertkette verfügen, um die Expansionsmittel zusammen zu spannen und die damit einhergehenden Risiken auf mehrere Schultern zu verteilen. Solche strategischen Bewegungen sind allerdings nicht zu realisieren, ohne Veränderungen bei der Entscheidungsautonomie in Kauf zu nehmen. Entweder eine Wachstumsschwelle wird erfolgreich überwunden oder man bleibt allein Herr im eigenen Haus. Im vorliegenden Fall wirkt dies wie ein Trade-off.

- In diesem Fallbeispiel zeigt sich, dass ein veränderter Umgang des Unternehmers mit den Wirkungsmechanismen in den einzelnen strategischen Kraftfeldern in ein verändertes Geschäftsmodell münden würde. Dezidierte Planung des Geschäftsmodells im Sinne einer Innovation lag bei Sascha Wolff nicht vor. Im Sinne einer Wettbewerbsstrategie galt „Top Code auf höchstem Niveau" von Beginn an als Fixpunkt.
- Dienstleistungen im Programmieren und selbst entwickelte Software-Produkte anzubieten, würde zu Veränderungen in mindestens vier der neun Boxen des Business Model Canvas (vgl. Abschn. 5.2) führen.
- Bei einer vergleichbaren Value Proposition, gleichen Key Activities, Key Resources und Key Partners sowie einem identischen Channel würden sich *Änderungen* höchst wahrscheinlich bei den Customer Segments und den Customer Relationships ergeben, nicht zu vermeiden wären Veränderungen bei der Cost Structure und den Revenue Streams.
- Die bislang verfolgte *Wettbewerbsstrategie* der Differenzierung ausschließlich über Know-how („Top-Code"-Kompetenz, zugespitzt vorhanden beim Inhaber) kann weiter funktionieren, erlaubt aber keine weitreichende Expansion.

7.6 Orten Electric-Trucks

Die „Orten Fahrzeugbau GmbH" aus Bernkastel ist ein in dritter Generation geführtes Familienunternehmen, das 1925 gegründet worden ist. Am Firmensitz in Bernkastel-Kues und in einem kleineren Werk im sächsischen Rothnaußlitz produzieren über 100 Mitarbeiter kundenindividuell ausgeführte LKW-Aufbauten, -Anhänger und Sonder- sowie Eventfahrzeuge. Orten hat in seinem Kerngeschäft ein Selbstverständnis als *Marktführer* für vielfältige und individuelle Aufbaulösungen im Bereich der Getränke-, Automobil- und Transportlogistik.[57] Innovation ist traditionell eine der Triebfedern dieser Marktführerschaft, ebenso Vertriebsstärke und eine hohe Kundenbindung. Die LKW-Aufbauten sind der Ursprung der Unternehmensruppe in ihrer heutigen Form und umsatzmäßig der größte Geschäftsbereich. In der „Orten Holding GmbH" sind insgesamt vier operative Gesell-

---
[57] Vgl. https://www.electric-trucks.de/de/home/unternehmen.html (Abruf 07.06.2021).

schaften gebündelt, neben den beiden Fertigungsbetrieben für Aufbauten und Electric-Trucks eine Leasinggesellschaft und ein LKW-Handel. Der Gruppenumsatz betrug im Jahr 2019 rund 25,9 Mio. Euro, die Eigenkapitalquote lag bei 39 %.[58] Orten als Familienunternehmen fällt in die klassische Mittelstandskategorie KMU.

Seit 2012 ist Orten als Pionier in der Elektrifizierung von Nutzfahrzeugen tätig, zunächst als Händler für Elektro-LKW des Unternehmens Smith, seit 2015 mit eigener Fertigung in Kooperation mit „Elektrofahrzeuge Stuttgart GmbH" (EFA-S) als Lieferant der Elektrokomponenten und der erforderlichen Software. Der Inhaber Robert Orten hat das strategische Potenzial elektrisch betriebener LKW bei kleinen und mittleren Nutzlasten früh erkannt. Seine Idee war, den steigenden Bedarf an emissionsfreien Fahrzeugen im innerstädtischen Verteilverkehr, in der Werkslogistik und auf der „letzten Meile" in Ballungsgebieten als unternehmerische Chance zu nutzen. Schwere LKW, die vorwiegend im Langstreckenverkehr eingesetzt werden, spielen bei dieser Positionierung (bislang) keine Rolle. Diese Aktivitäten firmieren unter „Orten Electric-Trucks" und stehen im Mittelpunkt dieser Fallstudie.

Der Technologiepartner „Elektrofahrzeuge Stuttgart GmbH" (EFA-S) hat sich auf die Elektrifizierung von Fahrzeugen mit Verbrennungsmotor zu umweltfreundlichen Fahrzeugen mit Elektroantrieb spezialisiert, verfügt hier über umfangreiche, langjährige Erfahrungen und gilt als Technologieführer in diesem Bereich."[59] Das Portfolio umfasst vier Grundtypen, die zwischen 7,5 und 18 to zulässigem Gesamtgewicht rangieren.[60] Inzwischen werden vorwiegend Neufahrzeuge umgerüstet, deren fabrikneue Diesel-getriebene Antriebsstränge vollständig ausgebaut werden. Die E-Fahrzeuge werden in der neu gebauten Fabrik in Wittlich kundenindividuell in Bezug auf die gewünschten Reichweiten-, Nutzlast- und Aufbau-Anforderungen konfiguriert. Für die passende E-Lösung stehen Leasing- und Finanzierungsangebote zur Verfügung.[61]

Das *Geschäftsmodell* der „Orten Fahrzeugbau GmbH", wo das Kerngeschäft mit Spezialaufbauten, überwiegend für den Getränketransport, angesiedelt ist, war für die Aktivitäten rund um die Elektrifizierung nicht geeignet. Es erschien dem geschäftsführenden Gesellschafter unvermeidbar, die Aktivitäten der Umrüstung von Dieselaggregaten auf Elektromotoren in einer eigenständigen Geschäftseinheit zu bündeln, auch weil die erforderlichen Betriebsmittel und die Prozesse sehr unterschiedlich sind. Zudem war entsprechende Fläche im Stammwerk Bernkastel nicht mehr vorhanden, so dass in Wittlich ein Neubau realisiert wurde. Für die benötigten Qualifikationen und Kompetenzen der Mitarbeiter in der „Orten Electric-Truck GmbH" gilt mit wenigen Ausnahmen das gleiche.

In der Begriffswelt von Johnson handelt es sich bei der Innovationsbewegung von Orten um eine veritable Reise in den *„White Space"* – eine Metapher, die verdeutlichen soll, dass alte und neue Zielkunden mit neuen, noch nicht erprobten Wertversprechen bedient

---

[58] https://www.bundesanzeiger.de/pub/de/suchergebnis?13 (Abruf 07.06.2021).
[59] https://www.electric-trucks.de/de/home/unternehmen.html (Abruf 07.06.2021).
[60] Vgl. https://www.electric-trucks.de/de/umruestung/lkw-7-5t.html (Abruf 07.06.2021).
[61] Vgl. https://www.electric-trucks.de/de/umruestung/lkw-7-5t.html (Abruf 07.06.2021).

werden müssen und die eingesetzten Technologien in der alten Organisation (d. h. Geschäftsbereich Fahrzeugbau) nicht beherrscht werden.[62] Eine solche strategische Bewegung ist daher gekennzeichnet durch zweierlei: sehr hohe Risiken, gekoppelt mit großen Erfolgspotenzialen, sofern ein Durchbruch gelingt. Im White Space ist alles möglich, von totalem Misserfolg eines Startups bis hin zu Marktführerschaft in einer selbst geschaffenen Nische. Für Orten Electric-Trucks sieht es so aus, als sei die Reise ins Ungewisse ein Erfolg. Für 2021 sind mehr als 100 umgerüstete Fahrzeuge zur Auslieferung geplant.[63]

Ein Teil dieses Erfolgs ist sicher der Tatsache geschuldet, dass ein vollständiger Neuanfang eine große Aufbruchstimmung bei allen Beteiligten erzeugt. „Alle Mitarbeiter teilen die Begeisterung für die Elektromobilität, haben das Gefühl, etwas Sinnvolles und Nachhaltiges zu tun."[64] Der geschäftsführende Gesellschafter Robert Orten beschreibt den Reiz und die Herausforderungen für sein 2015 gegründetes Startup wie folgt: „Wenn Du jung bleiben willst, technologisch, dann fang eine Technologie an, die Dir nicht bekannt ist, verlass' das angestammte Ufer und entdecke neue Welten. Und das kann man bei der Elektromobilität bis zu einem gewissen Grad erfahren."[65] Innerhalb der vorhandenen Strukturen der „Orten Fahrzeugbau GmbH", wo die ersten Prototypen entstanden sind, wäre ein Hochlauf auf die heutigen Stückzahlen nicht möglich gewesen. Dennoch ergeben sich innerhalb der Unternehmensgruppe vereinzelte Synergien. Die umgerüsteten Electric-Trucks können im Geschäftsbereich Fahrzeugbau mit der gesamten Bandbreite an zur Verfügung stehenden Aufbauten komplettiert werden. So können den Kunden Komplettfahrzeuge nach individuellen Ansprüchen aus einer Hand zur Verfügung gestellt werden.

Hier liegt ein klarer **Wettbewerbsvorteil** für Orten vor, der sich aus der Summe der Leistungsfähigkeit von zwei separaten Wertketten in den beiden Geschäftsbereichen ergibt. Im Sinne von Richard Rumelt kann ein solches Strategiemuster als „focus" beschrieben werden. Fokus hat dabei zwei Bedeutungsdimensionen: (1) die Koordination eines Geschäftsansatzes, der gesteigerte Leistungsfähigkeit durch sich verstärkende Effekte erzeugt und (2) die neuen Produkte den richtigen Zielkunden anzubieten.[66] Dies erscheint essenziell, da die Zielkunden von Orten Electric-Trucks nicht identisch mit denen des Fahrzeugbaus sind; zwar gibt es eine Schnittmenge, doch bei den Elektro-LKW spielen kommunale Auftraggeber eine wichtige Rolle, Getränkelogistiker weniger.

---

[62] Vgl. Johnson 2010, S. 6 ff.
[63] https://www.electric-trucks.de/de/home/presse/155-orten-stockt-kapazitaeten-auf-100-elektro-lkw-im-jahr-geplant.html (Abruf 07.06.2021).
[64] https://www.ardmediathek.de/video/made-in-suedwest/brummis-unter-strom-orten-electric-trucks-in-wittlich/swr-fernsehen/Y3JpZDovL3N3ci5kZS9hZXgvbzEyOTUzODk/ (Abruf 07.06.2021).
[65] https://www.ardmediathek.de/video/made-in-suedwest/brummis-unter-strom-orten-electric-trucks-in-wittlich/swr-fernsehen/Y3JpZDovL3N3ci5kZS9hZXgvbzEyOTUzODk/ (Abruf 07.06.2021).
[66] Vgl. Rumelt 2011.b, S. 150.

7.6 Orten Electric-Trucks

Wesentliche Bausteine des neuen Geschäftsmodells sind die Säulen Leasing & Finanzierung, Vermietung und Förderung. Insbesondere die Vermietungsoption bis zu drei Monaten soll die Hemmschwelle bei Kunden senken, die zwar grundsätzlich von der Idee elektrisch betriebener LKW überzeugt sind, die aber skeptisch in Bezug auf die versprochenen Leistungsdaten oder das Handling der Fahrzeuge im täglichen Einsatz sind. Diese Facette der Customer Value Proposition erscheint ebenso zur Herabsetzung von Hemmschwellen beim Kauf zu dienen wie die je nach Bundesland unterschiedlichen Förderungsmöglichkeiten, die bei Orten aufbereitet und von Interessenten abgefragt werden können.

Mit Blick auf die vier strategischen Kraftfelder stellt sich Orten Electric-Trucks wie folgt dar: Die **Inhaberschaft** liegt zu 100 % bei Robert Orten. Zahlreiche Abhängigkeiten hinsichtlich der verbauten Komponenten sind unvermeidbar. Mit dem Systempartner EFA-S gibt es eine inzwischen langjährig bewährte Kooperation. Beide Unternehmen sind gesellschaftsrechtlich vollständig selbstständig. Zum Kraftfeld **Kapital** der Orten Electric-Trucks GmbH können folgende Angaben gemacht werden; das Eigenkapital beträgt per 31.12.2019 124.503,62 Euro; der Bilanzgewinn für 2019 wird mit rund 99.500 Euro ausgewiesen.[67] Für die übrigen Unternehmen der Orten Gruppe liegt eine konsolidierte Bilanz vor.[68]

Robert Orten ist ein Vollblutunternehmer, der im Verlauf seiner rund 40-jährigen Unternehmertätigkeit schon mehrere Krisen durchlebt und überwunden hat. Mindestens eine davon in den Nullerjahren war für die Unternehmensgruppe existenziell. Sein **strategisches Grundtemperament** lässt sich grundsätzlich als offensiv charakterisieren. Im Falle der Electric-Trucks kommt eine ganz persönliche Faszination und wertgetriebene Überzeugung für emissionsfreie Mobilität hinzu. Mit dem Bau der neuen Fabrik in Wittlich ist er in einer sehr frühen Phase der Unternehmensentwicklung ins Risiko gegangen. Seine jahrzehntelange Kenntnis des Markts für Auslieferfahrzeuge aller Art hat dieses Risiko überschaubar gemacht, wenngleich es in einer frühen Phase auch Widerstände seitens der LKW OEM gegeben hat. Es ist weiterhin kompliziert, wenn es um geeignete neue Basisfahrzeuge geht. So kann das Unternehmen bis heute keine neuen LKW ohne Diesel Drive Train ordern, was die Wertkette bei Orten insofern kompliziert macht, als nagelneue Dieselmotoren samt Getriebe und Achsantrieb aus fabrikneuen Fahrzeugen ausgebaut und im Nachgang vermarktet werden müssen.

In Robert Ortens strategischen Entscheidungen lassen sich auch einige der Strategieelemente ausmachen, die bei zahlreichen Hidden Champions beobachtet werden können: jahrzehntelanger Aufbau eines tiefgehenden technischen Know-hows, Innovationsstärke, hoher eigener Wertschöpfungsanteil, direkte Kundenkontakte, eigener Vertrieb, Verwurzelung in der Region (in Ortens Heimat an der Mosel gibt es keine nennenswerten Technologie-Cluster und kein ausgeprägtes Know-how für Elektroantriebe – dennoch

---

[67] https://www.bundesanzeiger.de/pub/de/suchergebnis?12 (Abruf 02.07.2021).
[68] https://www.bundesanzeiger.de/pub/de/suchergebnis?8 (Abruf 15.06.2021).

wird das Startup dort angesiedelt), autoritäre, gleichzeitig partizipative Führung und einiges mehr.

Die *Entscheidungsautonomie* des Gründers und Alleininhabers ist maximal. Strategische Entscheidungen wie bspw. den Vorstoß in neue Größen-/Leistungsklassen trifft Robert Orten ohne Abhängigkeiten von Mitgesellschaftern oder Aufsichtsgremien, rein nach betriebswirtschaftlichen und technischen Parametern. Seine unternehmerische Freiheit in dem Startup ist begrenzt durch Kapital, technologische Hürden und die Kundenakquisition, doch diese grundsätzlichen Begrenzungen gelten in jedem Geschäft. Das sollte nicht den Blick dafür verstellen, dass der Unternehmer eine maximale strategische Entscheidungsautonomie in dem von ihm initiierten Startup hat.

- Dieses Fallbeispiel lässt sich wie folgt zusammenfassen: Getrieben von der persönlichen Faszination eines etablierten Unternehmers für die Elektromobilität ist innerhalb weniger Jahre aus einem Startup ein Wachstumsunternehmen geworden, das seine Nische im deutschen Markt mehr oder weniger selbst geschaffen hat.
- Maßgebliche Faktoren für den Erfolg waren neben der jahrzehntelangen unternehmerischen Erfahrung des Gründers auch die anfängliche Kapitalisierung des Unternehmens aus Eigenmitteln, eine zuträgliche Förderlandschaft in Rheinland-Pfalz und im Bund sowie der offensive strategische Ansatz, loszulegen bevor ein Markt im strengen Sinne sich konstituiert hat.
- Ohne eine neue Unternehmensstruktur einschließlich eines neuen Standorts wäre es kaum möglich gewesen, diesen neuen Geschäftsbereich im vorgelegten Tempo zum Erfolg zu führen. Die 2015 bestehenden Strukturen und Prozesse in der Orten Fahrzeugbau GmbH in Bernkastel waren dafür nicht geeignet.
- Für die Umsetzung war zudem ein angepasstes, neues Geschäftsmodell unabdingbar. Hervorzuheben sind diesbezüglich die Möglichkeiten des Leasings, der Finanzierung und Vermietung sowie Fördermittel. Auch die nach und nach neu rekrutierte Belegschaft, überwiegend bestehend aus Experten für Elektrifizierung und Software, sind im Sinne von neu erforderlichen Key Resources zu nennen. Im Bereich der Key Activities unterscheiden sich die Aufgabenstellungen zum Teil von jenen im angestammten Geschäftsbereich Aufbauten.
- Synergien ergeben zwischen den Geschäftsbereichen ergeben sich u. a. bei elektrifizierten LKW für Getränkelogistiker oder die Werkslogistik. Bei solchen Fahrzeugen hat Orten ein Alleinstellungsmerkmal durch die Fähigkeit, kundenspezifisch konfigurierte Komplettfahrzeuge bereit zu stellen.

Literatur

Becker, Roman/Daschmann, Gregor: Das Fan-Prinzip. Mit emotionaler Kundenbindung Unternehmen erfolgreich steuern, Springer Gabler, 2. Auflage, Wiesbaden 2016

Literatur

Casadesus-Masanell, Ramon/Ricart, Joan Enric: From Strategy to Business Models and onto Tactics, in: Long Range Planning, 43 (2010), S. 195–215

Christensen, Clayton M./Allworth, James/Dillon, Karen: How Will You Measure Your Life?, Harper Collins Publisher, New York 2012

Johnson, Mark W: Seizing The White Space. Business Model Innovation For Growth and Renewal, Harvard Business Press, Boston, Massachusetts 2010

Rumelt, Richard: The Perils of Bad Strategy, in: McKinsey Quarterly, June 2011, S. 1–9 [Rumelt, 2011.a]

Simon, Hermann: Zwei Welten, ein Leben, Campus Verlag, Frankfurt/New York 2018

Simon, Hermann: Aufbruch nach Globalia, Campus, Frankfurt am Main 2012

Simon, Hermann: Hidden Champions. Die neuen Spielregeln im chinesischen Jahrhundert, Campus, Frankfurt/New York 2021

8

Rolex: Best Practice bei Wettbewebsstrategie und Umsetzung im Geschäftsmodell

> **Zusammenfassung**
>
> Rolex ist mit deutlich über 5 Mrd. Schweizer Franken Jahresumsatz selbstverständlich kein Mittelständler. Dieses weltbekannte Unternehmen ist allerdings auch nicht an der Börse notiert. Nicht nur seine Governance Struktur – mit der Hans Wilsdorf Stiftung im Zentrum -lässt Parallelen zu großen Familienunternehmen erkennen. Rolex hat ein sehr robustes, von Wettbewebern kaum angreifbares Geschäftsmodell, das über Jahrzehnte gewachsen ist und dem Unternehmen höchste technische Kompetenz, sehr hohe Bekanntheit und Renditen sowie maximale Unabhängigkeit sichert. Es zeigt sich bei Anwendung des Modells der strategischen Kraftfelder, dass diese seit Langem führende Weltmarktposition von den Wettbewerbern wie Breitling oder Omega nicht wirksam angegriffen werden kann. Eine Erklärung dafür ist, dass sie als Portfoliounternehmen von Finanzinvestoren wie CVC oder von börsennotierten Unternehmen wie der Swatch Group strategischen Prämissen folgen müssen, die nicht mittelständisch sind.

Das Konzept der vier strategischen Kraftfelder, welches bereits in den bisher diskutierten Fallbeispielen illustriert wurde, soll abschließend – gleichsam als *Best Practice* – mit dem Luxusuhrenhersteller Rolex durchdekliniert werden. Es geht nicht darum, andere Unternehmen mit Rolex zu vergleichen; auch nicht darum, die Wettbewerbsstrategie von Rolex zum Maßstab für deutsche Mittelstandsunternehmen zu machen. Dieses Schweizer Unternehmen wird beginnend mit der Geschichte um Gründer Hans Wilsdorf bis hin zu der gegenwärtigen, weltweiten Erfolgsgeschichte, auf der Basis veröffentlichter Unternehmensinformationen, Schnipseln aus der wissenschaftlichen Literatur und frei zugänglichen Fallstudien analysiert.[1] Mir lagen keine internen Informationen aus dem Unternehmen vor. Die einzige persönliche Informationsquelle war ein deutscher Rolex Konzessionär, dessen Unternehmen seit Jahrzehnten Rolex Uhren vertreibt, der aber ungenannt bleiben möchte.[2]

Es geht im Einzelnen um die Erfassung der Wettbewerbsstrategien von Rolex und deren Umsetzung in einem sehr robusten Geschäftsmodell. Eigentümer der Firma Rolex ist eine vom Gründer Hans Wilsdorf im Jahr 1944 gegründete Stiftung, die „Fondation Hans Wilsdorf". Das Unternehmen gilt traditionell als äußerst verschwiegen und gibt keine Geschäftszahlen bekannt.[3]

Das 1905 in London gegründete Unternehmen bekam früh Aufmerksamkeit in der Weltöffentlichkeit, u. a. als Hans Wilsdorf der britischen Schwimmerin Mercedes Gleitze, die am 7. Oktober 1927 als erste Frau durch den Ärmelkanal schwimmen wollte, eine „Rolex Oyster", mit auf den Weg gab. Es war weltweit die erste wasserdichte Armbanduhr, und Wilsdorf schenkte sie ihr anschließend, auch wenn Gleitzes Versuch misslang. Die Uhr bestand den Härtetest und war dicht. Nach diesem Erfolg veröffentlichte Wilsdorf eine national geschaltete Werbekampagne in britischen Tageszeitungen, in der die technischen Vorzüge der Uhr erläutert wurden: „The Wonder Watch that defies the Elements". Die Uhr war nicht nur wasserdicht, sondern auch resistent gegen Hitze und Kälte sowie stoßsicher und staubdicht. Diese Eigenschaften waren zwischen den Weltkriegen herausragende technische Errungenschaften für eine frei käufliche, zivile Armbanduhr. Die Werbekampagne in Großbritannien kostete 40.000 Schweizer Franken.[4] Rolex verlagerte 1919 den Firmensitz nach Genf, wo er seitdem ist. In der Periode zwischen den Weltkriegen war die Schweizer Uhrenindustrie bereits eine reife und ausgesprochen erfolgreiche Branche: 1920 gab es mehr als 300 Unternehmen in der Uhrenindustrie, die etwa 62.000 Menschen beschäftigte. Am Ende des zweiten Weltkriegs stand die Schweiz mit 19 Mio. produzierten Uhren pro Jahr für rund 87 % des damaligen Weltmarkts. Eine interessante Marginalie ist, dass Wilsdorf, ein gebürtiger Deutscher aus Kulmbach, nie als Uhrmacher tätig war.

Der Umsatz ist traditionell ein gut gehütetes Geheimnis.[5] Eine auf Schätzungen basierende Zahl von 2013 deutet zumindest die Größenordnung an: 3,8 Mrd. Euro Umsatz, die

---

[1] Vgl. Uhrenmagazin Juli/August 2019, S. 46 ff.
[2] Rolex ist nicht nur bekannt für die sprichwörtlichen Oyster Gehäuse, sondern auch dafür, interne Informationen wie in einer Auster verschlossen zu halten. Frei zugängliche Informationsquellen bspw. über Gewinn, Rendite oder Handelsmargen konnte ich trotz intensiver Recherche nicht finden. So erscheint es dem Leser hoffentlich nachvollziehbar, dass der genannte Konzessionär keine Indiskretionen begehen möchte. Ein qualitativer Hinweis war allerdings möglich, die Handelsmarge von Rolex ist deutlich geringer als die von direkten Wettbewerbern wie Omega oder kleinen Luxusmanufakturen wie Audemars Piguet oder Patek Philippe.
[3] Vgl. Uhren-Magazin 2019, S. 46.
[4] Atzberger, S. 1 Der Geldwert dieser Summe entsprach 2017 im Mittel dem 6,42-fachen, also 256.000 Schweizer Franken. http://www.portal-stat.admin.ch/lik_rechner/d/lik_rechner.htm (Abruf 18.05.2021).
[5] https://www.stiftungsrecht.ch/ sowie https://www.swissfoundations.ch/fr/glossar (Abruf 18.05.2021).

von geschätzten 6000 bis 7000 Mitarbeitern erwirtschaftet wurden.[6] Die dominante Marktstellung von Rolex wird deutlich, wenn man die gesamten Umsätze der Schweizer Uhrenindustrie heranzieht: 23,9 Mrd. US$ im Jahr 2014.[7] Wechselkursbereinigt bedeutet das wertmäßige 21,9 % Marktanteil an der Schweizer Uhrenindustrie.[8] In dem zitierten Artikel der Zeitschrift Uhren-Magazin von Juli 2019 wird der Umsatz, auf Basis von Schätzungen der Schweizer Handelszeitung, auf 5,5 Mrd. Schweizer Franken veranschlagt, welcher durch den Absatz von rund 950.000 Uhren erzielt wird.[9] Betrachtet man die Umsätze der führenden Anbieter der Schweizer Uhrenindustrie für 2019, so wird sichtbar, dass Rolex mehr als doppelt so viel Umsatz generiert wie Omega als die stärkste Einzelmarke unter den Verfolgern (Abb. 8.1). Die Gruppen Swatch, LVMH und Richemont haben zahlreiche Uhrenmarken in ihren Portfolios und können deshalb nicht für einen direkten Vergleich herangezogen werden.

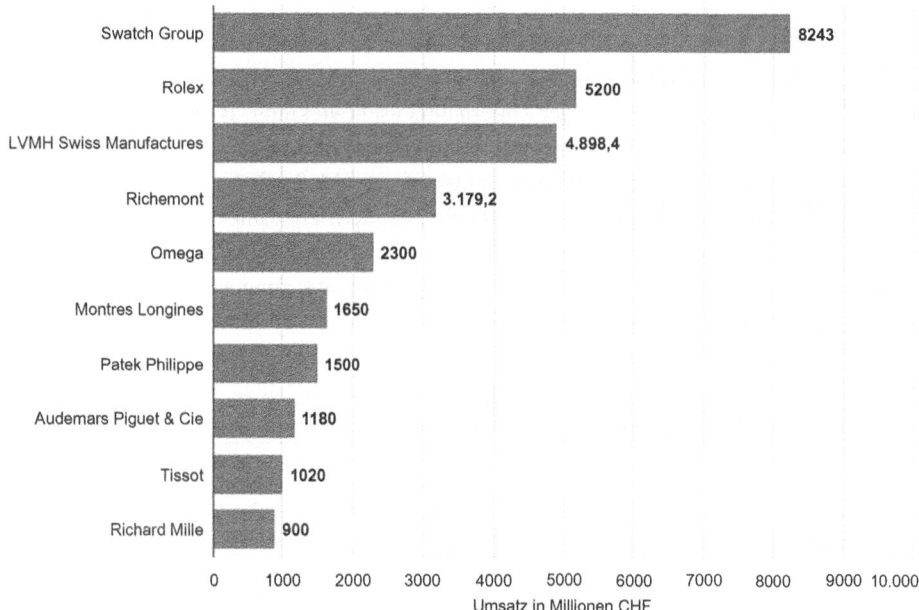

Abb. 8.1 Umsätze der Schweizer Uhrenhersteller im Jahr 2019 (in Mio. CHF), online https://de.statista.com/statistik/daten/studie/600095/umfrage/umsaetze-in-der-schweizer-uhrenbranche/ (Abruf 28.02.2021)

---

[6] https://www.est1905.de/about-rolex/rolex-in-zahlen/#38-milliarden-euro (Abruf 18.05.2021).
[7] Malhotra 2016, S. 1. Bedenkt man die Positionierung von Rolex im obersten Segment, so wird die dominante Marktstellung des Unternehmens bei Luxusuhren deutlich, zumal es weltweit (mit wenigen Ausnahmen wie Bell & Ross, Breguet, Chronoswiss, Lange & Söhne, Grand Seiko, Officine Panerai, Union Glashütte, etc.) wenig Konkurrenz mit nennenswerten Stückzahlen gibt.
[8] https://de.exchange-rates.org/Rate/USD/EUR/31.12.2013 (Abruf 10.01.2021).
[9] Uhrenmagazin 2019, S. 46.

8.1 Wirkung der der vier strategischen Kraftfelder bei Rolex

Die vier strategischen Kraftfelder des Mittelstands werden abschließend für den Luxusuhrenhersteller Rolex durchleuchtet, obwohl dieses Unternehmen aufgrund seiner Größe und globalen Präsenz nicht zum klassischen Mittelstand zählt. Die Stiftungskonstruktion legt es allerdings nahe, von einem unabhängigen, familienkontrollierten Unternehmen zu sprechen. Das Geschäftsmodell, welches als besonders robust anzusehen ist, scheint bestens geeignet, das Zusammenspiel vieler strategisch relevanter Einzelfaktoren zu einem emergenten Ganzen zu illustrieren. Als Metapher nenne ich das Geschäftsmodell von Rolex eine *„uneinnehmbare Festung"*. Die Geschichte und die Governance-Struktur des Unternehmens sind nicht vergleichbar mit anderen, in der Größe und/oder Marktmacht vergleichbaren kapitalmarktorientierten Aktiengesellschaften. Durch den familiären Einfluss in der Stiftung könnte man davon sprechen, dass Rolex „der Geisteshaltung nach" immer noch eher ein Familienunternehmen als ein großes Kapitalmarktunternehmen ist.

Möglicherweise waren die vergangenen zehn Jahre mit zwei Wechseln an der Spitze der Aufbruch in eine neue Phase der Unternehmensentwicklung. Rund fünf Jahrzehnte maximaler Kontinuität beim Führungspersonal und den verfolgten Wettbewerbsstrategien sind außergewöhnlich – sicher auch in einem weltweiten Maßstab. Es handelt sich hierbei nicht um eine klassische Fallstudie zur Strategie, sondern eher um ein Anwendungsbeispiel, dem die strukturierende Wirkung der strategischen Kraftfelder besonders gut sichtbar wird. Die daraus resultierenden Wettbewerbsstrategien, umgesetzt in einem einzigartigen Geschäftsmodell, sichern dem Unternehmen seinen Spitzenplatz unter den Luxusuhrenherstellern seit Jahrzehnten. Wenn wir am Beispiel Rolex genauer verstehen, „where the rubber meets the road", so stehen zahlreiche Einsichten bereit, an denen sich die strategische Planung und die Geschäftsmodelle zu deren Umsetzung orientieren können.

8.1.1 Inhaberschaft

Als Rekapitulation sei nochmals in Erinnerung gerufen, dass es in diesem Kraftfeld um die *formale Beteiligung* am Unternehmen geht: Alleininhaberschaft, mehrere Gesellschafter oder anonyme Aktionäre – sowie deren Rolle, sei es als aktives Mitglied in der Geschäftsführung, als aktive oder passive Gesellschafter oder als reine Kapitalanleger. Bei Rolex ist die Inhaberschaft eindeutig und seit langem stabil: eine private Stiftung nach Schweizer Recht als Alleinbesitzer, ein CEO als oberstes Leitungsorgan. Die Einrichtung der Stiftung dürfte von Wilsdorf an denselben Motiven orientiert gewesen sein wie bei vielen anderen Gründer im deutschen Sprachraum: potenziell Ewigkeit für das Unternehmen sichern, Schutz vor Übernahmen, Steueroptimierung, Verschwiegenheit, Absicherung finanzieller Unabhängigkeit für das Unternehmen. Interessant ist es in diesem Fall, die Ernennung der Geschäftsführer etwas eingehender zu betrachten.

8.1 Wirkung der der vier strategischen Kraftfelder bei Rolex

Rolex hat eine ausgesprochen hohe Kontinuität bei den Top-Entscheidern. Nachdem Hans Wilsdorf das Unternehmen seit der Gründung 1905 bis zum Jahr 1960 geführt hatte, folgte ihm kurzzeitig seine Tochter als Chefin. Ihr folgte der vormalige, von Wilsdorf als Nachfolger auserkorene kaufmännische Direktor André J. Heiniger, der bis 1992 operativ die Geschicke des Unternehmens lenkte und danach in das Aufsichtsratspräsidium wechselte. Ihm folgte als CEO von 1992 bis 2008 sein Sohn Patrick Heiniger, ein gelernter Rechtsanwalt, der zuvor als kaufmännischer Direktor im Unternehmen tätig gewesen war. Nach sechzehn Jahren an der Konzernspitze wurde Heiniger 2008 vom Verwaltungsrat abgesetzt.

Anschließend übernahm den Posten Bruno Meier, der jedoch 2011 vom Verwaltungsrat des Uhrenkonzerns durch den Italiener Gian Riccardo Marini ersetzt wurde.[10] Von 2014 an leitet Jean-Frédéric Dufour das Unternehmen.[11] Ganz im Sinne einer Feststellung, die Herman Simon für die von ihm akribisch untersuchten Hidden Champions gemacht hat, ist Kontinuität in der Führung eines der Erfolgsrezepte von langjährigen Weltmarktführern.[12] Dieses Argument gilt im vorliegenden Falle ganz sicher auch, wenngleich Rolex alles andere als ein „Hidden" Champion ist und die letzten Jahre an der Spitze bewegter waren als in den Jahrzehnten davor.

Als Fazit zu diesem Kraftfeld ist zu unterstreichen, dass alle Fragen der Inhaberschaft eindeutig und langfristig geklärt sind. Die Leitung von Rolex ist unabhängig und es muss in Fragen der Strategie nicht Rücksicht auf Ankeraktionäre, Finanzinstitute oder sonstige institutionelle Anleger nehmen. Diese Klarheit und Freiheit gibt den Geschäftsführern so gut wie **uneingeschränkte Gestaltungsspielräume** in Strategiefragen. Im Grunde sind sie in ihren strategischen Entscheidungen ähnlich frei, wie es der Unternehmensgründer gewesen ist. Die Abstimmungsprozesse zwischen Leitungsgremien der Stiftung und operativem Topmanagement finden fernab der Öffentlichkeit statt. Es muss nichts publiziert werden, weder in Richtung Kapitalmärkte oder einer (nicht vorhandenen) Konzernmutter, noch in Richtung Öffentlichkeit, und damit auch nicht in Richtung Wettbewerb. Diese Struktur der Inhaberschaft ist eine elementare Voraussetzung für das später zu betrachtende Geschäftsmodell, welches sich u. a. durch maximale Unabhängigkeit auszeichnet.

8.1.2 Kapital

Die Konstruktion einer privaten Stiftung nach schweizerischem Recht bietet, wie angedeutet, vollständigen Schutz gegenüber Übernahmen. Sie sorgt zudem als Rechtsmantel

---

[10] https://www.est1905.de/about-rolex/rolex-ehemaliger-ceo-verstorben/#:~:text=Der%20ehemalige%20Chef%20des%20Uhrenherstellers,CEO%20f%C3%BCr%20das%20Unternehmen%20t%C3%A4tig (Abruf 10.12.2020).
[11] https://www.fuw.ch/article/jean-frederic-dufour-ein-rolex-chef-haelt-so-dicht-wie-eine-oyster/ (Abruf 10.12.2020).
[12] Vgl. Simon 2012, S. 405 ff.

für die legendäre Verschwiegenheit des Unternehmens und bietet Rolex außerdem die Möglichkeit, alle Geschäftszahlen geheim zu halten. Weder die Absatzmenge noch der Umsatz oder der Gewinn sind für Außenstehende in Erfahrung zu bringen.[13] Auch das ist ein wichtiger Baustein der „Festung Rolex". Über Finanzkennzahlen und die bilanzielle Lage des Unternehmens kann nur spekuliert werden. Zu diesen Spekulationen gehören hohe Free-Cash-Flows, also eine starke Innenfinanzierungskraft, sehr hohe Liquiditätsreserven und, resultierend daraus, Unabhängigkeit von Kapitalmärkten und Banken.

Die Frage des Verhältnisses von Eigen-und Fremdkapital kann ebensowenig beantwortet werden wie andere wettbewerbsrelevante Finanzkennzahlen. Ein hoher Weltmarktanteil im traditionell margenstarken Luxussegment, gepaart mit einer der stärksten Marken der Welt, hoher Preissetzungsmacht, eng gesteuerten Vertriebskanälen mit Konzessionären sowie technologischer Führerschaft und höchster Fertigungstiefe deuten klar darauf hin, dass Rolex sehr viel Geld verdient. Das Fazit zu diesem Kraftfeld: Was Rolex sich strategisch leisten will, kann das Unternehmen sich leisten.

8.1.3 Strategische Grundhaltungen

Die strategischen Grundhaltungen als eigenes Kraftfeld zu analysieren folgt der Idee, genauer zu verstehen, wie die Stoßrichtung und Dynamik der gewählten Wettbewerbsstrategien entstehen. Dazu müssen die psychologischen Einstellungen der Topentscheider einbezogen werden. Wird bspw. ein Wettbewerber wie Omega in seinem Marktauftritt offensiv (Modellpolitik, Vertriebsstrategie, Preismanagement, usw.), so muss die Unternehmensführung des Weltmarktführers sehr genau abwägen, wie man darauf reagiert. Situationsadäquate offensive Reaktionen auf Bewegungen in der Wettbewerbsarena sind eine Variante, demonstrative Passivität eine andere. Im offensiven Fall können entweder sofort oder zeitversetzt eigene strategische Impulse gesetzt werden. Im neutralen oder passiven Fall unternimmt man – als Ergebnis einer wohlabgewogenen Entscheidung – nichts. Dazu ist im Falle Rolex zu sagen, dass man weder in der Werbung noch in anderen Bereichen des Marketings „gegen den Wettbewerb zielt".

Die Bandbreite von sehr aggressivem Marktverhalten bis hin zu völlig defensiven Grundhaltungen hat selbstverständlich viele Abstufungen. Und die in diesem Kraftfeld untersuchten Einflüsse sind letzten Endes Temperamentsfragen, die die Wettbewerbsstrategien prägen. Es geht um persönliche Entscheidungen des/der Unternehmer(s); die Interdependenzen zur Entscheidungsautonomie sind offensichtlich. Wir haben es hier – in der Sprache der Systemtheorie – mit einem sogenannten *symbiotischen Mechanismus* zu tun.[14] Denn nicht das Unternehmen entscheidet, sondern die Menschen an dessen Spitze. Und aus diesem Denkmodell heraus verstanden sind Menschen nicht Elemente von

---

[13] https://www.bilanz.ch/unternehmen/die-rolex-story-die-legende-rolex (Abruf 28.02.2021).
[14] Vgl. Luhmann 1984, S. 337 ff.

sozialen Systemen. Dennoch sind sie enorm wichtige Einflussgrößen in der Umwelt des Unternehmens, verstanden als soziales System.

Begreift man also einzelne Unternehmen als Systeme, so sind die Systemelemente bestimmte Formen von Kommunikation. Im Falle von Unternehmen wären Zahlungen als eine Form von „Kommunikation" anzusehen. Das ist – auf der abstraktesten Ebene – eine binäre Form von Sprache, so interagiert ein Unternehmen mit seiner Umwelt: zahlen (Vertrag abschließen) oder nicht zahlen (keinen Vertrag abschließen oder Vertrag anfechten). Man kommt selbstverständlich nicht daran vorbei, handelnde Menschen mit ihren Persönlichkeiten, Überzeugungen und Temperamenten in der Systemumwelt mit zu bedenken. Sie sind zwar in dieser Sichtweise – wie betont – nicht selbst Systemelemente, doch ihre Psyche und ihr Verhalten sind Vorbedingung für die Entscheidungen, die das Unternehmen trifft.

In der Wettbewerbsarena wird sichtbar, welche strategische Grundhaltung bei den Entscheidern vorherrscht: aggressiv, offensiv, neutral, abwartend, reaktiv, defensiv, passiv … Die Tatsache, dass Menschen in körperlicher Existenz zusammenleben, hat Auswirkungen auf „so geistvolle, fast immateriell gelenkte Systeme wie Wirtschaft oder Recht."[15]

Bei der Verwendung des Begriffs symbiotischer Mechanismus geht es nicht darum, dem Unternehmen ein Temperament „anzudichten", sondern darum, die systemische Dynamik zu verstehen, die den Entscheidungen der strategisch Verantwortlichen zugrunde liegt. Diese Systemdynamik ist eine der Voraussetzungen für die emergente Entwicklung von Wettbewerbsstrategien.

Rolex verfügt über die souveräne strategische Grundhaltung eines seit Jahrzehnten unangefochten agierenden Weltmarktführers. In einzelnen Facetten offensiv, z. T. auch aggressiv, bspw. bei der Steuerung des Vertriebs oder der Durchsetzung von Markenrechten, dem Kampf gegen Markenpiraterie und Plagiate; in anderen Facetten eher offensiv bis neutral, so bspw. bei Zukäufen, Sozial- und Umweltstandards oder in der Marketingstrategie. Andere Bereiche lassen sich als passiv kennzeichnen, so gibt es wenige echte Innovationen (inkrementelle Weiterentwicklungen sind hingegen zahlreich) und bei Rolex gibt es keine sogenannte Markendehnung.

Diese eher offensive Variante der Marktbearbeitung wird häufig als Wachstumspfad beschritten, wenn Innovation und das Erschließen neuer Märkte schwierig oder sehr teuer sind. Ein Unternehmen mit einer derart starken Marke und den technischen Möglichkeiten von Rolex könnte ohne Weiteres sehr hochwertigen Schmuck im Markt positionieren, hochwertige Schreibgeräte konzipieren und herstellen, luxuriöse Uhrenbeweger vermarkten, Brillenkollektionen platzieren usw. Nichts davon geschieht. Wiederum als offensiv sind bestimmte strategische Grundhaltungen des Unternehmens zu werten wie kompromisslose Qualität sowie die totale Unabhängigkeit von Dritten, sei es finanziell, technologisch oder in der Supply Chain.

Zusammenfassend kann man sagen: Limitierende Faktoren aus der Eignerstruktur, dem verfügbaren Kapital oder Furcht vor strategischen Gegenschlägen des Wettbewerbs spielen

---

[15] Luhmann 1984, S. 337.

keine Rolle für die Geschäftsführung. Rolex zeigt sich als souveräner Weltmarktführer, als selbstbewusster und vollkommen unabhängiger Technologieführer, nie aggressiv oder vom Wettbewerb getrieben.

8.1.4 Entscheidungsautonomie

Im Sinne des Gründers und der ihm bisher nachgefolgten CEOs ist alles, was Rolex tut, von allerhöchster Qualität, kurz Weltklasse. Die Entscheidungsautonomie an der Spitze ist deutlich höher als bei angestellten Vorständen und Aufsichtsräten kapitalmarktorientierter Unternehmen oder von Konzerntöchtern. Die Mehrheit der schweizerischen Luxusuhrenhersteller gehört heute zu (Luxus-) Konglomeraten wie LVHM, Richemont oder Swatch. Dort ist die Entscheidungsautonomie der Chefs hinsichtlich Strategie, Investitionen und Markenführung eindeutig geringer als bei Rolex. Ausnahmen bilden wenige kleinere Luxusuhrenmanufakturen, die nach wie vor in Familienhand sind wie bspw. Audemars Piguet oder Chopard.[16] Dort dürfte die Entscheidungsautonomie ebenfalls hoch ausgeprägt sein. Ein Sonderfall ist Breitling, ein Unternehmen, das sowohl bei Positionierung als auch bei Stückzahlen der ernsthafteste Wettbewerber von Rolex ist. Breitling als ehemaliges Familienunternehmen befindet sich seit 2017 vollständig in der Hand eines Finanzinvestors, ist damit zwar unabhängig von einem Mutterkonzern, allerdings dürfte der Vorstand deutlich weniger autonom in Strategiefragen sein als der CEO von Rolex.

Rolex orientiert sich seit Jahrzehnten sowohl im Sponsoring als auch beim Marketing an High-End Sport- und Kulturevents sowie an Ikonen ihrer Zeit. Man möchte sagen, ohne Rücksicht auf Kosten nehmen zu müssen. Vielleicht eine Äußerlichkeit, aber keineswegs ohne tiefere Bedeutung ist es, dass Rolex sich exzellente Architektur für seinen Verwaltungssitz in Genf und die insgesamt vier Fabriken leistet.[17] Auch hier scheinen Überlegungen zu ROI oder anderen nüchternen Finanzkennzahlen nicht die Feder zu führen. Hierzu passt im Sinne einer sehr weitreichenden Autonomie der Geschäftsführung auch, dass das Unternehmen (freiwillig) höchste Umweltstandards einhält und aufwändige Erholungsbereiche für die Mitarbeiter zur Verfügung stellt. Insourcing statt Outsourcing im Sinne einer totalen Qualitätskontrolle und maximaler Verfügbarkeit spricht ebenfalls dafür, dass Kostenkontrolle kein Oberziel für Rolex ist. So hat das Unternehmen 2005 die Firma Aegler S.A. aus Biel gekauft, welche traditionell alle Rolex Uhrwerke hergestellt hatte. Seitdem darf Rolex sich als größte Schweizer Uhren-Manufaktur bezeichnen, da alle Uhrwerke ausnahmslos selbst hergestellt werden.

---

[16] https://uhrforum.de/threads/uhrenmarken-wer-gehoert-zu-wem.55243/ (Abruf 11.11.2020).
[17] Vgl. Uhren-Magazin 2019, S. 48 ff.

8.2 Umsetzung: Das Geschäftsmodell von Rolex

Das Geschäftsmodell von Rolex kann man als eine „uneinnehmbare Festung" ansehen. Alle neun Bausteine nach Osterwalder und Pigneur werden von Rolex konsequent gesteuert, immer wieder im Detail aufeinander abgestimmt und führen dazu, dass das Geschäftsmodell als *extrem robust* einzuschätzen ist. Sowohl die nach innen als auch die nach außen gerichteten Elemente des Geschäftsmodells sind über Jahrzehnte gewachsen, tief in der Unternehmenskultur verankert und in Summe so ineinander verwoben, dass ein wirkungsvoller strategischer Angriff durch einen Wettbewerber schwer vorstellbar ist:

- Die *Customer Value Proposition* ist geprägt von Luxus, Swiss Made, mäßiger Innovation, Pflege der mechanischen Uhrmacherei und Abkehr von Quarzuhren Ende der 1990er-Jahre, Langlebigkeit und Wertigkeit der Produkte, höchsten Qualitätsstandards, völligem Nachahmungsschutz und einer kaum aufzubrechenden Distributionsstrategie über die Konzessionäre, einem Service, der alle Produktmerkmale schützt sowie einer Weltmarke mit einmaliger Strahlkraft.
- Rolex *segmentiert* die Kunden nicht nach klassischen Segmentierungsmerkmalen, mit Ausnahme von Geschlecht (dies jedoch nur bedingt, denn auch Damen tragen „Herrenuhren" – umgekehrt nicht) und einer gewissen Kaufkraft, ein sehr relatives Merkmal im Weltmarkt für Luxusgüter. In engen Grenzen werden spezielle, bspw. diamantbesetzte Modelle bevorzugt für Russland und asiatische Märkte konzipiert, aber nicht exklusiv nur dort angeboten. Rolex Uhren sind für die Klientel weltweit erwerbbare Luxus-Mitbringsel, was sich bspw. an der Präsenz auf fast allen weltweiten Drehkreuzen des Flugverkehrs und Konzessionären in allen Metropolen der Welt ablesen lässt.
- Die *Customer Relations* beherrscht Rolex in Perfektion: die einzigen Touchpoints für Kunden weltweit sind Website (ohne Webshop!), eng gesteuerte Konzessionäre und eigene Serviceorganisationen.
- Die *Channels* kontrolliert Rolex vollständig. Neben den Konzessionären gibt es keine Möglichkeit, eine neue Uhr zu erwerben. Es gibt zwar Graumärkte, vor allem im Internet, die selbstverständlich nicht von Rolex versorgt werden.
- Wichtige von Rolex eingesetzte *Key Resources* sind Marke, technische F&E, konsequent umgesetzter Schutz geistigen Eigentums und eigenes, teils durch Patente geschütztes Design, eigene Gießereien für Edelstahl, Gold und patentrechtlich geschütze Legierungen, hochqualifizierte Mitarbeiter, mehr als ausreichende finanzielle Ressourcen.
- Die *Key Activities*: Herstellung von Luxusuhren mit höchster Fertigungstiefe und maximalen Qualitätsmerkmalen, Markenpflege, Marketing, Einkauf, alle Fertigungswerke in der Schweiz, Vertrieb über exklusive Distributions- und Servicekanäle weltweit, Sponsoring, Mäzenatentum der Stiftung.
- *Partnerschaften* im engeren Sinne benötigt Rolex nicht. Es gibt zwar Lieferanten, Celebrities in der Werbung, Markenbotschafter, Sammler usw., doch ohne dass Rolex je in

Abhängigkeit geraten würde. „Jeder ist ersetzbar", scheint das prägende Motto zu sein, natürlich nur, wenn es sein muss. Die Stiftung bleibt bei dieser Betrachtung außen vor, auch wenn sie weder rechtlich noch ökonomisch mit der operativen Rolex AG identisch ist.

- Die **Kostenstrukturen** bleiben völlig im Dunkeln. Manufakturen in der Schweiz gehören sicher zum aufwändigsten, was kostenseitig denkbar ist (vielleicht mit Ausnahme von Grand Seiko in Japan und Lange&Söhne in Glashütte). Rolex hat vermutlich weit überdurchschnittliche Kosten bei der Durchsetzung von Rechten und im Marketing, doch ökonomisch entscheidend ist, dass das Unternehmen die volle Kontrolle hat und somit die Möglichkeit, jederzeit kostenseitig zu reagieren, sollte dies erforderlich erscheinen.
- Was die **Einnahmeseite** angeht, verfügt Rolex über eine Art „absolute Preissetzungsmacht". Unterstützt wird dies durch gezielte Verknappung bei besonders begehrten Modellen. Sehr hohe Preise, die zudem regelmäßig erhöht werden, im Branchendurchschnitt geringe Margen für die Konzessionäre, hohe Recurring Revenues durch exklusiv angebotene Reparatur- und Serviceleistungen, eine Marke, die Mehrfachkäufer magisch anzieht – und das alles in Kombination mit geheim gehaltenen Gewinnen, Renditen und Eigenkapitalausstattung. Besser ist es im Bereich der legalen Geschäftsmodelle,[18] auch in der Luxusgüterindustrie, möglicherweise kaum zu machen ...

In Summe kann man das Geschäftsmodell von Rolex als ein überzeugendes Beispiel für die wechselseitige Abhängigkeit einzelner Elemente eines Geschäftsmodells ansehen. Im Idealfall kommt es zu einer **positiven Verstärkung**: das Geschäftsmodell ist als Ganzes deutlich robuster, als es das eine oder andere einzelne Element sein könnte. Das zu erreichen ist allerdings sehr voraussetzungsvoll. Neben den Einflüssen aus den beschriebenen vier Kraftfeldern hat die Stärke des Geschäftsmodells weitere Quellen, bspw. die technologische Exzellenz, das Marketing Know-how, die Vertriebssteuerung und vieles mehr. Dieser Punkt sollte unterstrichen werden, um einer Fehlinterpretation keinen Spielraum zu geben: die vier beschriebenen Kraftfelder sind nicht die exklusiven Quellen einer guten Wettbewerbsstrategie und eines überzeugenden Geschäftsmodells; es sind jedoch vier wesentliche Vorbedingungen. Nachvollziehbare Beschreibungen guter Praxis regen das Nachdenken und die Phantasie an. Und damit, zuzüglich Intuition, Kreativität und vielen Zahlen, Daten und Fakten entwickelt man eine gute, überzeugende Strategie, deren Umsetzung dann in einem nächsten logisch-analytischen Schritt (in der Praxis oft zusammenfallend bzw. weniger getrennt voneinander wahrgenommen) im Geschäftsmodell erfolgt.

Rumelt nennt solche Konstellationen der Verstärkung einzelner Elemente zu einem robusten Ganzen „*chain-link-systems*".[19] Er bezieht sich mit diesem Begriff auf die Tatsache,

---

[18] Die Betonung auf „lgeal" dient zur Abgrenzung von Geschäftsmodellen, die möglicherweise noch einträglicher sind, bspw. Waffen oder Drogen – klassicherweise und nachvolziehbar von der Betriebswirtschaftslehre ignoriert.

[19] Rumelt 2011.b, S. 116 ff.

dass Marktführerschaft – oder genereller Exzellenz – nie aus einem Strategieelement allein resultiert. Vielmehr ist es das Ineinandergreifen höchst unterschiedlicher und unternehmensindividueller Strategieelemente, das von Wettbewerbern nicht nachgeahmt werden kann, weil sie es in vielen Fällen nicht im Detail verstehen. Oder weil sie bei der praktischen Umsetzung eines Imitationsversuchs scheitern.

Im Fall Rolex würde ich so weit gehen zu behaupten, dass kein Unternehmensexterner die Elemente der chain-link von Rolex vollständig kennt, geschweige denn versteht, wie diese alle ineinandergreifen und zu einem stabilen Ganzen werden. Rumelt gibt zur Veranschaulichung für dieses Argument ein sehr anschauliches Beispiel: „Quality matters when quantity is an inadequate substitute. If a building contractor finds that her two-ton truck is on another job, she may easily substitute two one-ton-trucks to carry landfill. On the other hand, if a three-star-chef is ill, no number of short-order cooks is an adequate replacement."[20]

Die von Hans Wilsdorf inspirierte DNA von Rolex wird von den Nachfolgern an der Unternehmensspitze gehegt, gepflegt und fortlaufend, aber sanft aktualisiert. „We do it the Rolex way" ist weniger eine werbliche Aussage als viel mehr der Kern einer einzigartigen Unternehmenskultur. Dazu zusammenfassend eine Rolex-Story, welche das alles auf den Punkt bringt: „Ein 60-köpfiges Zentrallabor auf universitärem Niveau erforscht in Planles-Ouates Materialien und prüft außerdem jede Charge durch ein Rasterelektronenmikroskop, um bei bis zu 500 000-facher Vergrößerung die Gehäuse auf winzige Einschlüsse oder Kratzer abzusuchen.

Der Qualitätsanspruch ist kompromisslos. Wegen eines Kratzers im Mü-Bereich wurde einmal die Lieferkette komplett hinterfragt, bis der Ursprung des Fehlers – ein Graphitkörnchen, das sich vom Tiegel gelöst hatte – gefunden wurde. Der Schmelztiegel wurde darauf hin ausgetauscht. In solchen Momenten sagen die Rolex Mitarbeiter voller Stolz: ‚We do it the Rolex way' sprich: bei der Qualität darf es keine Kompromisse geben."[21]

8.3 Wertkette bei Rolex

Rolex verfügt traditionell über eine sehr hohe eigene Fertigungstiefe: Eigene Gießereien, in denen spezielle Edelstahlsorten, Gold, Platin und patentrechtlich geschützte Legierungen wie „Everose"[22] gegossen werden, eigene Manufakturkaliber, Zifferblattfertigung usw. Auch wenn Fertigungstiefe und Wertschöpfungsanteile locker gekoppelt sind, handelt es sich um zwei unterschiedliche ökonomisch relevante Sachverhalte. *Wertschöpfung* bezieht sich – betriebswirtschaftlich – auf die Summe in Geldeinheiten des insgesamt im Unternehmen erzeugten ökonomischen Werts (einfach ausgedrückt als Umsatz minus

---

[20] Rumelt 2011.b, S. 116.
[21] Uhren-Magazin 2019, S. 53.
[22] https://www.watchtime.net/uhren-wissen/rolexikon-alle-rolex-begriffe-erklaert/#Everose (Abruf 28.02.2021).

Vorleistungen Dritter). **Fertigungstiefe** ist eher eine technische Kategorie; hier geht es um den Anteil der Eigenfertigung am Endprodukt, der prozentual ausgedrückt werden kann (bspw. X% Eigenfertigung und Y% Zukaufteile in einem Endprodukt). Die **Wertkette** sollte nicht als eine Summe von (isolierten) wertschöpfenden Tätigkeiten verstanden werden, sondern als ein System interdependenter Tätigkeiten. Einzelne Wertschöpfungsschritte werden durch „linkages" miteinander verbunden. Porter führt den Zusammenhang so aus: „Linkages are relationships between the way one value activity is performed and the cost or performance of another."[23]

Bei Rolex sind sämtliche Wettbewerbsvorteile auf der Leistungsseite verankert: eine Differenzierungslogik wie aus dem Lehrbuch. Jeder wertschöpfende Schritt, vom Design über die hochwertigen Materialien, die Einzelarbeitsplatzmontage von Hand bis hin zu Dokumentation, Verpackung und zum After-Sales-Service verstärkt die absolute Qualitätsanmutung. Die „linkages" verstärken die Gesamtleistung der Wertkette in einer Weise, dass die Summe des gesamten Wertversprechens beim Kauf einer Rolex Uhr mehr ist als die Summe aller äußerst hochwertigen Schritte in der Wertgenerierung. Dieses **Mehr** kann man als Wettbewerbsvorteil ansehen. Seine Ursprünge liegen in der Wertkette, jener unternehmensspezifisch konfigurierten Zusammenstellung einzelner wertschöpfender Tätigkeiten. Und genau hier ist auch die überragende Profitabilität von Rolex verankert. In Porters Worten: „You have competitive advantage if your profitability is sustainably higher than that of your rivals."[24]

Die Fertigungstiefe von Rolex ist maximal, auch wenn keine exakten Werte dazu verfügbar sind. Viele Kunden gehen davon aus, dass Rolex tatsächlich alles selbst macht (das stimmt nicht bis ins letzte Detail), allerdings kommen die identitätsgebenden Komponenten wie Gehäuse, Werk und Zifferblatt von Rolex. Glas und Zeiger sind eher austauschbare Bestandteile; hier dürfte es keine Empfindlichkeiten auf Kundenseite geben, wenn bekannt würde, dass es sich um Zukaufteile handelt.[25] Einzelne Wertschöpfungsschritte lassen sich wie folgt zusammenfassen und ihre Voraussetzungen beschreiben:

- Weitestgehende Unabhängigkeit von Zulieferern (nicht von Rohstofflieferanten bei Metallen).[26]
- Völlige Geheimhaltung bei Technologien und Prozessen ist sichergestellt. „Am Ende eines Arbeitstages schicken die Mitarbeiter alle Werkzeuge und Teile, auch fertig produzierte Gehäuse und Bänder, zurück in dieses Lager. [Hightech, 60.000 Lagerplätze, SAP-gesteuert] Nichts bleibt über Nacht auf den Arbeitstischen liegen."[27]
- Patentschutz des wettbewerbsrelevanten geistigen Eigentums ist sichergestellt.

---

[23] Porter 1985, S. 48.
[24] Magretta 2012, S. 212.
[25] Vgl. Uhren-Magazin 2019, S. 51: Alle Saphirgläser und Zeiger kommen von den Zulieferern Fiedler in Genf und Aiguilla in Biel.
[26] Vgl. Uhren-Magazin 2019, S. 51.
[27] Vgl. Uhren-Magazin 2019, S. 52.

- Konzentration ausschließlich auf selbst gebaute, sehr hochwertige mechanische Uhrwerke, das Gros mit Chronometer Zertifikat, Quarzmodelle waren zuletzt im Katalog von 2002 gelistet.
- Rolex verarbeitet als einziger Uhrenhersteller weltweit ausschließlich Hartstahl des Typs 904 L, der sonst nur für medizinische Implantate und in der Petrochemie Verwendung findet.
- Maximale Qualitätskontrolle über alle Wertschöpfungsstufen.
- Technische Kompromisse sind nicht nötig, weil keine Rücksicht auf Fähigkeiten von Lieferanten oder deren Geschäftspolitik genommen werden muss.
- Konzentration auf inkrementelle Verbesserungen der Klassiker.[28]
- Nachahmer und Hersteller von Fake-Produkten werden konsequent juristisch verfolgt, auch wenn „echt" wirkende Fälschungen eigentlich nicht möglich sind (durch Nummerierung von Werken, Gehäusen und Bändern).
- Innovationsvorsprünge können wirksam geschützt werden.
- Rolex Uhren können nur mit Spezialwerkzeugen geöffnet werden, über die Rolex volle Kontrolle bei den Konzessionären ausübt (selbstverständlich gibt es Graumärkte und Nachahmerprodukte, die allerdings in die Illegalität gedrängt sind). Rolex Garantien erlöschen sofort, sobald ein nicht autorisierter, d. h. von Rolex zertifizierter, Uhrmacher ein Uhrengehäuse öffnet!)
- Im Hause sind 105 Personen ausschließlich damit beschäftigt, die After-Sales-Organisation am Laufen zu halten und Uhrmacher aus aller Welt – insgesamt rund 4000 – auf den Rolex-Servicestandard zu trainieren und logistisch zu unterstützen. Das hat Tradition: Seit 1956 werden in Genf Uhrmacher auf die Rolex-Technologie geeicht, um dann irgendwo auf der Welt Rolex-Uhren fachgerecht überholen zu können.
- Das dafür notwendige Equipment, Maschinen und 2200 Spezialwerkzeuge, meist Eigenentwicklungen, stellt Rolex zur Verfügung – 1200 Schiffscontainer an Ersatzteilen verlassen Jahr für Jahr die Rolex-Werke.[29]

8.4 Die Marktpositionierung von Rolex

Die Marktpositionierung von Rolex ist eindeutig, gleich welche theoretischen Konzepte man heranzieht: Luxus mit maximaler Differenzierung. Rolex hat eine der stärksten Marken weltweit,[30] technische Brillanz in jeder relevanten Hinsicht, eine enorme Fertigungstiefe und Unabhängigkeit sowie viele weitere strategische Alleinstellungsmerkmale.

---

[28] Vgl. Uhren-Magazin 2019, S. 48.
[29] https://www.bilanz.ch/unternehmen/die-rolex-story-die-legende-rolex (Abruf 28.10.2018).
[30] Im Jahr 2020 war Rolex auf Platz 5 der wertvollsten Luxusmarken der Welt mit einem Markenwert von knapp 7,5 Mrd. US Dollar und die mit Abstand wertvollste Uhrenmarke der Welt. https://de.statista.com/statistik/daten/studie/156420/umfrage/markenwert-der-wertvollsten-luxusmarken-weltweit/ (Abruf 28.02.2021).

Zunächst fällt auf, dass Rolex **nichts** außer Armbanduhren fertigt und vertreibt, dies allerdings weit gespreizt im relevanten Marktsegment Luxusuhren. Die Positionierung besticht insofern durch **Fokus**. Der Neupreis der günstigsten Armbanduhr lag im Frühjahr 2021 bei 4750 Euro für das Modell *Oyster Perpetual* in 28 mm Durchmesser. Die günstigste für Herren angebotene Uhr aus dieser Serie mit 36 mm Durchmesser lag zum selben Zeitpunkt bei 5200 Euro.[31]

Im Einzelnen ist folgendes festzuhalten:

- Die Marktpositionierung könnte nicht eindeutiger sein: nur Luxusuhren Schweizer Provenienz, sonst nichts. Das bedeutet bewussten und konsequenten Verzicht auf jede Form der Markendehnung. Die einzige Ausnahme ist die Zweitmarke *Tudor*, die jedoch eindeutig abgegrenzt ist, weil dort keine Rolex Manufaktur Kaliber Verwendung finden, sondern Tudor Kaliber eigener Provenienz.
- Preispremiumstrategie: Rolex ist der einzige Hersteller, der regelmäßig zwei Mal im Jahr die Preise erhöht, inzwischen modellabhängig, um die maximale Preisbereitschaft voll auszunutzen.
- Keine Quarztechnologie mehr seit 2002, nachdem Rolex in den 1970er bis Ende der 1990er-Jahre Uhren mit Quarzwerken entwickelt und vertrieben hat.
- Fast alle Modelle sind nach dem Standard des Vereins „Contrôle Officiel Suisse des Chronomètres" (COSC)[32] mit einem Einzelzertifikat bezüglich der Ganggenauigkeit ausgestattet. Seit 2015 bietet Rolex sogenannte „Chronometer der Superlative" an, deren Ganggenauigkeit die sehr strengen Vorgaben des COSC übertrifft.[33]
- Künstliche Verknappung wird systematisch bei einigen Modellen eingesetzt, bspw. bei Stahl Taucheruhren oder Edelmetallausführungen (Rolex könnte technisch jederzeit die Fertigung des begehrten Modells *Submariner* verdoppeln oder verdreifachen, tut dies aber nicht).
- Extrem enge und restriktive Steuerung des Konzessionärnetzes, keine Onlinekanäle, kein Direktvertrieb wie Werksverkauf o. ä.
- Keine Rabatte, kein Ausverkauf von auslaufenden Kollektionen.
- Der Rolex Service folgt extrem eng reglementierten Spielregeln, der Hersteller behält weltweit die volle Kontrolle über alle Komponenten, auch eigentumsrechtlich.
- Kein Ersatzteilmarkt, alles nur über Rolex Service (alle gebrauchten, beim Service ausgetauschten Einzelteile behält Rolex ein und vernichtet sie – wohlgemerkt Besitz des Besitzers, der dafür bereits gezahlt hat, und für die neuen Teile ein zweites Mal zahlt, zuzüglich der Serviceleistungen. Dies „traut sich" kein anderer Hersteller weltweit, und diese Geschäftspolitik hat extreme Auswirkungen auf Sekundärmärkte für Sammler).

---

[31] https://www.wempe.com/de-de/rolex/rolex-kollektion/oyster-perpetual/oyster-prpetual-36-m126000-0008 (Abruf 28.02.2021).

[32] https://www.cosc.swiss/en/certification/chronometer (Abruf 28.10.2016).

[33] https://newsroom.rolex.com/de/watches/technical-features/superlative-chronometers (Abruf 28.02.2021).

8.4 Die Marktpositionierung von Rolex

Rolex ist im Stande, jährlich rund 700 000 Luxus-Chronometer herzustellen.[34] Das ist dreieinhalbmal so viel wie Omega, der ernsthafteste Wettbewerber,[35] und etwa fünfzehnmal so viel wie kleinere Manufakturen, etwa Jaeger-LeCoultre oder IWC. Das ist ein Resultat der über Jahrzehnte gelebten strategischen Kompromisslosigkeit des Unternehmens. Und dass Rolex mit rund 13 Tonnen pro Jahr der mit Abstand größte Goldverwerter der Schweiz ist, ist schon fast symbolhaft [...].[36] Zu dieser Gesamtanmutung als unangefochtener Marktführer passt auch, dass Rolex ab 2016 auf der Forbes-Weltrangliste zweimal hintereinander den ersten Platz für die angesehenste Marke der Welt belegte.

Auch für die Schweizer Luxusuhrenhersteller gilt, dass der weltweite Wettbewerb dynamisch ist und möglicherweise noch dynamischer wird. Insofern ist auch eine Position wie die von Rolex nicht „betoniert" für die Zukunft, wenngleich alle Strategieelemente darauf hindeuten, dass diesem Unternehmen zur Zeit keine Gefahr im globalen Wettbewerb der Luxusuhren droht.[37] Dennoch, erinnert man sich an die Schweizer Uhrenindustrie Ende der 1970er-Jahre, so ist nichts sicher, außer dass strategische Anpassung eine Daueraufgabe ist: „For the next 20 years, it looked as though Swiss watches were going the way of the buggy whip, until some executives, led by Patek Philippe's Philippe Stern, decided they could compete on luxury and craftsmanship rather than accuracy. The plan worked – a few decades on, the Swiss industry is more profitable than it's ever been – but the war hasn't been won. La Chaux-de-Fonds' next quartz-sized challenge will be to measure up against the technology behind products like the iWatch, which hit markets on 24 April [2015, J.T.]".[38]

Rolex ist – wie auch immer der globale Luxus-Uhrenmarkt sich entwickeln mag – strategisch exzellent aufgestellt. Dieses Unternehmen ist bezüglich Marktpositionierung (einschließlich der erfolgreichen Zweitmarke Tudor), Unabhängigkeit, Finanzkraft und einer sehr klug konzipierten Wertkette „standing alone". Ein Unternehmen als „Festung" zu bezeichnen ist sicher erklärungsbedürftig: Rolex scheint seit Jahrzehnten unangreifbar im globalen Segment der Luxusuhren. Auch wenn Wettbewerber wie Omega in den vergangenen Jahren aufgeholt haben, der Nimbus von Rolex, aber auch die absolute Qualität der

---

[34] Die Schätzung für 2019, wie erwähnt: 950.000 Uhren. Abweichungen bei den Absatzmengen sind – unabhängig vom Zeitpunkt der Schätzung – deshalb möglich, weil nicht 100 % aller Rolex Modelle nach dem Standard COCS als „Chronometer" vermarktet werden.

[35] Rolex vs Omega. A Tale of Two Rivals 2011.

[36] Vgl. https://www.bilanz.ch/unternehmen/die-rolex-story-die-legende-rolex (Abruf 18.05.2021).

[37] Vgl. Uhren-Magazin 2019, S. 56: „Zwischen 2009 und 2012 zogen die Genfer hier auf der grünen Wiese auf 92.000 Quadratmetern – der Größe von mehr als 13 Fußballfeldern – einen neuen Gebäudekomplex hoch."

[38] http://www.bbc.com/travel/story/20150504-where-the-worlds-most-expensive-watches-are-made (Abruf 28.02.2021).

Produkte, scheinen aus heutiger Sicht uneinholbar. Dies liegt auch darin begründet, dass Rolex technologisch nie Stillstand hat: die permanente Verbesserung der Uhren im Detail ist fest in der Unternehmenskultur verankert und scheint, auch unabhängig vom jeweiligen CEO, über Jahrzehnte fortgeführt zu werden.

8.5 Zusammenfassung Fallstudie Rolex

Inhaberschaft Äußerste Stabilität bei Inhaberschaft durch private Stiftung, langjährige Kontinuität bei der operativen Führung mit Vertrauten des Gründers und deren Nachfahren. Dies führt zu starker, unabhängiger Führung in allen strategischen Fragen.

Kapital Ohne Rückgriff auf exakte Werte, sind fundierte Mutmaßungen über hohe Cashflows, gesunde Bilanzkennzahlen, hohe Liquidität, höchste Bonität und Innenfinanzierungsmöglichkeiten angezeigt. Dies führt zu maximaler Unabhängigkeit von Finanzinstituten oder Kapitalmärkten in Strategiefragen.[39]

Strategische Grundhaltung Rolex verhält sich im Wettbewerb tendenziell offensiv, bspw. bei Preispolitik, Marketing, Sponsoring, technologische Weiterentwicklung und Produktpolitik; in Fragen der Vertriebskanalsteuerung, bei Markenrechten und Plagiaten sogar aggressiv. Neutrale oder abwartend passive Haltungen finden sich eher bei Zukäufen oder in der Sortimentspolitik. Äußerst konservativ und eher defensiv sind einige Teilstrategien bezüglich heute schon klassischer, beinahe emblematischer Uhren (bspw. Submariner oder Datejust) und deren inkrementeller Weiterentwicklung. Diese unterschiedlichen Grundtemperamente ergeben in Summe die Chance, eigene strategische Schwerpunkte ohne Rücksicht auf Vergeltungsmaßnahmen des Wettbewerbs beinahe beliebig lancieren zu können. Auch hier als Fazit: maximale Unabhängigkeit für das Topmanagement in der Strategieentwicklung.

Entscheidungsautonomie das Topmanagement von Rolex hat ein ausgesprochen hohes Maß an strategischen Freiheiten. Für Außenstehende nicht einzuschätzen ist der Einfluss des Aufsichtsrates und des Stiftungsrates. Gleichwohl darf man davon ausgehen, dass die CEO's von Rolex traditionell eine große Entscheidungsautonomie in Strategiefragen haben. Die Tatsache der langen Verweildauer an der Spitze spricht in jedem Fall dafür, dass es keine oder so gut wie keine nachhaltigen Konflikte zwischen der Stiftung und dem operativen Management gibt.

---

[39] Vgl. Uhren-Magazin 2019, S. 51 f.

Wettbewerbsstrategie als emergenter Prozess
Resultierend aus den vier Kraftfeldern ergeben sich für Rolex sehr klar konzipierte, teils *offensive*, teils *defensive* Wettbewerbsstrategien, weitgehend unabhängig davon, was Wettbewerber tun oder Marktbeobachter kommentieren. Gleichzeitig bleibt man *flexibel* genug, um wichtigen Entwicklungen in den Märkten (bspw. den Trend zu größeren Durchmessern bei Armbanduhren) oder Verhaltensweisen von Wettbewerbern (bspw. Breitling und Omega mit eigenen Manufakturwerken) jederzeit angemessen begegnen zu können oder selbst Trends zu setzen wie bspw. mit den Chronometern der Superlative. Dies geschieht nie aus einer Situation der Bedrängtheit heraus, sondern nur dann, wenn Rolex überzeugt ist, das Richtige zu tun.

Ein kleines Beispiel, um diesen Gedanken zu untermauern: nach der einmal erfolgten Abkehr von Quarzwerken hat Rolex diese Entscheidung nie revidiert, völlig unbeeindruckt von dem, was bspw. Grand Seiko, Breitling, Omega oder Jaeger Le Coultre tun. Der strategische *Grundtenor* von Rolex ist der eines souveränen, jahrzehntelangen *Weltmarktführers*, der in keinerlei Abhängigkeiten steht, sehr hohe Finanzkraft hat, nicht übernommen werden kann – insofern strategisch frei ist, das zu tun, was die obersten Entscheidungsorgane in Stiftung, Aufsichtsrat und Geschäftsführung für angemessen halten. Man könnte auch sagen: Rolex führt den Markt für Luxusuhren von vorne.

Literatur

Luhmann, Niklas: Soziale Systeme, Suhrkamp, Frankfurt am Main 1984
Magretta, Joan: Understanding Michael Porter. The Essential Guide to Competition and Strategy, Harvard Business Review Press, Boston, Massachusetts 2012
Malhotra, Sapna: Is it Time Up for the Swiss Watch Industry, Amity Research centers Headquarter, Bangalore 2016
Porter, Michael E.: Competitive Advantage, The Free Press, New York 1985
Rumelt, Richard: The Perils of Bad Strategy, in: McKinsey Quarterly, June 2011, S. 1–9 [Rumelt, 2011.a]
Simon, Hermann: Aufbruch nach Globalia, Campus, Frankfurt am Main 2012
Uhren-Magazin, 30. Jahrgang, Ulm, Juli/August 2019

Schlussbetrachtungen und Ausblick 9

Zusammenfassung

Mittelständler benötigen anderes strategisches Werkeug als Großunternehmen. Eigentum ist eine entscheidende Variable dabei. Zudem kommt dem Temperament und der Entscheidungsautonomie der Inhaber ein größerer Stellenwert zu. Diese gemeinsam mit Kapital als Kraftfelder des mittelständischen Strategieuniversums konzipierten Einflussfaktoren entfalten mehr oder minder große Wirkung. Beobachtbar werden diese ermöglichenden, aber auch restriktiven Einflüsse aus den Kraftfeldern in mittelständischen Wettbewerbsstrategien wie „Never bet the Company" oder „Don't dance where the elephants play". Die Geschäftsmodelle sind auch für den Mittelstand der Ort der Wahrheit im Markt. Hier zeigt sich durch eine je eigenständige Konfiguration, wie die Strategien umgesetzt werden. Geschäftsmodelle entsprechen so gesehen den Buchstaben und der Syntax unserer Sprache: eine begrenzte Zahl an Elementen und klare Regeln, wie diese kombiniert werden können. Gute Strategie ist in diesem Sinne mit guter Literatur vergleichbar.

Mittelständler brauchen andere strategische Werkzeuge und Vorgehensweisen als börsennotierte Großunternehmen. Aber lediglich „anders" vorzugehen ist nicht hilfreich. Der Ansatz der vier strategischen Kraftfelder bietet einen Einstieg in eine innovative, zeitgemäße Auseinandersetzung mit den strategischen Herausforderungen eignergeführter Unternehmen. Sowohl kleine und mittlere Betriebe als auch mittelgroße oder große Familienunternehmen mit einer dominanten Eignerstruktur über mehrere Generationen stehen dauerhaft im beinharten Wettbewerb. Made in Germany hat vom ehemaligen Nimbus eingebüßt, wirkt nicht mehr als Selbstläufer Die Spielregeln der globalen Wettbewerbsarena ändern sich sehr schnell, vermutlich irreversibel.[1]

Die Positionierung im Wettbewerb ist selbstverständlich keine einfache Wahlentscheidung, die durch Festlegung auf ein Strategiemuster gelingt. Vielmehr muss sie aktiv gesucht, gefunden und verteidigt werden. Dazu sind Michael Porters Arbeiten noch immer sehr instruktiv. Jeder Unternehmensverantwortliche sollte die entsprechenden Zusamenhänge kennen; je besser, umso günstiger für die Arbeit an durchdachten Wettbewerbsstrategien und für die Ausgestaltung des Geschäftsmodells. Ohne eigene Analyse und fortgesetzte gedankliche Anstrengung bleibt allerdings nur strategischer Blindflug, Imitation oder Hoffen auf Glück (letzteres im Übrigen ein in der Managementwissenschaft zu Unrecht ignorierter Erfolgsbestandteil).[2] Insofern ist dieses Buch ein deutliches Plädoyer zum Selbermachen, in Strategiefragen der „einzig wahre Jakob".

Die Marktposition ist ebenso wie die Wertkette beinahe immer die Folge vieler zurückliegender (strategischer) Entscheidungen. Im Unterschied zur Marktposition ist die Wertkette des Unternehmens, also der Verbund wertschöpfender und unterstützender Prozesse, in der alleinigen Gestaltungshoheit der Top-Entscheider. Die optimale Synchronisierung der wertschöpfenden Aktivitäten ist für die leistungsfähige Wertkette ebenso relevant wie die Frage „make-or-buy". Wie u. a. Magretta und Rother im Detail aufgezeigt haben, ist die Wertkette der Ort im Unternehmen, wo Wettbewerbsvorteile errungen und verteidigt werden. Klar ist freilich, dass dauerhafter Unternehmenserfolg nur möglich ist, wenn es zwischen den Entscheidungen, die u. a. aus den vier strategischen Kraftfeldern hervorgehen, keine Inkompatibilitäten gibt. Nicht alles kann jederzeit und dauerhaft perfekt aufeinander abgestimmt werden. Worauf es ankommt, ist, grobe Fehler zu vermeiden. Eine Einsicht, die ich Hermut Kormann verdanke.[3]

Die Inhaberschaft als strategisches Kraftfeld ist ebenso wie die Entscheidungsautonomie im Gesellschafterkreis beeinflussbar. Die Erfahrung vieler Unternehmer, vielfach verankert in der Familienunternehmens- und Mittelstandsforschung, belegen, dass in diesen beiden Kraftfeldern immer wieder fatale Fehlentscheidungen getroffen werden. Sei es in Fragen der Nachfolgeregelung, bei Gesellschafterwechseln nach Tod oder Scheidung, bei Zukäufen oder Restrukturierungen: Es menschelt in diesen Bereichen sehr. Governance-Fragen sind ein Thema, das dominante Persönlichkeiten oft nicht im besten Sinne des Unternehmens oder der Unternehmerfamilie hinbekommen. Hier ist solider Rat von Un-

---

[1] Der Glaobal Managing Partner von McKinsey, Bob Sternfels, resümiert die Anforderungend der nahen Zukunft so: „Organizations are facing a confluence of unique external forces: the global pandemic recovery, a technology revolution that compressed 15 years of innovation into 15 months, climate change making its way onto every CEO's agenda, and unique global geopolitical challenges." https://www.mckinsey.com/about-us/new-at-mckinsey-blog/whats-ahead-for-mckinsey-a-conversation-with-bob-sternfels (Abruf 02.07.2021).

[2] Eine erwähnenswerte Ausnahme: Christensen u. a. 2016, S. 231 f. „If you know how innovation works – what truly causes innovation to succeed – your efforts don't have to be left to fate. We've allowed ourselves to believe that luck is essential for far too long."

[3] Vgl. Kormann 2008, S. 34 f.

ternehmerkollegen, sachkundigen Vertrauenspersonen, bspw. im Rahmen eines freiwillig eingesetzten Beirats, eine klare Empfehlung.

Diese Kraftfelder genauer zu verstehen ist nach meiner Überzeugung weniger ein betriebswirtschaftliches als ein psychologisches bzw. soziologisches Thema. Entscheidungsautonomie ergibt sich aus formalen, aber auch aus informellen Machtstrukturen. Menschen können nicht durchgängig rational handeln, stets Zwecke und Mittel kühl und emotionslos gegeneinander abwägen. Der „homo oeconomicus" ist ein bereits seit Langem von seinem Sockel gestoßenes Phantom. Eine Ermunterung an Mittelständler könnte lauten, Wahrnehmungen, Meinungen und Einwände anderer aktiv zu suchen und ernst zu nehmen, auch wenn sie letztendlich alleine entscheiden und in der Verantwortung stehen. Richard Rumelt hat hierzu ein kluges und praktikables Szenario entworfen. Er stellt sich vor wichtigen Entscheidungen gedanklich einem Gremium seiner erbittertsten Gegner (the panel of experts), hört deren Einwänden und verfeinert dann seine eigenen Gedanken und Vorgehensweisen. Er nennt dieses Vorgehen „create and destroy".[4] Das ist so anstrengend wie es klingt, doch häufig weniger anstrengend, als die Scherben nach echten Fehlentscheidungen zusammen zu kitten.

Die strategische Grundhaltung als Kraftfeld sollte nicht mit einer „Inhaberstrategie"[5] verwechselt werden, welche das Verhältnis des Unternehmers oder der Unternehmerfamilie zum Unternehmen betrifft, weniger die Haltung zu den Wettbewerbern. Insofern ist eine Gleichsetzung zwischen Unternehmensstrategie und Inhaberstrategie nicht sinnvoll. Bei der Grundhaltung geht es um die Position auf den Achsen offensiv vs defensiv (Angriffs-/Verteidigungsstrategien) sowie um die grundsätzliche Umgehensweise mit Risiken. Kein Geschäft kann ohne Risiko betrieben werden. Dennoch ist die Bandbreite zwischen dem zur Vorsicht tendierenden Unternehmer und dem risikobereiten Regelbrecher groß. Es gibt allerdings keine seriösen wissenschaftlichen Erkenntnisse, welche strategische Grundhaltung langfristig die erfolgreichere ist. Auch hier sei das Erwähnte nochmals unterstrichen: Jede Strategie muss situationsadäquat und unternehmensspezifisch erarbeitet, umgesetzt und rechtzeitig revidiert werden.

Das Geschäftsmodell als Resultante einer emergenten Dynamik zu begreifen erschien zu Beginn meiner Argumentation vielleicht als ein gewagter Gedanke. Die Fallbeispiele haben aufzeigen können, dass diese Sichtweise haltbar ist und ggf. zu neuen strategischen Perspektiven für Mittelständler führen kann. Aus den vier strategischen Kraftfeldern resultieren für die Entscheider unterschiedlichste Ansätze und Optionen für die Strategieentwicklung; ein erstes Emergenzphänomen, das nicht zurückgeführt werden kann auf die Summe der Einflüsse innerhalb der Kraftfelder. In einem zweiten Schritt der Emergenz werden dann verdichtete und geplante Strategieelemente im Geschäftsmodell umgesetzt.

Wieso ich mich im Umgang mit Strategien und Geschäftsmodellen für einen **nicht deterministischen Ansatz** entschieden habe, der ohne Empfehlungen auskommt, „wie es richtig geht", sollte deutlich geworden sein. Generische Strategien und bekannte Fallbei-

---

[4]Vgl. Rumelt 2011.b, S. 271.
[5]„Inhaberstrategie" ist ein Begriff, den Peter May geprägt hat. Vgl. May 2012, S. 53.

spiele gibt es reichlich, doch ihr Nutzwert ist insbesondere für kleine und mittelgroße Unternehmen begrenzt. Der vorliegende Strukturierungsansatz möchte dafür werben, reflektierte Entscheidungen in den **Möglichkeitsräumen** zu treffen, die tatsächlich vorhanden sind.

In einer lockeren Analogie zur Physik wurden diese Möglichkeitsräume der Strategieentwicklung als Kraftfelder konzeptualisiert. Wer als Unternehmer genauer versteht, was sich dort abspielt und richtige Schlüsse für seine Strategieplanung daraus zieht, ist in der Lage, innovative, klug durchdachte und überraschende Strategien zu entwickeln – und damit die Basis für Wettbewerbsvorteile zu legen. In entsprechend sorgfältig angepassten Geschäftsmodellen zeigt sich durch eine je eigenständige Konfiguration aus einem begrenzten Vorrat an Möglichkeiten, was in der Praxis wirklich funktioniert. Geschäftsmodelle entsprechen so gesehen den Buchstaben und der Syntax unserer Sprache: eine begrenzte Zahl an Elementen und klare Regeln, wie diese kombiniert werden können. Gute Strategie ist in diesem Sinne mit guter Literatur vergleichbar.

Literatur

Christensen, Clayton M./Hall, Teddy/Dillon, Karen/Ducan, David S.: Competing Against Luck, Harper Collins, New York, N.Y. 2016

Kormann, Hermut: Gibt es so etwas wie mittelständische Strategien, Heft 11 der Schriftenreihe des Kirsten Baus Instituts für Familienstrategie, Stuttgart 2008

May, Peter: Erfolgsmodell Familienunternehmen, Murmann, Hamburg 2012

Rumelt, Richard: Good Strategy, Bad Strategy, Profile Books, London 2011 [Rumelt 2011.b]

Onlinequellen

https://ec.europa.eu/growth/smes/sme-definition_en (Abruf 8.12.2020)
https://www.garyfox.co/bcg-matrix-guide-examples/ (Abruf 10.1.2021)
https://www.ifm-bonn.org/statistiken/mittelstand-im-einzelnen/beschaeftigte (Abruf 22.12.2020)
https://images.app.goo.gl/Qq5U1umi4uz1ut4z6 (Abruf 13.1.2021)
http://www.portal-stat.admin.ch/lik_rechner/d/lik_rechner.htm (Abruf 27.10.2018)
https://scholar.google.de/scholar?hl=de&as_sdt=0%2C5&q=strategien+und+deren+umsetzung+in+gesch%C3%A4ftsmodellen&btnG (Abruf 15.6.2021)
https://www.simon-kucher.com/de/entwicklung (Abfrage 2.12.2020)
https://de.statista.com/themen/2452/unternehmenslandschaft/#dossierSummary (Abruf 12.12.2020)
http://www.stiftungbiku.org/ueber-uns.html (Abruf 24.10.2020)
https://www.watchtime.net/uhren-wissen/rolex-in-zahlen/attachment/rolex-headquarters-geneva/ (Abruf 10.12.2020)
https://www.watchtime.net/uhren-wissen/rolex-in-zahlen/attachment/rolex-gold/ (Abruf 10.12.2020)
https://www.youtube.com/watch?v=QcYKEzqbr3M (Abruf 18.5.2021)

The manufacturer's authorised representative in the EU is Springer Nature Customer Service Centre GmbH, Europaplatz 3, 69115 Heidelberg, Germany. If you have any concerns regarding our products, please contact ProductSafety@springernature.com

Printed and bound by CPI Group (UK) Ltd, Croydon, CR0 4YY